大學問

始於問而終於明

守望學術的視界

—簡帛研究文庫— 中國社會科學院簡帛研究中心編

里耶秦簡編年考證（第一卷）

主編 蔡萬進

撰著 蔡萬進 單印飛 平曉婧 李若飛

LIYE QINJIAN
BIANNIAN KAOZHENG

廣西師範大學出版社
GUANGXI NORMAL UNIVERSITY PRESS
·桂林·

圖書在版編目（CIP）數據

里耶秦簡編年考證. 第一卷 / 蔡萬進主編. --桂林 : 廣西師範大學出版社，2023.3

（簡帛研究文庫）

ISBN 978-7-5598-5831-3

Ⅰ. ①里… Ⅱ. ①蔡… Ⅲ. ①簡(考古)－考證－龍山縣－秦代 Ⅳ. ①K877.54

中國國家版本館 CIP 數據核字（2023）第 028397 號

廣西師範大學出版社出版發行

（廣西桂林市五里店路 9 號　郵政編碼：541004
網址：http://www.bbtpress.com）

出版人：黄軒莊

全國新華書店經銷

廣西民族印刷包裝集團有限公司印刷

（南寧市高新區高新三路 1 號　郵政編碼：530007）

開本：880 mm ×1 240 mm　1/32

印張：14.75　　字數：300 千

2023 年 3 月第 1 版　　2023 年 3 月第 1 次印刷

定價：118.00 元

目　録

附　録

前　言

一

里耶秦代簡牘，或稱里耶秦簡，2002年6月出土於湖南省龍山縣里耶古城遺址一號井，總計38000餘枚[①]，其中，除去數量衆多的削衣和過半以上的無字簡，有字簡牘17000多枚[②]。這是繼1975年湖北雲夢睡虎地首次發現秦簡以來，秦簡牘最大規模、最大數量的一次考古發現，極大地豐富了秦史史料，堪補秦史文獻之不足。

里耶秦簡爲秦王朝洞庭郡遷陵縣遺留的公文檔案，大多是遷陵縣廷與上級洞庭郡府和下屬司空、倉、庫、田官等諸官署以及都

① 湖南省文物考古研究所:《里耶秦簡（壹）》，文物出版社，2012年，前言第1頁。里耶古城北城壕出土户籍簡牘的時代，或説爲秦（參見《里耶秦簡（壹）》“前言”），或説是漢（參見劉瑞《里耶古城北城壕出土户籍簡牘的時代與性質》，《考古》2012年第9期），存在爭議，此處所言“里耶秦簡”，不包括這批出土户籍簡牘，特此説明。

② 陳偉主編:《里耶秦簡牘校釋（第一卷）》，武漢大學出版社，2012年，前言第2頁。

鄉、啓陵、貳春三鄉的往來文書和簿籍，也有部分爲遷陵縣廷與其他洞庭郡屬縣、洞庭郡以外郡縣間往來的文書。根據簡文所記之内容、名稱以及文書在官府信息流通中的實際使用狀況，里耶秦簡文書大致可分爲簿籍、券書、計課、公文以及檢楬等不同類型[①]，且往往一事一簡或一牘，一簡或一牘之上文字就是完整文書。而里耶秦簡文書中最具特色的，莫過於其文書時間的記録，不僅記録了文書撰寫日期的年、月、日基本信息，而且還記録了每月的朔日和文書收發的具體月日時刻。里耶秦簡文書中的這些豐富的年代信息，對於秦及漢初曆法復原、里耶秦簡整理與年代學研究，具有重要的學術價值和意義。

里耶秦簡當年大多應是重要的文書，經過編連、整理和刻意庋藏，這在里耶秦簡相關簡文記載中多有反映。大概因秦末劇變，這些簡牘被倉促埋進井中，又經過兩千多年歲月侵蝕，出土時已不復舊規，不僅當時的編連、組合蕩然無存，簡牘單體也往往斷裂、破碎[②]。綴合殘簡、復原簡册固然是簡牘文獻整理工作中的重要環節和步驟，但面對龐大數量的殘斷散亂簡牘，如何能夠將之進行係聯、集中、排比，從而發生關聯，發現綴合、復原、釋讀新綫索和史實、制度等新問題，簡牘編年無疑既是簡牘文獻整理的又一項行之有效的基本工作，同時也是進一步深化、發掘簡牘文獻史料價值的

---

① 于洪濤:《里耶秦簡經濟文書分類整理與研究》，知識産權出版社，2019年，緒論第4頁。

② 參見湖南省文物考古研究所:《里耶發掘報告》，嶽麓書社，2007年；陳偉主編:《里耶秦簡牘校釋（第一卷）》，前言第9—10頁。

需要。里耶秦簡作爲秦王朝地方政府實際使用的文書，絶大多數都有紀年或與紀年有關的年代信息，這就爲里耶秦簡的編年整理提供了條件和可能，换言之，即里耶秦簡本身可以進行編年整理。

二

里耶秦簡編年整理具有它本身的複雜性和特殊性，不同於既往成熟的漢簡編年整理，亦與其他秦出土文獻編年有别。根據目前整理研究的實際，里耶秦簡編年整理具有如下方面的特徵、特點。

（一）里耶秦簡所載年月朔日等紀年信息支撑里簡牘逐年連續編年

里耶秦簡所載年月朔日等紀年信息，可以支撑簡牘逐年連續編年，這是里耶秦簡編年不同於既往漢簡編年的顯著不同之處。漢簡編年作爲漢簡研究的重要内容，已經取得諸多研究成果，重要的論著有陳直《居延漢簡繫年》[①]，吴昌廉《居延漢簡繫年考略稿》[②]，俞忠鑫《漢簡考曆》以及饒宗頤、李均明《敦煌漢簡編年考證》，李均明《居延漢簡編年——居延編》與胡永鵬《西北邊塞漢簡編年》等，但上述這些較爲系統的漢簡編年整理成果，無一例外，皆按帝

① 陳直：《居延漢簡研究》，天津古籍出版社，1986年，第751—881頁。

② 簡牘學會編輯部：《張曉峰先生八秩榮慶論文集》（《簡牘學報》第八期），（台北）簡牘學會，1979年，第345—432頁。

王朝代爲基本單元。相同情況亦見於其他秦出土文獻編年成果中，如王輝《秦銅器銘文編年集釋》《秦出土文獻編年》與王輝、王偉《秦出土文獻編年訂補》等。即使是中國第一部編年體通史——《資治通鑒》，按年編次，於《秦紀》中亦因秦始皇三十年“無事”（《史記・秦始皇本紀》）而付之闕如，未能做到逐年連續編年。然而，根據里耶秦簡紀年，不僅從秦始皇二十五年至秦二世二年，一年不缺，甚至一年中的時間信息還可以精確至月日，這不僅在我國簡牘發現史上空前絶後，同時也是百餘年來我國簡牘編年整理工作中的首次。

（二）大致年代範圍確定的簡牘需要以年爲單元編排

當前，我國漢簡編年整理工作較爲成熟，對於根據人物關係、歷史事件、職官沿革、歷史地理、字詞特徵等能確定大致年代範圍的簡文，因其亦有較高參考、利用價值，往往予以編年處理，附於相應帝王朝代或帝王年號簡之後，雖然年代區間偏大了一些，但仍不失簡牘分期、斷代之意義，已爲學界所接受和習用。里耶秦簡情況則不然，所載年月朔日等紀年信息，不僅年代從秦始皇二十五年至秦二世二年，基本與秦王朝紀年（秦始皇二十六年至秦二世三年）相始終，支撑簡牘逐年連續編年，一年不缺；再者秦祚短促，二世而亡，以帝王爲單元編排數量龐大的可以斷定大致年代範圍簡文，實際操作起來，也會造成嚴重失衡，失去編年意義。因此基於里耶秦簡的自身特徵、特點以及目前整理研究的實際，與紀年明確簡一樣，以年爲單元，將這些能夠確定大致年代範圍的簡文，分別附於相應秦紀年簡之後進行編排，具體的處理方式爲：簡文年代上限明確而下限不確定者附於上限年代的相應秦紀年簡之後，年代下限明確而上限不確定者附於下限年代的相應秦紀年簡之後，大致年代範圍明確者附於最晚年代的相應秦紀年簡之後，僅能確定簡牘年代爲某一秦紀年前後而本身又不確定爲上限或下限年代者，則暫附於該秦紀年簡之後。以上簡牘編年原則的確定，既遵循了年代學研究的基本原理和方法，亦充分吸收借鑒了現今學界簡帛文獻編年的成功實踐與經驗，是科學和可行的。

（三）人名及相關信息在里耶秦簡編年整理中發揮獨特作用

利用人名進行簡牘編年，在漢簡整理中多有使用，已成爲一種成熟的方法，其中尤以李振宏、孫英民《居延漢簡人名編年》爲代表，獨闢蹊徑，以新舊居延漢簡中出現的1400多個人名爲綱，考證人物相互關係和活動時代，進而係聯漢簡，無疑也是一種利用編年方式整理居延漢簡的重要成果，爲解決簡牘編年問題，找到了一個新途徑，開創了一個新範例。里耶秦簡文書中同樣也有大量人名的出現，這些人名既有文書本身所要求必備的撰寫者、發文者、傳遞文書者、文書拆啓者等職務名字的簽署，亦有文書内容所載事項涉及的各類、各級、各地人員的職務名字，他們原都應附著於有明確撰寫日期的文書，活動年代清楚，衹是由於里耶秦簡後來因爲散亂、殘斷，他們中的一部分才失去紀年信息而成爲無明確紀年簡牘。因此利用里耶秦簡中的紀年明確簡牘人名對紀年不明確簡牘人名進行具體活動年代或大致年代範圍的判定，進而對所在簡牘加以編年，自然是完全可行的；再者，里耶秦簡的遷陵縣地方公文檔案性質，以及里耶秦簡時代閾限極爲短促的特徵，也使里耶秦簡中的人名具有一定的範圍性、穩定性、唯一性等特點，這是迄今包括居延漢簡在内的其他秦漢簡牘所不具備的。整理研究結果也表明，正是里耶秦簡人名的這些特點，決定了里耶秦簡中的人名及相關信息，在里耶秦簡編年整理過程中發揮著較據歷史事件、職官沿革、歷史地理、字詞特徵等確定簡牘年代，更爲直接、重要而獨特的作用，不僅利用里耶秦簡人名及相關信息考定了大量紀年殘缺簡牘的具體年代，使大量散亂殘斷簡牘的大致年代範圍亦得以確定，而且同時還创新形成了一套系統的人名編年規則，即依據人名編年時，紀年不明確簡牘繫於該人名已知明確紀年的最晚年代；職務及人名相同的視爲同一人，人名相同而職務不同的，無論是同一人在不同時期的職務不同，還是非同一人，均表示不確定爲同一人；簡中出現多個人名時，按照職務和人名均同的人繫年，如果職務和人名均同的人在兩人及以上，即以明確紀年簡中年代較晚的人爲依據，如果簡中没有職務和人名均同的人，則以簡中所涉及人名的最晚明確紀年簡的年代爲依據；紀年明確簡牘、或與紀年明確簡牘人名相關的人名組合，也是紀年不明確簡牘年代判定的重要參考等，豐富發展了簡牘人名編年的實踐、内涵和方法。

（四）簡文年代判定情況複雜多樣

簡牘編年問題，質言之，即認定簡文的年代問題。簡文年代的判定，既不是對簡牘本身的文物年代測定，也不是對簡牘書寫時間的考定，而是指對書寫於簡牘之上的簡文最終形成時間或大致年代範圍的判定。里耶秦簡不僅文書種類多樣，各類文書所載紀年或年代信息格式、方式有異，對於簡文年代的判定需要具體問題具體分析，即使是同爲一類的文書，其所載紀年或年代信息的情況也各有差别。以公文類文書爲例，一份官府間往來的文書，有的衹有文書撰寫日期、發文機構、官員職務名字、文書正文、結束語和文書書寫者名字等；有的不僅僅包括一個文書撰寫日期，甚至還出現多個文書撰寫日期，如追書等，同時還包括了發文機構的發送文書時間記録、收文機構的收文時間記録，以及收文機構的處理、批轉文書時間記録等；有的或衹有其中的某些部分。可以看出，簡文呈現出不斷層纍疊加的現象和特點，文書性質亦由具有傳遞功能的文書轉變成爲留存備查的文書檔案，簡文年代認定所使用的簡文中的紀年或時間性質等，因此亦就不一而足，情況多樣，這在其他秦漢簡牘編年工作中是少見的。

目前，我國的漢簡編年，在豐富的整理實踐基礎上，已有學者從理論層面進行系統總結與思考，初步形成一套漢簡編年整理的理論與方法[①]。而既往出土秦簡的編年整理，則主要附麗於其他秦出土文獻編年之中，雜厠於秦其他種類出土文獻之間[②]，迄今尚無專書出版。我們有理由相信，里耶秦簡的編年整理，無疑將極大地豐富我國簡牘編年整理的理論與實踐，具有重要的學術價值和意義。

三

里耶秦簡，根據發掘單位及整理者規劃，擬以簡牘出土地層爲單位，分爲五輯整理出版，第一輯包括第五、六、八層出土的簡牘，第二輯爲第九層，第三輯爲第七、十、十一、十三層，第四輯爲第十二、十四層，第五輯爲第十五、十六、十七層出土的簡牘[③]。目前《里耶秦簡（壹）》和《里耶秦簡（貳）》[④]已相繼出版，其餘各輯尚在整理出版中，我們現在已完成的《里耶秦簡編年考證（第一卷）》[⑤]，和即將完成的《里耶秦簡編年考證（第二卷）》，就是針對《里耶秦簡（壹）》《里耶秦簡（貳）》所公佈簡牘的編年整理成果。此後我們會根據五卷本《里耶秦簡》的出版情況，適時陸續

---

① 詳見吴昌廉《居延漢簡繫年考略稿》"前言"、胡永鵬《西北邊塞漢簡編年》"概述"。

② 參見王輝《秦出土文獻編年》與王輝、王偉《秦出土文獻編年訂補》。

③ 參見《里耶秦簡（壹）》"凡例"，第1頁。

④ 湖南省文物考古研究所：《里耶秦簡（貳）》，文物出版社，2017年。

⑤ 共收録《里耶秦簡（壹）》中能確定具體年代或大致年代範圍的簡文凡597例，其中具體年代簡文387例，大致年代範圍簡文210例；涉及簡牘728枚，其中具體年代簡牘499枚，大致年代範圍簡牘229枚。

推出相應的里耶秦簡編年考證成果，而在全部出版後，再在此基礎上，最終推出全部里耶秦簡的編年整理成果——《里耶秦簡編年合集》（暫名），爲這批重要的秦出土文獻資料整理，做出自己的努力。

當然，毋庸諱言，上述專題簡牘報告的這種整理出版計劃，無疑是值得商榷的。事實上，已有學者針對里耶秦簡專題整理報告這種不顧考古地層堆積先後"跳躍式發表簡牘資料"的做法，提出質疑，認爲"從如是的出版計劃看，如學者想知道里耶古井較完整的連續堆積層内的出土簡牘，并希望據此對其加以研究的話，那就必須等到在第四輯出版之後——至此方可見到完整的從第五層至第十四層内的連續地層的出土簡牘資料。否則，我們就衹能隨著一輯一輯跳躍式的跨層的簡牘報導，進行一層一層單獨以層爲單位的簡牘研究——如是跳躍性的人爲割裂簡牘出土順序的報導模式讓人著實'摸不著頭腦'"[①]。而實際情況是，隨著《里耶秦簡（貳）》的出版和第九層出土簡牘的公佈，不僅有學者研究證實相鄰地層内的出土簡牘如第八、九層可以大量綴合，而且從我們對《里耶秦簡（貳）》所載簡牘的初步編年整理情況看，同樣存在著秦始皇二十五年至秦二世二年的紀年簡牘和大量非紀年簡牘，這就説明不同地層之間的簡牘當存在年代與人名的交叉問題。换言之，即同一年代或

① 劉瑞：《談簡牘報告的考古學特徵缺失》，中共金塔縣委等編《金塔居延遺址與絲綢之路歷史文化研究》，甘肅教育出版社，2014年，第365頁。

人名、人名組合的簡牘可能分散於其他不同地層。但囿於整理單位的這種跳躍性發表資料計劃，以及整理出版周期間隔等因素，目前我們的里耶秦簡編年整理工作也衹能這樣一輯一輯單獨進行，而且可以斷言各輯中大量非紀年簡牘的編年，尤其是依據人名編年的簡牘，也衹能是階段性的成果和認識，衹能留待全部里耶秦簡公佈後，我們進行最終的調整確定，這是需要特別指出和説明的。

秦史資料奇缺，自漢至今，向爲歷代學者共識，而里耶秦簡的考古發現，則爲秦史研究提供了豐富的第一手實貴資料。里耶秦簡的系統編年整理，不僅有效地解決了因整理公佈所帶來的各輯間簡牘缺乏關聯性整理和整體性把握的問題與弊端，而且通過對里耶古城一號井17000餘枚有字簡牘中的大部分有效簡牘（指殘損不太嚴重、能夠釋讀、包含一定歷史信息的簡牘）的具體年代或大致年代範圍的確定，從而大大提高和發揮里耶秦簡的文獻史料價值，推動秦史及相關典章制度研究的深入。以簡牘編年促進秦史專題研究，再以專題研究成果推動簡牘編年工作，這是我們的基本工作思路和方法，同時也是我們追求和所要達到的目標，我們一定會盡全力而爲之。而我們的學養有限，其中肯定會有疏失和錯誤存在，真誠希望學界同仁不吝指正，以使我們提高認識，改進完善工作。

凡　例

一、本書是針對《里耶秦簡（壹）》所公佈簡牘的編年整理成果，由前言、凡例、正文、附録和後記五部分組成，正文首列簡牘釋文，次附按語。

二、本書正文所録簡牘釋文，底本爲《里耶秦簡（壹）》（湖南省文物考古研究所編著，文物出版社2012年版，文中省稱“《里耶（壹）》”）及《里耶秦簡牘校釋（第一卷）》（陳偉主編，武漢大學出版社2012年版，文中省稱“《校釋（一）》”），釋文皆經作者據《里耶（壹）》有關圖版校定，校改或采用其他學者觀點之處在按語中説明。

釋文一般按照原文字形釋寫，不識之字照原樣摹寫；爲印刷排版方便，合文、重文直接析開録寫，異體字不作嚴格隸定，釋文用通行字寫出；通假字不注出所通假之字，衍文、訛字照録，相關問題在按語中交待。釋文的格式不求與原簡位置完全對應，簡文提行、轉行書寫的，釋文分行、連排處不加行數或其他符號特別標示。

釋文中的符號，根據殘畫和文例擬釋的字，以及勘校擬補的簡文原有脱字，用外加【 】表示；不能辨識的字，一字用一個“□”表示；原文殘斷或字數不能確定的場合，用“……”表示；簡牘殘缺，用“☑”表示。簡文所用的符號，釋文儘量保留，或作適當統一處理以便排版印刷，如句讀勾識符號“∟”，釋文根據語義表達改作頓號“、”逗號“，”或句號“。”表示；分隔符“ノ”，釋文改作“/”表示，符號都衹占一個字的字空。簡文中的空白處，無論原簡空白大小，釋文一律衹空一個字位置。釋文標點，主要參考《校釋（一）》。

釋文之末附注簡牘編號和圖版頁碼，以便查閱核校。簡牘編號沿用《里耶（壹）》整理編號，用“層位號-整理編號”標示，多片簡牘綴合者，依綴合順序在相關編號之間用“+”相連。

三、本書正文的簡牘編年，主要收録紀年簡及能確定具體年代的簡例。另據人物關係、歷史事件、職官沿革、歷史地理、字詞特徵等能確定大致年代範圍的簡文，亦頗具參考價值，則以附録形式歸入相應紀年簡之後，年代上限明確而下限不確定者附於上限年代的相應秦紀年簡之後，年代下限明確而上限不確定者附於下限年代的相應秦紀年簡之後，大致年代範圍明確者附於最晚年代的相應秦紀年簡之後，僅能確定簡牘年代爲某一秦紀年前後而本身又不確定爲上限或下限年代者，則暫附於該秦紀年簡之後。

本書爲編年體簡牘史料集，所引簡牘按簡文所記年、月、日順序排列。秦紀年依循司馬光《資治通鑒・秦紀》體式（中華書局1956年校點本）；相同年代的簡文統一置於同一紀年之下，同一紀年之下的簡文，則按簡文所記月、日排列；年份明確而月份不明者置於該年之後，年月明確而日期不明者置於該月之後；簡文中出現多個年月日期者，取其最晚年月日期；據簡文所載朔日干支查出年份月份與多個年份相合者，取其最晚年月。

簡文中月朔、日干支的驗證，主要以其他里耶簡文記録爲據，同時參考當今學界秦曆法復原研究新成果——張培瑜《根據新出曆日簡牘試論秦和漢初的曆法》表九《秦王政元年（公元前246年）到秦亡（公元前207年）朔閏表》（《中原文物》2007年第5期）、李忠林《秦至漢初（前246至前104）曆法研究——以出土曆簡爲中心》附《秦至漢初（前246—前104）朔閏表》（《中國史研究》2012年第2期），書後附録二《秦始皇二十五年至秦二世三年朔閏表》係依據以上兩表製作，頗便日期查驗和檢索，本表文中省稱“秦朔閏表”。

四、按語附於每一簡例或若干簡例之後，是對簡例的必要説明，主要闡明校正簡牘釋文、確定簡牘年代（或年代範圍）的緣由，還包括對簡文内容的解析考證、文書性質的闡述以及其他需要説明的事項。

爲行文簡潔，按語中引用及參考的主要文獻資料，文中不出注，首次引用、參考使用全稱，其他相關出版與發表信息則統見書後附録三《主要參考文獻》。

五、附録包括《〈里耶秦簡（壹）〉人名統計表》（文中省稱“《里耶（壹）》人名統計表”）、《秦始皇二十五年至秦二世三年朔閏表》和《主要參考文獻》。

六、本書所編年之簡牘，依《里耶秦簡》書名，以簡括牘，文中統一稱曰“簡”。

七、本書使用通行中文繁體横排，所編年之簡牘釋文用五號楷體，按語用五號宋體。

始皇帝二十五年

廿五年九月乙酉朔☐

曰受蓬鐵權☐☐

蓬定以付遷【陵】☐

九月丁亥，蓬丞章☐☐（8-109+8-386　圖版・頁28、62）

按：簡8-109與簡8-386的綴合，見於《校釋（一）》。“遷”下一字，據文例和圖版殘存筆畫，當補釋一“陵”字；遷陵，縣名，簡8-757載“今遷陵廿五年爲縣”。

蓬丞章，章，人名；蓬，據簡8-62“遷陵丞昌”文例，爲縣名。蓬之爲縣名，亦見於簡8-1558、9-713，簡8-1558作“☐☐温與養隸臣獲偕之蓬傳”，簡9-713作“六月壬午朔戊戌，洞庭叚守齮下【縣】：聽書從事。臨沅下索。門淺、零陽、上衍，各以道次傳，别書。臨沅下洞庭都水，蓬下鐵官。皆以郵行。書到相報，不報，追。臨沅、門淺、零陽、【上衍皆言】書到，署兵曹發。/如手。”由簡9-713及“臨沅下洞庭都水，蓬下鐵官”文例，不僅可知“蓬”之爲秦洞庭郡屬縣無疑，而且其縣境内還有“鐵官”機構的設置。秦設洞庭郡及蓬縣，文獻失載，簡文所記堪補文獻之缺。

權，衡器。《禮記·月令》（仲春之月）“正權概”鄭玄注：“稱錘曰權。”考古發現的秦權有銅、鐵質等種，王輝《秦銅器銘文編年集釋》，王輝、王偉《秦出土文獻編年訂補》，國家計量總局等《中國古代度量衡圖集》等有著録。《史記·商君列傳》：“平斗桶權衡丈尺。”睡虎地秦墓竹簡整理小組編《睡虎地秦墓竹簡》之《秦律十八種·工律》簡100：“縣及工室聽官爲正衡石贏（纍）、斗用（桶）、升，毋過歲壺〈壹〉。有工者毋爲正。叚（假）試即正。”衡石，又見《史記·秦始皇本紀》“一法度衡石丈尺”、“以衡石量書”，指以石爲單位的衡器。纍，即衡器的“權”，漢銅權銘文常自名爲“纍”，如徐正考《漢代銅器銘文選釋》拓本498頁、釋文第733頁：“官纍，重斤七兩。”“官纍，重二斤十兩。”國家計量總局等《中國古代度量衡圖集》第141頁圖一九九著録西漢“官纍銅權”一件，權身横刻“官纍，重斤十兩”，器物説明中指出：“‘纍’與‘權’同義，‘官纍’即官府監製頒發的標準權器。”

本簡殘斷，二片綴合僅爲上端，從殘存簡文的内容看，應爲秦蓬縣發給遷陵的文書，涉及衡器鐵權的校正和轉移交付。定，與“正”通，訂正、校正。《書·堯典》：“以閏月定四時成歲。”《史記·五帝本紀》作“以閏月正四時”。裘錫圭主編《長沙馬王堆漢墓簡帛集成》之帛書甲本《老子·道經》：“曲則全，枉則定；洼則盈，敝則新。”帛書乙本作“枉則正”。付，交給，《説文》：“與也，從寸，持物對人。”由本簡殘存簡文“受蓬鐵權”、“蓬定以付遷【陵】”以及簡9-713“臨沅下洞庭都水，蓬下鐵官”記載，可以確定遷陵縣所接受的鐵權，不僅鑄造於蓬縣（其境内有“鐵官”），而且衡器鐵權的校正亦在蓬縣進行。遷陵“廿五年爲縣”乃屬秦新占領之地，簡文表明，秦在統一戰爭過程中，同時也將自商鞅變法以來實行的度量衡制，同步推行至新占領地區和全國。

廿五年九月乙酉朔，九月丁亥日爲九月三日。

廿五年九月己丑，將奔命校長周爰書：敦長買、什長嘉皆告曰：徒士五右里缭可，行到零陽廡谿橋亡，不智□□▨

缭可年可廿五歲，長可六尺八寸，赤色，多髮，未産須，衣絡袍一、絡單胡衣一，操具弩二、絲弦四、矢二百、鉅劍一、米一石▨

（8-537+8-439+8-519　圖版·頁80、65、76）

按：簡8-537、8-439、8-519三片綴合，見於《校釋（一）》；《里耶（壹）》“簡牘綴合表”第八層“五三七、四三九、五一七”一欄中的“五一七”簡牘整理號，經檢核圖版與釋文，應爲“五一九”之誤。

奔命，張家山二四七號漢墓竹簡整理小組編《張家山漢墓竹簡（二四七號墓）》之《二年律令·興律》簡399：“當奔命而逋不行，完爲城旦。”《漢書·昭帝紀》“及發犍爲郡奔命”注引應劭曰：“舊時郡國皆有材官騎士，以赴急難，今夷反，常兵不足以討之，故權選取精勇，聞命奔走，故爲奔命。”

校長周，周，人名；校長，職官名，《史記·彭越列傳》：“令校長斬之。”《續漢書·百官志二》：“先帝陵，每陵園令各一人，六百石。丞及校長各一人。本注曰：校長，主兵戎盜賊事。”湖南省文物考古研究所編著《里耶秦簡（貳）》簡9-633自題名曰“遷陵吏志”，其中簡文云：“校長六人，其四人缺，今見二人。”

敦長買，買，人名；敦長，職官名，睡虎地秦簡《秦律雜抄》簡11-12：“不當稟軍中而稟者，皆貲二甲，法（廢）；非吏殹（也），戍二歲；徒食、敦（屯）長、僕射弗告，貲戍一歲；令、尉、士吏弗得，貲一甲。”《漢書·禮樂志》“車千乘敦昆侖”注：“敦讀曰屯”，《漢書·陳勝傳》：“秦二世元年秋七月，發閭左戍漁陽九百人，勝、廣皆爲屯長。”注曰：“人所聚曰屯，爲其長帥也。”

什長嘉，嘉，人名；什長，職官名，《墨子·備城門》：“城上十人一什長。”睡虎地秦簡《秦律雜抄·敦（屯）表律》簡35-36：“·軍新論攻城，城陷，尚有棲，未到戰所，告曰戰圍以折亡，叚（假）者，耐；敦（屯）長、什伍智（知）弗告，貲一甲，伍二甲。”（整理小組釋文“伍二甲”前衍一“稟”字，經檢核圖版，簡文“伍二甲”前無“稟”字。參見《睡虎地秦墓竹簡》釋文，第88頁；圖版，第45頁。）可見秦軍中有什伍的編制，五人爲伍，十人爲什。孫星衍等輯《漢官六種·漢舊義卷下》：“五人爲伍，伍長一人。十人爲什，什長一人。百人爲卒，卒史一人。五百人爲旅，旅帥一人。二千五百人爲師，師帥一人。萬二千五百人爲軍，軍將一人。以上卿爲將軍。”

繚可，人名，身份爲士五（伍），居右里，應徵選爲“奔命”。陳松長主編《嶽麓書院藏秦簡（肆）》簡177-178（圖版中簡下端附註的序號，以下凡引嶽麓秦簡皆同）：“奔敬（警）律曰：先粼黔首當奔敬（警）者，爲五寸符，人一，右在【縣官】，左在黔首，黔首佩之節（即）奔敬（警）。諸挾符者皆奔敬（警）故徼外盜徹所，合符焉，以譔（選）伍之。”

零陽，縣名，《漢書・地理志》屬武陵郡，據周振鶴《漢書地理志彙釋》（縣名今地的注釋，皆據本書，下同），治今湖南慈利縣東北。廡谿橋，地名，在零陽縣境。

爰書，《漢書・張湯傳》：“父爲長安丞，出，湯爲兒守舍。還，鼠盜肉，父怒，笞湯。湯掘熏得鼠及餘肉，劾鼠掠治，傳爰書，訊鞫論報，并取鼠與肉，具獄磔堂下。父見之，視文辭如老獄吏，大驚，遂使書獄。”睡虎地秦簡《封診式》對各種爰書的程式皆有舉例，内容涉及司法案件的供辭、記録、報告書等，如《訊獄》簡2-5：“凡訊獄，必先盡聽其言而書之，各展其辭，雖智（知）其訑，勿庸輒詰。其辭已盡書而毋（無）解，乃以詰者詰之。詰之有（又）盡聽書其解辭，有（又）視其它毋（無）解者以復詰之。詰之極而數訑，更言不服，其律當治（笞）諒（掠）者，乃治（笞）諒（掠）。治（笞）諒（掠）之必書曰：爰書：以某數更言，毋（無）解辭，治（笞）訊某。”《亡自出》簡96-98：“鄉某爰書：男子甲自詣，辭曰：‘士五（伍），居某里，以迺二月不識日去亡，毋（無）它坐，今來自出。’・問之□名事定，以二月丙子將陽亡，三月中逋築宮廿日，四年三月丁未籍一亡五月十日，毋（無）它坐，莫覆問。以甲獻典乙相診，今令乙將之詣論，敢言之。”

本簡殘缺，三片綴合爲其上端，下端殘損不見，兩行單面書寫。從殘存簡文的内容看，此簡是一份遷陵縣“校長周”撰制的爰書，記録了“敦長買”、“什長嘉”關於“徒士五右里缭可”應急出征行進途中於“零陽廡谿橋”逃亡的報告，具體涉及士五缭可年齡（“年可廿五歲”）、體貌（“長可六尺八寸，赤色，多髮，未産須”）、衣著（“衣絡袍一、絡單胡衣一”）以及隨身兵器（“操具弩二、絲弦四、矢二百、鉅劍一”）、糧食（“米一石”）等種類與數量方面的調查。本簡“廿五年九月己丑”日，據簡8-109+8-386“廿五年九月乙酉朔”，可知爲當年九月五日，即本簡爰書撰制形成的日期。

附一

□成不更小黄亥自占以廿五年三月丁未，以城□☑

……☑（6-10　圖版·頁10）

按：本簡左半殘斷，下端火燒殘損，殘存簡文書於木簡右半。廿五年三月丁未，據書後附録二“秦朔閏表”，秦始皇二十五年三月戊子朔，三月丁未日爲三月二十日。

自占，睡虎地秦簡《編年記》簡23：“十六年，七月丁巳，公終。自占年。”張家山漢簡《二年律令·户律》簡325：“民皆自占年，小未能自占，而毋父母、同产爲占者，吏以□比定其年。”《漢書·淮南王傳》：“諸從蠻夷來歸誼及以亡名數自占者，内史縣令主。”《漢書・宣帝紀》“流民自占八萬餘口”注曰：“占者，謂自隱度其户口而著名籍也。”《史記・平準書》：“雖無市籍，各以其物自占，率緡錢二千而一算。”《索隱》：“按：郭璞云‘占，自隱度也。’謂各自隱度其財物多少，爲文簿送之官也。”不更，爵名，秦軍功爵的第四級爵。小黄亥，《校釋（一）》認爲：“小黄，疑是里名。亥，人名。”

本簡雖“自占”事項不明（“年”、“名數”或“物”），但“自占”一事發生於“廿五年三月丁未”表明，本簡年代上限不應早於“廿五年三月丁未”；又，《史記・秦始皇本紀》載：二十五年，“王翦遂定荆江南地；降越君，置會稽郡。五月，天下大酺。”《正義》：“天下歡樂大飲酒也。秦既平韓、趙、魏、燕、楚五國，故天下大酺也。”如是可知秦“定荆江南地”當在二十五年五月之前，與本簡所記“自占以廿五年三月丁未”事發生時間契合不悖。因此，可以肯定本簡所記“自占”之事，決非孤立事件或個例，很可能在秦始皇二十五年五月前的“定荆江南地”之後，即在諸如遷陵縣（簡8-757載“今遷陵廿五年爲縣”）等這些新占領地區有組織地大規模展開，以加强對新占領地區的管理，而記載“自占”之事的本簡簡文形成年代或即在“廿五年三月丁未”日，或其後不久，故附於此。

☐……

☐廿五年書有物（6-36　圖版・頁12）

按：本簡殘損較甚，簡文僅留有“廿五年書有物”字樣。簡8-757載“今遷陵廿五年爲縣”，説明秦遷陵縣於秦始皇二十五年方才建縣，這與《史記·秦始皇本紀》二十五年“王翦遂定荆江南地；降越君，置會稽郡。五月，天下大酺”、《王翦列傳》“平荆地爲郡縣”等記載亦合。而里耶秦簡出土地是遷陵縣官署所在，第5、6、8層簡牘所載日期的年代上限幾乎都在秦始皇二十五年，最晚爲秦二世元年八月（簡5-1“元年七月庚子朔”；簡6-23、簡8-653“元年八月庚午朔”），這就決定了本簡簡文中的“廿五年”，應爲秦始皇二十五年無疑。

書，《史記·秦始皇本紀》：十六年，“初令男子書年”。《漢書·高帝紀》五年五月詔曰：“民前或相聚保山澤，不書名數。今天下已定，令各歸其縣，復故爵田宅。”簡文中的“廿五年書有物”史實記載表明，本簡年代的上限當不應早於“廿五年”，或即在“廿五”年，故附於此。

資中令史陽里釦伐閱：

十一年九月隃爲史。

爲鄉史九歲一日。

爲田部史四歲三月十一日。

爲令史二月。（第一欄）

錢計。　户計。

年卅六。（第二欄）

可直司空曹。（第三欄）（8-269　圖版・頁54）

按：本簡保存基本完整，單面書寫，字迹清晰。錢，《里耶（壹）》《校釋（一）》未釋，檢核圖版，該字左半部分從“金”，右半部分雖殘破，仍可以看出上下結構，字形接近簡8-63、8-481“錢計”中的“錢”字，故當爲“錢”字。

資中，縣名，《漢書・地理志》屬犍爲郡，治今四川資陽市。秦於今資陽地置縣，傳世文獻無載，此簡所記應爲首見，后曉荣《戰國政區地理》認爲當屬戰國秦蜀郡。陽里，里名，屬資中縣。

伐閱，《史記・高祖功臣侯者年表》：“太史公曰：古者人臣功有五品，以德立宗廟定社稷曰勳，以言曰勞，用力曰功，明其等曰伐，積日曰閱。”《漢書・車千秋傳》：“千秋無他材能術學，又無伐閱功勞。”師古注曰：“伐，積功也。閱，經歷也。”謝桂華、李均明、朱國炤《居延漢簡釋文合校》簡258・11：“☑元延元年遠備甲渠令史閥閱簿。”閥閱簿，即官員資歷的登記簿，甘肅省文物考古研究所等編《居延新簡——甲渠候官與第四燧》簡EPT6・78又稱“閥閱官簿”。

隃爲史，隃，《漢書・賈誼傳》：“帝入北學，上貴而尊爵，則貴賤有等而下不隃矣。”師古注曰：“隃，與踰同，謂越制。”睡虎地秦簡《編年記》簡10：“三年。八月，喜揄史。”整埋小組注云：“揄，本意爲引、出，這裏‘揄史’當爲進用爲史之意。……本年喜十九周歲。”疑隃、揄并讀爲逾。《説文》：“逾，䞌進也。”史，是從事文書事務的小吏，張家山漢簡《二年律令・史律》簡

474："史、卜子年十七歲學。史、卜、祝學童學三歲，學佴將詣大史、大卜、大祝，郡史學童詣其守，皆會八月朔日試之。"簡475："試史學童以十五篇，能風（諷）書五千字以上，乃得爲史。"《説文·敘》引漢《尉律》："學僮十七已上，始試，諷籒書九千字，乃得爲吏。"《漢書·藝文志》有與《説文·敘》所引律文相似的內容，其中的"吏"，《漢書·藝文志》作"史"。十一年，秦王政十一年，公元前236年。

令史，縣令的屬吏，職掌文書等事。《史記·項羽本紀》裴駰《集解》引《漢儀注》："令吏曰令史。"張家山漢簡《二年律令·史律》簡475-476："試史學童以十五篇，能風（諷）書五千字以上，乃得爲史。有（又）以八體試之，郡移其八體課大史，大史誦課，取冣（最）一人以爲其縣令史，殿者勿以爲史。"

直司空曹，司空曹，縣廷列曹名；直，當值、值勤。《晉書·庾珉傳》："珉爲侍中，直於省內。"里耶秦簡8-2004+8-487："卅四年八月癸巳朔癸卯，户曹令史雗疏書廿八年以盡卅三年見户數牘北（背）、移獄具集上，如請史書。/雗手。""户曹令史雗"一語表明，秦時有縣廷令史署直（值）縣廷列曹的制度，如是則本簡人名爲"釦"的官吏，原任資中令史，自然有資格署直（值）司空曹。

本簡所載爲一份秦代基層官吏的伐閱文書，由簡文可知，"釦"在秦始皇"十一年九月"始爲"史"，歷任資中縣"鄉史"、"田部史"、"令史"，共爲官13年又5個月12日，未記任職是否有間隔期。睡虎地秦簡《秦律十八種·置吏律》簡157-158："縣、都官、十二郡免除吏及佐、群官署，以十二月朔日免除，盡三月而止之。其有死亡及故有夬（缺）者，爲補之，毋須時。"簡159-160："除吏、尉，已除之，乃令視事及遣之；所不當除而敢先見事，及相聽以遣之，以律論之。"根據其任職之始及任職時間推斷，資中令史"釦"至遷應是於秦始皇二十五年二月或其後不久即從資中縣調往遷陵縣任職的，這與上引秦律《置吏律》的有關規定相合；另里耶秦簡8-757載"今遷陵廿五年爲縣"，《史記·秦始皇本紀》云"二十五年，……王翦遂定荆江南地；降越君，置會稽郡。五月，天下大酺"，亦證資中令史"釦"由秦原巴蜀故地資中縣被派往新占領之地遷陵縣爲吏至遲應在二十五年二月或其後不久的推斷大致無誤。準此，本簡年代的上限當不應早於秦始皇二十五年二月，故附於此。

始皇帝二十六年

廿六年十二月癸丑朔庚申，遷陵守禄敢言之：沮守瘳言：課廿四年畜息子得錢殿，沮守周主，爲新地吏，令縣論言夬。·問之，周不在遷陵。敢言之。

·以荆山道丞印行【事】。（正）

丙寅水下三刻，啓陵乘城卒秭歸□里士五順行旁。　壬手。（背）

（8-1516　圖版·頁192）

按：本簡保存完整，字迹清晰，正、背雙面書寫。正面“行”下一字，《里耶（壹）》釋文作“□”；《校釋（一）》認爲“行”字以下無簡文，删去“□”；檢核圖版，簡文“行”下當有一字，字迹模糊，據簡8-759正“·以沅陽印行事”、簡9-11背“·以洞庭司馬印行事”文例，“行”下一字當爲“事”，今補。背面簡文一行，書於簡的最左邊，“順”下二字“行旁”，《里耶（壹）》作“行□旁”，《校釋（一）》作“行旁”，檢核圖版，《校釋（一）》所釋爲是，又簡8-158背“四月丙辰旦，守府快行旁”文例，亦可爲證。

遷陵守禄，禄，人名；遷陵，縣名；遷陵守，職官名。沮守瘳，瘳，人名；沮，依“遷陵守禄”文例，爲秦縣名，秦封泥有“沮丞之印”（周曉陸等《於京新見秦封泥中的地理内容》；劉瑞《秦封泥集存》第759頁），一説屬秦漢中郡（后曉荣《戰國政區地理》；劉瑞《秦封泥集存》），一説屬秦蜀郡（馬非白《秦集史》），《漢書·地理志》屬武都郡，治今陕西略陽縣東。沮守周，周，人名，據“沮守瘳”文例及簡文，“周”原爲“沮守”，今爲“新地吏”。

新地吏，即秦統一戰爭過程中在新占領地區所任命的官吏。陳松長主編《嶽麓書院藏秦簡（伍）》簡39-41：“新地吏及其舍人敢受新黔首錢財酒肉它物，及有賣買叚（假）賃貣於新黔首而故貴賦〈賤〉其賈（價），皆坐其所受及故爲貴賦〈賤〉之臧（贓）、叚（假）賃費、貣息，與盜同灋。其貰買新黔首奴婢畜産及它物盈三月以上而弗予錢者坐所貰賈〈買〉錢數，亦與盜同灋。”簡53-55：“定陰忠言：律曰：‘顯大夫有辠當廢以上勿擅斷，必請之。’今南郡司馬慶故爲冤句令，詐（詐）課，當廢官，令以故秩爲新地吏四歲而勿廢者，請論慶。制書曰：‘諸當廢而爲新地吏勿廢者，即非廢。已後此等勿言。’”簡276-277：“以上及唯（雖）不盈三，一歲病不視事盈三月以上者，皆免。病有瘳，令爲新地吏及戍如吏。有適過，廢，免爲新地吏及戍者。·遷吏令甲。”

課廿四年畜息子得錢殿，廿四年，秦王政二十四年；畜息子，睡虎地秦簡《秦律十八種·倉律》簡63：“畜鷄離倉。用犬者，畜犬期足。猪、鷄之息子不用者，買（賣）之，别計其錢。”殿，《商君書·境内》：“其先入者舉爲最啓，其後入者舉爲最殿。”《春秋繁露·考功名》：“考試之法，……九分三三列之，亦有上中下。以一爲最，五爲中，九爲殿。”課，睡虎地秦簡《秦律十八種·厩苑律》簡13-14：“以四月、七月、十月、正月膚田牛。卒歲，以正月大課之，最，賜田嗇夫壹酉（酒）束脯，爲早〈皂〉者除一更，賜牛長日三旬；殿者，誶田嗇夫，罰冗皂者二月。”《漢書·宣帝紀》“丞相御史課殿最”注曰：“凡言殿最者：殿，後也，課居後也；最，凡要之首也，課居先也。”睡虎地秦簡《秦律十八種·厩苑律》簡19-20：“今課縣、都官公服牛各一課，卒歲，十牛以上而三分一死；不盈十牛以下，及受服牛者卒歲死牛三以上，吏主者、徒食牛者及令、丞皆有罪。内史課縣，大（太）倉課都官及受服者。”據此，知“周”原爲秦故地（沮縣）官吏，因“課廿四年畜息子得錢殿，沮守周主”，依律遭到處理，被派到秦新占領地區而重新任命爲“新地吏”。

令縣論言夬，論，《漢書·張湯傳》：“訊鞫論報。”夬，通“決”，《史記·酷吏列傳》：“湯決大獄，欲傅古義，乃請博士弟子治《尚書》《春秋》補廷尉史，亭疑法。”朱漢民、陳松長主編《嶽麓書院藏秦簡（叁）》簡13-14：“五月甲辰，州陵守綰、丞越、史獲論令癸、瑣等各贖黥。癸、行戍衡山郡各三歲，以當灋（法）；先備贖。不論沛等。監御史康劾以爲：不當，錢不處，當更論。更論及論失者言夬（決）。”

以荆山道丞印行事，荆山道，縣名，《漢書·百官公卿表》：“列侯所食縣曰國，皇太后、皇后、公主所食曰邑，有蠻夷曰道。”《續漢書·百官志五》：“凡縣主蠻夷曰道。”簡文所記“荆山道”，秦時應爲縣，不見於《漢書・地理志》，其縣或以荆山得名，《漢書・地理志》“南郡臨沮”縣下記：“《禹貢》南條荆山在東北，漳水所出，東至江陵入陽水，陽水入沔，行六百里。”“左馮翊褱德”縣下云：“《禹貢》北條荆山在南，下有彊梁原。洛水東南入渭，雍州寖。”兩處“荆山”皆位處秦故地（關中、南郡），根據本簡“廿六年十二月癸丑朔庚申”紀年，荆山道設置應在秦始皇二十六年十二月之前。荆山道丞，職官名，《續漢書・百官志五》：“縣萬户以上爲令，不滿爲長。侯國爲相。皆秦制也。丞各一人。尉大縣二人，小縣一人。”本注曰：“丞署文書，典知倉獄。”荆山道丞印，職官印，《漢書・百官公卿表》：“凡吏秩比二千石以上，皆銀印青綬”、“秩比六百石以上，皆銅印黑綬”、“比二百石以上，皆銅印黄綬”，又云：“萬户以上爲令，秩千石至六百石。減萬户爲長，秩五百石至三百石。皆有丞、尉，秩四百石至二百石，是爲長吏。”是爲荆山道丞有印之證。秦時官府文書發送，官吏需要用自己的職官印封印文書，《嶽麓書院藏秦簡（伍）》簡103-104：“令曰：諸傳書，其封毁，所過縣官【輒復封以令丞印】，封纏解，輒纏而封其上，毋去故封，不從令，貲丞、令、【令】史一甲。・卒令乙十一。”簡109-110：“令曰：書當以郵行，爲檢令高可以旁見印章；堅約之，書檢上應署，令并負以疾走。不從令，貲一甲。・卒令丙三。”簡123-125：“令曰：吏有論毄（繫），二千石，治者輒言御史，御史遣御史與治者雜受印，在郡者，言郡守、郡監、守丞、尉丞與治者雜受印，以治所縣官令若丞印封印，令卒史上御史；千石到六百石，治者與治所縣令若丞雜受，以令若丞雜受，以令若丞印封，令吏上御史；五百以下印行郡縣者，治者受印，以治□☑。”縣、道“丞署文書”，自然發送的文書應封以丞印或以丞印封，本簡“以荆山道丞印行事”的印封或稱封印的記録，就是這種文書用印制度的反映。據里耶秦簡9-11“洞庭假尉”文書末署以“以洞庭司馬印行事”，以及里耶古城一號井内出有“□庭□馬”（洞庭司馬）殘封泥（湖南省文物考古研究所《里耶發掘報告》圖一四〇·1）等情况判斷，“遷陵守禄”有可能與“荆山道丞”爲同一人，由故秦地“荆山道丞”調任“遷陵守”作新地吏，代理與試守期間使用了自己的本官職官印封印了遷陵縣的這份上行文書，并在發送的文書上特别注明了這一情况。

丙寅水下三刻，丙寅，日干支，當指“廿六年十二月癸丑朔丙寅”，由於此前已見年序、月序和朔日干支，故省略之，廿六年十二月癸丑朔，十二月丙寅日爲十二月十四日；水下三刻，秦代漏刻計時法，又見於簡5-22、8-1005等，簡8-164+8-1475、8-1452又有作“水十一刻刻下三”，“水下三刻”或爲“水十一刻刻下三”之省稱。秭歸，《漢書·地理志》南郡屬縣，治今湖北省秭歸縣；順，人名，居“秭歸□里”，身份爲“士五（伍）”，現爲“啓陵乘城卒”。行，睡虎地秦簡《秦律十八種·行書》簡184：“行傳書、受書，必書其起及到日月夙莫（暮），以輒相報殹（也）。”“丙寅水下三刻，啓陵乘城卒秭歸□里士五順行旁”簡文，指明了文書發送傳遞的具體時間、負責傳送人員的身份名字以及送達地點處所的名稱，應屬秦時文書傳遞過程中的發文記録，這一過程與環節在秦《行書律》中稱爲“行傳書”。

壬手，書於簡背左下角，壬，人名；手，里耶秦簡文書多有署“某手”者，簡8-755、8-756：“卅四年六月甲午朔乙卯，洞庭守禮謂遷陵丞：丞言徒隸不田，奏曰：司空厭等當坐，皆有它罪，耐爲司寇。有書，書壬手。”《嶽麓書院藏秦簡（肆）》簡281-282：“興律曰：諸書求報者，皆告，令署某曹發，弗告曹，報者署報書中某手，告而弗署，署而環（還）及弗告，及不署手，貲各一甲。”文書末簽署“某手”者的名字，是秦文書程式與制度的基本要求，其職責或包括文書的起草、書寫與發送等。

根據本簡“敢言之”的文書用語，可以確定這是 份遷陵縣的上行文書，内容涉及“遷陵守禄”針對“沮守瘳言”所做調查結果（“問之，周不在遷陵”）的報告。廿六年十二月癸丑朔，十二月庚申日爲十二月八日，這是“遷陵守禄”所發出文書撰制的時間，署書“壬手”；“丙寅水下三刻，啓陵乘城卒秭歸□里士五順行旁”，這是“遷陵守禄”所撰制文書的發出記録，因爲文書正本原件已發出，按照處理文書的慣例和規定，留存迁陵歸檔備查的這份副本抄件就將發文記録書寫在了本簡的背面，十二月丙寅日爲十二月十四日，“丙寅水下三刻”爲本簡簡文最終形成的時間。

廿六年十二月癸丑朔辛巳，尉守蜀敢告之：大守令曰：秦人□□□侯中秦吏自捕取，歲上物數會九月望大守府，毋有亦言。問之尉，

毋當令者。敢告之。（正）

辛巳，走利以來。/□半　憙☑（背）（8-652+8-67　圖版·頁90、22）

按：簡8-652與簡8-67的綴合，見於《校釋（一）》。蜀，《校釋（一）》所釋，《里耶（壹）》未釋作"□"。告，《校釋（一）》所釋，《里耶（壹）》釋文作"言"。物，《里耶（壹）》釋文作"制"，《校釋（一）》作"物"，檢核圖版，簡文字形即爲"物"。"半"字，《里耶（壹）》釋文作"手"，《校釋（一）》作"半"，檢核圖版，從《校釋（一）》所釋。侯，簡文作"矦"，矦同侯，《漢書·吾丘壽王傳》師古注："侯，所以居的，以皮爲之。天子射豹侯，諸侯射熊侯，卿大夫射麋侯，士射鹿豕侯。"即箭靶，以獸皮爲之。望，簡文作"朢"，朢同望，月相，指每月十五日。

走利以來，利，人名；走，簡8-756、8-757："令曰：吏僕、養、走、工、組織、守府門、肕（削）匠及它急事不可令田，六人予田徒四人。徒少及毋徒，薄（簿）移治虜御史，御史以均予。"簡8-1518+8-1490："廿八年六月己巳朔甲午，倉武敢言之：令史敞、彼死共走興。今彼死次不當得走，令史畸當得未有走。今令畸襲彼死處，與敞共走。倉已定籍。敢言之。"簡8-1560："卅一年後九月庚辰朔辛巳，遷陵丞昌謂倉嗇夫：令史言以辛巳視事，以律令假養，襲令史朝走啓。定其符。它如律令。"簡8-133背："八月癸巳水下四刻走賢以來。/行半。"簡8-1452背："□申水十一刻刻下三，令走屈行。"王煥林《里耶秦簡校詁》："走，指腿脚輕便者。按，走的本義是跑，用稱‘行書人’，頗疑與睡虎地秦簡中的‘輕足’相當，參《秦律十八種・田律》：‘近縣以輕足行其書，遠縣令郵行之。’”（參見該書第33頁）走利以來，《居延漢簡釋文合校》38・7：“八月乙巳第八卒夏賀以來。”《居延新簡》EPT6・36：“正月甲辰卒同以來。”上舉里耶秦簡的文字記録方式與漢代文書收文記録基本相同，應屬於同一類内容。睡虎地秦簡《秦律十八種・行書》簡184：“行傳書、受書，必書其起及到日月夙莫（暮），以輒相報殹（也）。”其中的“受書”，其意即指收到文書，按照處理文書的制度規定與慣例，秦代官府在收到文書後，便要將文書抵達的時間、遞送文書人員的身份名字以及收受拆啓文書官員的名字等收文記録内容，書寫在簡背的最左邊。本簡“辛巳，走利以來。／□半”簡文，就是這種收文的記録。

□半，相類文例又見於簡8-645背“九月辛亥旦史邛以來。／感半”、簡8-647背“☑刻隸妾少以來。／朝半”等，與同簡背面左下角之“邛手”（簡8-645背）、“彼死手”（簡8-647背）之“手”字字形有别粲然可見。本簡“半”上一字，因簡文字迹模糊不識，但依簡8-645背“感半”、簡8-647背“朝半”文例，“半”前未釋之字應爲人名。陳劍《讀秦漢簡札記三篇》認爲：“某半”和“某發”的位置都是在背面最左側，全部都接在“某某以來”（即由某人將此文書帶來）之後；“發”即“啓”，“某發”表示由誰打開此文書；“某半”之“半”應該是一個表示打開此文書、跟“發”義近之詞。邢義田《“手、半”、“曰啎曰荆”與“遷陵公”——里耶秦簡初讀之一》認爲：以目前已刊佈的來説，凡文書在約略相似的位置出現“半”字，當“分判”或“打開文書”解的，即不見用“發”字；又用“半”當“發”的文書，凡有紀年的，全屬始皇二十六年至三十一年；出現“發”字的又全屬卅一年及卅一年以後。故“□半”應亦屬於文書接受機構的收文記録。

本簡從簡文内容看，正面是一份由“尉守蜀”於“廿六年十二月癸丑朔辛巳”撰制的文書，署書“憙☐”（應爲“憙手”，“尉守蜀”是主管官員，“憙”爲屬吏）；背面“辛巳，走利以來。/□半”簡文，書於簡背最左邊一行，字迹明顯與正面文書有别，可以確定這是該文書接受機構的收文記録。該木簡文書發現於遷陵縣官署所在地，收文單位理應爲遷陵縣廷，所收到的木簡文書本身亦應是文書的正本，按照處理文書的制度規定與慣例，遷陵縣廷在書寫記録下收文時間（“十二月辛巳”）、傳遞人員名字（“利”）與身份（“走”）以及接受、打開文書官員（“□半”）等信息後便將該文書留存歸檔。尉守蜀撰制發送文書的日期與遷陵縣廷收文記録所載日期同爲“廿六年十二月辛巳”，本簡記廿六年十二月癸丑朔，十二月辛巳日爲十二月二十九日，是日亦即本簡簡文形成的時間。

【廿六】年十二月癸丑朔己卯，倉守敬敢言之：出西廥稻五十□石六斗少半斗輸；粢粟二石以稟乘城卒夷陵士五陽□□□□。今上出中辨券廿九。敢言之。　□手。（正）

□申水十一刻刻下三，令走屈行。　操手。（背）（8-1452　圖版·頁

180）

按：本簡保存完整，正、背雙面書寫。"年"上二字"廿六"，簡文字迹模糊，《里耶（壹）》釋文存疑，據書後附録二"秦朔閏表"，本簡中的"十二月癸丑朔"僅與秦始皇廿六年相合，另簡8-652、8-1516所記"廿六年十二月癸丑朔"亦可爲證，故"年"上二字釋文作"廿六"不誤；"今上"兩字，《里耶（壹）》未釋，《校釋（一）》作"今上"，檢核圖版，簡文字形即爲"今上"；"申"上一字，簡文字迹模糊，《里耶（壹）》與《校釋（一）》均未釋，單印飛《〈里耶秦簡牘校釋（第一卷）〉人名統計表》第78頁注①："根據文書格式'□申'應爲廿六年十二月己卯日後數日，根據曆法表推測或爲'正月甲申'。"

西廥，倉名。《説文》："廥，芻藁之藏。"《廣雅·釋宫》："廥，倉也。"里耶秦簡中另見有徑廥（簡8-56、8-426、8-474、8-1081）、丙廥（簡8-821）、乙廥（簡8-1647）等。睡虎地秦簡《秦律十八種·内史雜》簡195："有實官高其垣墻。它垣屬焉者，獨高其置芻廥及倉茅蓋者。"《嶽麓書院藏秦簡（肆）》簡169-170："内史襍律曰：芻稾廥、倉、庫、實官、積，垣高毋下丈四尺，瓦蘠（牆），財（裁）爲候，晦令人宿候，二人備火，財（裁）爲□□水。宫中不可爲池者財（裁）爲池宫旁。"簡175-176："内史襍律曰：黔首室、侍（寺）舍有與廥、倉、庫、實官補屬者，絶之，毋下六丈。它垣屬焉者，獨高其侍〈置〉，不從律者，貲二甲。"本簡簡文記"出西廥稻五十□石六斗少半斗輸；粢粟二石以稟乘城卒夷陵士五陽□□□□"，可證廥不惟有"芻藁之藏"，亦爲稻、粢粟等種類糧食儲放之所。

輸，運輸、輸送。睡虎地秦簡《秦律十八種・金布律》簡70-71："官相輸者，以書告其出計之年，受者以入計之。八月、九月中其有輸，計其輸所遠近，不能逮其輸所之計，□□□□□□□□移計其後年，計毋相繆。工獻輸官者，皆深以其年計之。"

乘城卒，即守城卒。《漢書・高帝紀上》"興關中卒乘邊塞"注："李奇曰：'乘，守也。'師古曰：'乘，登也。登而守之，義與上乘城同。'"里耶秦簡8-1516背載"丙寅水下三刻，啓陵乘城卒秭歸□里士五順行旁"，説明遷陵縣啓陵鄉配備有軍事設施和駐防兵卒。本簡簡文記"出西廥……粢粟二石以稟乘城卒夷陵士五陽□□□□"，表明遷陵縣倉是要發放糧食給這些駐守遷陵、來自其他郡縣的"乘城卒"的。夷陵，縣名，《漢書・地理志》屬南郡，治今湖北宜昌市東。

中辨券，《嶽麓書院藏秦簡（肆）》簡121-123："金布律曰：官府爲作務、市受錢，及受齎、租、質、它稍入錢，皆官爲缿，謹爲缿空（孔），媭（須）毋令錢能出，以令若丞印封缿而入，與入錢者叁辨券之，輒入錢缿中，令入錢者見其入。月壹輸缿錢，及上券中辨其縣廷，月未盡而缿盈者，輒輸之。不如律，貲一甲。"其中的"券中辨"，即本簡所云的"中辨券"。秦代糧食運輸和出稟時都要當場製作"券"，里耶秦簡8-1525云："卅四年七月甲子朔癸酉，啓陵鄉守意敢言之：廷下倉守慶書言，令佐贛載粟啓陵鄉。今已載粟六十二石，爲付券一上。謁令倉守。敢言之。· 七月甲子朔乙亥，遷陵守丞配告倉主，下券，以律令從事。/壬手。/七月乙亥旦，守府印行。(正) 七月乙亥旦，□□□以來。/壬發。恬手。(背)”簡文中所謂的“付券”，是由啓陵鄉守、倉佐之間在授受粟米時製作的券，由倉佐到調運粟米現場的啓陵鄉直接運送到倉，“付券”首先送交縣廷，即簡文中的“爲付券一上”，再轉送到倉，即簡文中的“下券”，這説明粟米的運輸和調動，都是由縣廷統管與掌握的。同樣，粟米的“出稟”也應是在縣廷的統管下進行的，如簡8-1545云：“丙廥粟米二石。　令史扁視平。卅一年十月乙酉，倉守妃、佐富、稟人援出稟屯戍士五孱陵咸陰敝臣。　富手。”該簡左側刻齒爲“二石”，與簡文“粟米二石”相符，其中的“令史扁視平”，表明在“出稟”即粟米授受的現場有縣的令史到場監督是無疑的，同時在粟米授受現場製作的這種帶有刻齒的“券”，與簡8-1525所説的“付券”一樣，也要被送往縣廷。而從本簡“今上出中辨券廿九”一語判定，秦代糧食運輸和出稟時當場製作的這種帶有刻齒的“券”爲“三辨券”，與上引嶽麓秦簡的“上券中辨其縣廷”同，其中上交縣廷的應爲“中辨券”，即三辨券中間的一份，其他兩份應由付、受或出、入雙方各執一份。另外，文書中的“今上出中辨券廿九”一語同時也説明，本簡文書是連同“出中辨券廿九”一起送達的，屬呈報文書的正文，具有通行性，“出中辨券廿九”屬附件，是附屬於正文的文件材料，不具通行性，須附著於正文運行，由於里耶秦簡出土時大多已散亂，正文與附件已脱離。

本簡正面是一份由“倉守敬”發出的上行文書，内容涉及倉中糧食的調出外運和出稟，該簡的發現地在遷陵縣官署所在地，有理由確定收文單位即爲遷陵縣廷；簡背最左邊一行“□申水十一刻刻下三，令走屈行”，依例爲遷陵縣“倉”機構的發文記録。《里耶（壹）》《校釋（一）》認爲本簡正面左下角有簡文“□手”二字，檢核圖版，“□手”二字有無存疑，不能確定。廿六年十二月癸丑朔，十二月己卯日爲十二月二十七日，這是“倉守敬”撰制文書的時間，署書“操手”；“□申水十一刻刻下三”，“申”上一字簡文字迹模糊不識，一般文書大多都在成文不久後即發出，推測或爲“正月甲申”，據書後附録二“秦朔閏表”，廿六年正月癸未朔，正月甲申日爲正月二日，是日應爲本簡簡文的最終形成時間。

廿六年五月戊戌，發弩守安☐

……☐（正）

尉史福上廷。　☐（背）（8-717　圖版·頁104）

按：本簡下端及左半部分殘缺，正背各殘留一行簡文。發弩守安，安，人名；發弩守，疑爲“發弩守嗇夫”省稱，睡虎地秦簡《秦律雜抄》簡1-3：“·有興，除守嗇夫、叚（假）佐居守者，上造以上不從令，貲二甲。·除士吏、發弩嗇夫不如律，及發弩射不中，尉貲二甲。·發弩嗇夫射不中，貲二甲，免，嗇夫任之。”發弩，秦專司射弩的兵種，發弩嗇夫係這種射手的官長，與縣尉關係密切，受縣尉管轄。尉史福，福，人名；尉史，縣尉屬吏，《漢書・趙廣漢傳》“尉史禹”注引文穎曰：“尉史，尉部史也。禹，其名。”《漢官六種・漢舊儀卷下》：“更令吏曰令史，丞吏曰丞史，尉吏曰尉史。”廿六年五月戊戌，據書後附録二“秦朔閏表”以及簡9-2287所記“廿六年五月辛巳朔”，廿六年五月戊戌日爲當年五月十八日。

【廿】六年六月丙辰，遷陵拔爰書：即訊□☑

爲求得婺其產咎安成不更孝□☑（8-918　圖版・頁128）

按：該簡下端殘缺。廿，《里耶（壹）》《校釋（一）》未釋，检核圖版，簡文字迹雖然模糊，但仍可看出應爲“廿”字；另，已知有關“遷陵拔”紀年明確簡的年代有始皇帝廿六年（簡8-406、簡8-1743+8-2015）、廿七年（簡8-209）和廿八年（簡8-985），且簡8-406中的“遷陵拔”亦見於“廿六年六月”，故可以確定該簡年代應爲“廿六年”，簡文中“六”上一字即爲“廿”，釋文當補一“廿”字。

遷陵拔，拔，人名；遷陵拔，即遷陵令拔，簡文省去職官，張家山漢簡《奏讞書》中多見。即訊，《史記・淮南衡山列傳》“會有詔即訊太子”《索隱》引樂彦注：“即，就也。訊。問也。就淮南案之，不逮詣河南也。”《漢書・傅常鄭甘陳段傳》“有詔即訊”顔師古注：“就其所居考問之。”歐揚《秦漢刑事訴訟中的訊新探》：“‘即訊’應該是‘即某人訊’之省。在現場組織的訊稱‘即訊’。”

本簡中的“廿六年六月丙辰”，據書後附録二“秦朔閏表”以及簡9-1872所記“廿六年六月辛亥朔”，廿六年六月丙辰日爲當年六月六日，這既是本簡爰書的成文日期，亦爲本簡簡文的形成時間。爰書是需要傳遞的，此件或爲遷陵縣留存備查的副本抄件。

男子皇楗獄薄。　☑

廿六年六月癸亥，遷陵拔、守丞敦狐、史畸治☑（8-406　圖版・頁63）

按：本簡下端殘缺。薄，《里耶（壹）》“凡例・七”稱：“簡文‘吏’與‘事’、‘冣’與‘最’、‘薄’與‘簿’等不分，釋文也按照原文字形釋寫，不加區別。”薄，讀作“簿”。獄簿，張家山漢簡《奏讞書》簡124有“・南郡卒史蓋廬、摯田、叚（假）卒史瞗復攸庳等獄簿”，整理者注稱：“本簡係簿籍標題。此簡長度比本册其他簡要短，可能是後補入的。”高恒《秦漢簡牘中法制文書輯考》之十七《〈奏讞書〉注釋》認爲：“獄簿，案件卷宗。”依例，本簡“男子皇楗獄簿”亦應爲簿籍標題；皇楗，人名。

本簡從圖版看，“治”字以下，因簡殘斷，簡文有無，尚難斷定，但“治”字以上簡文文例，却多見於張家山漢簡《奏讞書》的有關司法案件記録中，如簡62-68“八年十月己未，安陸丞忠刻（劾）獄史平舍匿無名數大男子種一月。……・令曰：諸無名數者，皆令自占書名數，令到縣道官，盈卅日，不自占書名數，皆耐爲隸臣妾，錮，勿令以爵、賞免，舍匿者與同罪。以此當平。南郡守强、守丞吉、卒史建、舍治。八年四月甲辰朔乙巳，南郡守强敢言之，上奏七牒，謁以聞，種縣論，敢言之。”簡69-74：“七年八月己未，江陵丞言：醴陽令恢盗縣官米二百六十三石八斗。……・令：吏盗，當刑者刑，毋得以爵減、免、贖。以此當恢。恢居酈邑建成里，屬南郡守。南郡守强、守丞吉、卒史建、舍治。”由此可見，本簡中的“遷陵拔、守丞敦狐、史畸治”，其義與“南郡守强、守丞吉、卒史建、舍治”同，拔、敦狐、畸三人，乃爲“男子皇楗”之獄的審理者、經辦者。

本簡應爲完整簡册中的一枚，據上引張家山漢簡“・南郡卒史蓋廬、摯田、叚（假）卒史瞗復攸庳等獄簿”，“男子皇楗獄薄”原本應有一完整記録案件内容的簡册，由於里耶秦簡出土時大多已散亂，記録“男子皇楗獄薄”具體内容的簡册與本簡已脱離。本簡中的“廿六年六月癸亥”，既是遷陵拔、守丞敦狐、史畸審理案件的時間，同時亦應爲“男子皇楗獄薄”形成的時間，據書後附録二“秦朔閏表”以及簡9-1872所記“廿六年六月辛亥朔”，廿六年六月癸亥日爲當年六月十三日。

廿六年八月庚戌朔壬戌，厩守慶敢言之：令曰：司空佐貳今爲厩佐，言視事日。・今以戊申視事。敢言之。（正）

貳手。（背）（8-163　圖版・頁39）

按：厩守慶，慶，人名；厩，《説文》：“厩，馬舍也。”此處爲官署名，飼養馬牛的機構。睡虎地秦簡《秦律十八種・厩苑律》簡

16-18："將牧公馬牛，馬牛死者，亟謁死所縣，縣亟診而入之，其入之其弗亟而令敗者，令以其未敗直（值）賞（償）之。其小隸臣疾死者，告其□□之；其非疾死者，以其診書告官論之。其大厩、中厩、宮厩馬牛殹（也），以其筋、革、角及其賈（價）錢效，其人詣其官。"司空佐貳，司空，官署名；貳，人名，原任"司空佐"，今轉任"厩佐"。

視事，即就職理事。《史記・留侯世家》："漢十二年，上從擊破布軍歸，疾益甚，愈欲易太子。留侯諫，不聽，因疾不視事。"《後漢書・荀爽傳》："獻帝即位，董卓輔政，復徵之。爽欲遁命，吏持之急，不得去，因復就拜平原相。行至宛陵，復追爲光禄勳。視事三日，進拜司空。爽自被徵命及登台司，九十五日。"睡虎地秦簡《秦律十八種・置吏律》簡159："除吏，尉已除之，乃令視事及遣之，所不當除而敢先見事，及相聽以遣之，以律論之。"簡157-158："縣、都官、十二郡免除吏及佐、群官屬，以十二月朔日免除，盡三月而止之。其有死亡及故有夬（缺）者，爲補之，毋須時。"亦可參考。

本簡保存完整，兩面書寫，正面三行，背面一行。木簡正面是一份上行文書，內容涉及"厩守慶"上報"司空佐貳"轉任"厩佐"就職理事的日期，簡背左下角署書"貳手"。"貳手"中的"貳"，與正面文書中的"貳"爲同一人，説明秦代政府機構中的"佐"一類屬吏有書寫公文的職責，同時要求書寫者本人簽署"某手"字樣，置於簡背左下角，文書正文則書於正面。這份文書出土於遷陵縣官署所在地，表明該文書送達的官府應爲遷陵縣廷，未見相關收文及處理記録，説明文書送達遷陵縣廷後，即留下存檔，因此文書撰制形成的年代即爲本簡簡文形成的年代。簡文記“廿六年八月庚戌朔”，八月壬戌日爲八月十三日，這是該文書撰制形成的日期；“・今以戊申視事”，這是上報的具體事項，其中“戊申”爲厩佐貳具體“視事”的日期，當發生在“八月壬戌”之前，本簡記“廿六年八月庚戌朔”，查八月朔日至壬戌日之間無“戊申”日，據書後附録二“秦朔閏表”，七月庚辰朔，七月戊申日爲七月二十九日。

廿六年八月丙子，遷陵拔、守丞敦狐詣訊般芻等，辤各如前☑（正）

・鞫之：成吏、閒、起贅、平私令般芻、嘉出庸，賈三百，受米一石，臧直百卌，得。成吏亡，嘉死，審☑（背）（8-1743+8-2015 圖版・頁222、246）

按：簡8-1743與簡8-2015綴合，以及簡8-2015正、背面應互换，見於《校釋（一）》。簡8-1743與簡8-2015綴合僅爲簡的上端，下端殘缺，單行正背雙面書寫，正面簡文靠右書寫，背面簡文居中書寫。

詣訊，歐揚《秦漢刑事訴訟中的訊新探》：“里耶秦簡中見與‘即訊’相對的術語‘詣訊’。‘詣訊’則意爲將接受詢問的相關人員傳詣至官署進行詢問。”辤，同辭。鞫之，或省作“鞫”，張家山漢簡《奏讞書》簡14-15："・鞫之：媚故點婢，楚時亡，降爲漢，不書名數，點得，占數，復婢，賣祿所，媚去亡，年卌歲，得，皆審。"《奏讞書》簡22-23："・鞫：闌送南，取（娶）以爲妻，與偕歸臨菑（淄），未出關，得，審。"

庸，《嶽麓書院藏秦簡（肆）》簡75-76："取罪人、群亡人以爲庸，智（知）其請（情），爲匿之；不智（知）其請（情），取過五日以上，以舍罪人律論之。廿年後九月戊戌以來，取罪人、群亡人以爲庸，雖前死及去而後遝者，論之如律。"簡68-70："隸臣妾及諸當作縣道官者、僕、庸，爲它作務，其錢財當入縣道官而逋未入去亡者，有（又）坐逋錢財臧，與盜同灋。廿年後九月戊戌以來，其前死及去而後遝者，盡論之如律。"張家山漢簡《二年律令・亡律》簡172："取亡罪人爲庸，不智（知）其亡，以舍亡人律論之。"《漢書・司馬相如傳》注："庸即謂賃作者。"庸，後多作"傭"。賈，讀同價，價格，價值；臧，通贓；直，讀爲值，價值、價錢。簡文中言"成吏、閒、起贅、平私令般芻、嘉出庸，賈三百，受米一石，臧直百卌"，顯然應屬違法之舉。般芻、成吏、閒、起贅、平、嘉，人名。

本簡是一枚司法文書簡，涉及遷陵拔、守丞敦狐對般芻等人的審訊記録。《漢書・張湯傳》："湯掘熏得鼠及餘肉，劾鼠掠治，傳爰書，訊鞫論報，并取鼠與肉，具獄磔堂下。"師古注曰："訊，考問也。鞫，窮也，謂窮覆之也。論報，謂上論之而獲報也。"張家山漢簡《奏讞書》簡1-7："十一年八月甲申朔己丑，夷道介丞嘉敢灋（讞）言之。六月戊子發弩九詣男子毋憂，告爲都尉屯，已受致書，行未到，去亡。·毋憂曰：變（蠻）夷大男子歲出五十六錢以當䌛（徭）賦，不當爲屯，尉窯遣毋憂爲屯，行未到，去亡，它如九。·窯曰：南郡尉發屯有令，變（蠻）夷律不曰勿令爲屯，即遣之，不智（知）亡故，它如毋憂。·詰毋憂，律變（蠻）夷男子歲出賨錢，以當䌛（徭）賦，非曰勿令爲屯也，及雖不當爲屯，窯已遣，毋憂即屯卒，已去亡，何解？毋憂曰：有君長，歲出賨錢，以當䌛（徭）賦，即復也，存吏，毋解。·問，如辤（辭）。·鞫之：毋憂變（蠻）夷大男子，歲出賨錢，以當䌛（徭）賦，窯遣爲屯，去亡，得，皆審。·疑毋憂罪，它縣論，敢灋（讞）之，謁報。署獄史曹發。·吏當：毋憂當要（腰）斬，或曰不當論。·廷報：當要（腰）斬。”該簡簡文反映了秦漢司法訴訟程序中的“訊”、“鞫”環節和步驟。

結合簡文“辤各如前”和正背面書寫等特徵，推測本簡文書應爲一簡册，本簡爲簡册中的一支，由於里耶秦簡出土時大多已散亂，記録“辤各如前”具體内容的簡册與本簡已脱離；同時此案因由“遷陵拔、守丞敦狐”主持審訊，記録供辭的簡册，自然就保存在遷陵縣，出土於遷陵縣廷官署所在地。簡文中的“廿六年八月丙子”，據簡8-163、8-135所記“廿六年八月庚戌朔”，八月丙子日爲當年八月二十七日，這應是本簡及簡册文書的撰制形成時間，案件的發生當在此日期之前。

廿六年八月庚戌朔丙子，司空守樛敢言【之】：前日言競陵漢陰狼假遷陵公船一，袤三丈三尺，名曰□，以求故荆積瓦，未歸船。狼屬司馬昌官，謁告昌官，令狼歸船。報曰：狼有逮在覆獄己卒史衰、義所。今寫校券一牒上，謁言己卒史衰、義所，問狼船存所。其亡之，爲責券移遷陵，弗□□屬。謁報。敢言之。／九月庚辰，遷陵守丞敦狐卻之：司空自以二月叚狼船，何故弗□辟□，今而誧曰謁問覆獄卒史衰、義。衰、義事已，不智所居，其聽書從事。／慶手。即令走□行司空。（正）

八月戊寅，走己巳以來。／慶半。　□手。（背）（8-135　圖版·頁30）

按：該簡保存完整，文字清晰，兩面書寫，正面五行，背面一行。正面第一行“敢言”之下，依第四行“敢言之”文書用語，簡文當脱一“之”字，今補；“陰”上一字，《里耶（壹）》作“藫”，陳劍《讀秦漢簡札記三篇》《校釋（一）》改釋作“漢”，檢核圖版，釋“漢”可從，《後漢書·逸民傳》“漢陰老父者，不知何許人也。桓帝延熹中，幸竟陵，過雲夢，臨沔水，百姓莫不觀者，有老夫獨耕不輟”，亦證竟陵有“漢陰”；逮，《里耶（壹）》作“律”，《校釋（一）》作“逮”，檢核圖版，字形清晰，從辵從隶，當爲“逮”字；慶，《里耶（壹）》作“慶”，《校釋（一）》作“慶”，檢核圖版，釋“慶”爲是。背面“八月戊寅”中的“月”上一字，《里耶（壹）》作“十”，《校釋（一）》未釋，檢核圖版，從殘存字迹筆畫看，字形與正面第一行“八月庚戌朔”中的“八”字相近，結合文書格式和傳遞時間脈絡，推斷應爲“八”字，胡平生《讀里耶秦簡札記》亦疑是“八”字。

競陵，又見於湖北省荆州市周梁玉橋博物館編《關沮秦漢墓簡牘》之周家臺秦簡《秦始皇三十四年曆譜》，競通竟，即竟陵；竟陵，縣名，張家山漢簡《二年律令・秩律》中有“竟陵”，《漢書・地理志》屬江夏郡，治今湖北省潜江市西北。

己卒史，《漢書・百官公卿表上》“戊己校尉”師古注曰：“甲乙丙丁庚辛壬癸皆有正位，唯戊己寄治耳。今所置校尉亦無常居，故取戊己爲名也。有戊校尉，有己校尉。一説戊己居中，鎮覆四方，今所置校尉亦處西域之中撫諸國也。”或省稱“卒史”，見本簡正面第四行“覆獄卒史衰、義”。

覆獄，《漢書・王嘉傳》：“張敞爲京兆尹，有罪當免，黠吏知而犯敞，敞收殺之，其家自冤，使者覆獄，劾敞賊殺人，上逮捕不下，會免，亡命數十日，宣帝徵敞拜爲冀州刺史，卒獲其用。”《資治通鑒・秦紀二》：“三十四年，謫治獄吏不直及覆獄故失者，築長城及處南越地。”胡三省注：“覆獄者，奏當已成而覆按之也。”

昌官，《校釋（一）》主“人名”之説；陳劍《讀秦漢簡札記三篇》認爲：昌，人名；官是職官、官府之意。司馬，秦官，《史記・項羽本紀》：“梁部署吴中豪傑爲校尉、候、司馬。”《史記・曹相國世家》：“虜秦司馬及御史一人。”狼屬司馬昌官，張家山漢簡《奏讞書》簡64：“問：平爵五大夫，居安陸和衆里，屬安陸相，它如辤（辭）”；簡74：“恢居酈邑建成里，屬南郡守。南郡守强、守丞吉、卒史建舍治。”據上，“狼屬司馬昌官，謁告昌官”一語表明，“競陵漢陰狼”爲秦官“司馬”的屬下則是不爭之事實。

本簡簡文由“司空守樛”的上行文書、“遷陵守丞敦狐”的下行文書，以及相關收文、發文記録等組成。簡背最左邊一行的“八月戊寅，走己巳以來。／慶半”，應是正面“司空守樛”上行文書的收文記録；簡背左下角的署書“□手”，應是正面“司空守樛”的上行文書的書寫者，“手”前一字，作爲人名，雖因字迹模糊不識，但對照圖版，殘存字形却與上述“慶手”、“慶半”明顯有别，説明與“慶”非爲一人；而正面最後一行即第五行左下角的“／慶手。即令走□行司空”，則應爲“遷陵守丞敦狐”的下行文書的書寫者簽署和文書發送記録。“遷陵守丞敦狐”的下行文書與其書寫者簽署和文書發送記録，以及“司空守樛”的上行文書一并連書，其間僅以符號“／”分隔，通過對簡文字迹的觀察，文字書寫風格一致，顯然應爲一人一次書寫完成，兩份文書連書以及相關收文與發文記録一起抄寫，正背面簡文的字迹一致，反映該木簡文書是留存備查的副本抄件而非文書的正本原件，原件在遷陵守丞敦狐直接簽署意見於“司空守樛”上呈公文上後，“即令走□行司空”，留在了司空機構，而該木簡在全部抄寫了上述兩份文書以及相關記録後，留存縣廷備查成爲檔案。

簡文中的“廿六年八月庚戌朔丙子”，八月丙子日爲八月二十七日，是“司空守樛”所發送文書的撰制日期；“八月戊寅，走己巳以來。／慶半”，八月戊寅日爲八月二十九日，應爲遷陵縣廷收文記録形成的日期；“九月庚辰，遷陵守丞敦狐卻之……。/ 廛手。即令走□行司空”，九月庚辰，應爲廿六年九月庚辰，據書後附録二“秦朔閏表”，九月己卯朔，九月庚辰日爲九月二日，此應爲“遷陵守丞敦狐”所下發文書撰制和發送記録形成的日期，廿六年九月庚辰，可以視爲本簡簡文的最終形成日期。

東成户人大夫印小臣遬，廿六□☑（8-1765　圖版・頁224）

按：“廿六”下一字，《里耶（壹）》未釋，依簡8-834+8-1609“陽里户人大夫刀，卅五年五月己丑朔【癸】☑”文例，未釋之字當爲“年”，廿六年，即秦始皇二十六年；東成，里名；大夫，秦軍功爵的第五級，印、遬，人名。

附二

☑□。

☑□。

☑假□。

☑□錢□。

□如故更□□。

□如故更□□。

□如故更事。

□如故更□。

□□如故更□□。

□如故更□。

□如故更□。

□如故更廢官。

□如故更予□。

更詑曰謾。

以此爲野。

歸户更曰乙户。

諸官爲秦盡更。

故皇今更如此皇。

故旦今更如此旦。

曰産曰族。

曰䢦曰荆。

毋敢曰王父曰泰父。

毋敢謂巫帝曰巫。

毋敢曰豬曰彘。

王馬曰乘輿馬。（第一欄）

泰王觀獻曰皇帝。

天帝觀獻曰皇帝。

帝子游曰皇帝。

王節弋曰皇帝。

王譴曰制譴。

以王令曰以皇帝詔。

承命曰承制。

王室曰縣官。

公室曰縣官。

内侯爲輪侯。

徹侯爲列侯。

以命爲皇帝。

受命曰制。

□命曰制。

爲謂□詔。

莊王爲泰上皇。

邊塞爲故塞。

毋塞者爲故徼。

王宫曰□□□。

王游曰皇帝游。

王獵曰皇帝獵。

王犬曰皇帝犬。

以大車爲牛車。

騎邦尉爲騎□尉。

郡邦尉爲郡尉。

邦司馬爲郡司馬。

乘傳客爲都吏。

大府爲守□公。

毋曰邦門爲都門。

毋曰公㘵曰□㘵。

毋曰客舍曰賓【飤】

舍（第二欄）（正）

敢言之。

·九十八。（背）（8-461　圖版·頁68、69）

按：本簡形制特殊，爲一木方，長12.5釐米，寬27.4釐米，據圖版，木方右上角有殘缺，致使正面第一欄簡文缺行數目不明，正背雙面書寫，篆書。

皇帝，《史記·秦始皇本紀》：二十六年，"秦初并天下，令丞相、御史曰：'異日韓王納地效璽，請爲藩臣，已而倍約，與趙、魏合從畔秦，故興兵誅之，虜其王。寡人以爲善，庶幾息兵革。趙王使其相李牧來約盟，故歸其質子。已而倍盟，反我太原，故興兵誅之，得其王。趙公子嘉乃自立爲代王，故舉兵擊滅之。魏王始約服入秦，已而與韓、趙謀襲秦，秦兵吏誅，遂破之。荆王獻青陽以西，已而畔約，擊我南郡，故發兵誅，得其王，遂定其荆地。燕王昏亂，其太子丹乃陰令荆軻爲賊，兵吏誅，滅其國。齊王用后勝計，絶秦使，欲爲亂，兵吏誅，虜其王，平齊地。寡人以眇眇之身，興兵誅暴亂，賴宗廟之靈，六王咸伏其辜，天下大定。今名號不更，無以稱成功，傳後世。其議帝號。'丞相綰、御史大夫劫、廷尉斯等皆曰：'昔者五帝地方千里，其外侯服夷服，諸侯或朝或否，天子不能制。今陛下興義兵，誅殘賊，平定天下，海内爲郡縣，法令由一統，自上古以來未嘗有，五帝所不及。臣等謹與博士議曰：古有天皇，有地皇，有泰皇，泰皇最貴。臣等昧死上尊號，王爲泰皇。命爲制，令爲詔，天子自稱曰朕。’王曰：‘去泰，著皇，采上古帝位號，號曰皇帝。他如議。’制曰：‘可。’追尊莊襄王爲太上皇。制曰：‘朕聞太古有號毋謚，中古有號，死而以行爲謚。如此，則子議父，臣議君也，甚無謂，朕弗取焉。自今已來，除謚法。朕爲始皇帝。後世以計數，二世三世至於萬世，傳之無窮。’”

莊王爲泰上皇，睡虎地秦簡《編年記》簡7：“莊王三年，莊王死。”《史記·秦本紀》：三年，“五月丙午，莊襄王卒，子政立，是爲秦始皇帝。”《史記·秦始皇本紀》：二十六年，“追尊莊襄王爲太上皇”。《嶽麓書院藏秦簡（肆）》簡289、325、329均作“泰上皇”，與本簡同。

郡邦尉爲郡尉，《史記·秦始皇本紀》：二十六年，“分天下以爲三十六郡，郡置守、尉、監。更名民曰黔首。”里耶秦簡8-1563：“廿八年七月戊戌朔癸卯，尉守竊敢【言】之：洞庭尉遣巫居貸公卒安成徐署遷陵。今徐以壬寅事，謁令倉貣食，移尉以展約日。敢言之。”洞庭尉，即洞庭郡尉。

諸官爲秦盡更，《嶽麓書院藏秦簡（伍）》簡306：“令曰：黔首、徒隸名爲秦者更名之，敢有、有弗更，貲二甲。”可參考。

本簡所載的上述更名事項與内容，多與《史記·秦始皇本紀》

中的二十六年有關記載相對應，説明秦始皇二十六年展開了大規模的更名活動，亦與秦始皇所言之“今名號不更，無以稱成功，傳後世”相吻合。秦始皇二十六年的這些更名，有着改朝换代的標志、特徵與意義，因此本簡年代的上限當不應早於秦始皇二十六年，或即在秦始皇二十六年，故附於此。

始皇帝二十七年

廿六年三月壬午朔癸卯，左公田丁敢言之：佐州里煩故爲公田吏，徙屬。事荅不備，分負各十五石少半斗，直錢三百一十四。煩冗佐署遷陵。今上責校券二，謁告遷陵令官計者定，以錢三百一十四受旬陽左公田錢計，問可計付，署計年爲報。敢言之。

三月辛亥，旬陽丞滂敢告遷陵丞主：寫移，移券，可爲報。敢告主。／兼手。

廿七年十月庚子，遷陵守丞敬告司空主：以律令從事，言。／慶手。即走申行司空。（正）

十月辛卯旦，朐忍索秦士五狀以來。／慶半。　兵手。（背）（8-63　圖版・頁21）

按：左公田丁，丁，人名；左公田，職官名，王輝、王偉《秦出土文獻編年訂補》著録有“左田公印”，第378頁注①中指出“或可讀‘左公田印’”。

佐州里煩，州里，里名，或爲“旬陽州里”之省；煩，人名，身份爲“佐”。徙屬，《漢書・高惠高后文功臣表》：“成陽定侯奚意，以魏郎漢王二年從起陽武，擊項籍，屬魏王豹，豹反，徙屬相國彭越，以太原尉定代，侯，六百户。”睡虎地秦簡《秦律十八種・效》簡162：“實官佐、史柀免、徙，官嗇夫必與去者效代者。”荅，睡虎地秦簡《秦律十八種・倉律》簡38-39：“種：稻、麻畝用二斗大半斗，禾、麥畝一斗，黍、荅畝大半斗，叔（菽）畝半斗。”分負，睡虎地秦簡《秦律十八種・金布律》簡80-81：“縣、都官坐效、計以負賞（償）者，已論，嗇夫即以其直（值）錢分負其官長及冗吏，而人與參辨券，以效少内，少内以收責之。其入贏者，亦官與辨券，入之。其責（債）毋敢隃（逾）歲，隃（逾）歲而弗入及不如令者，皆以律論之。”

冗，簡文作“宂”，宂同冗。《漢書・申屠嘉傳》“故冗官居其中”注曰：“冗，謂散輩也，如今之散官。”《漢書・枚皋傳》“與冗從爭”注曰：“冗從，散職之從王者也。”睡虎地秦簡《秦律十八種・金布律》簡80-81：“縣、都官坐效、計以負賞（償）者，已論，嗇夫即以其直（值）錢分負其官長及冗吏，而人與參辨券，以效少内，少内以收責之。”冗佐，又見於簡8-1306“冗佐上造旬陽平陽操”，應指無固定職事的佐一類屬吏。

校券，睡虎地秦簡《法律答問》簡179：“・可（何）謂‘亡券而害’？・亡校券右爲害。”里耶秦簡8-135：“今寫校券一牒上，謁言已卒史衰、義所，問狼船存所。其亡之，爲責券移遷陵，弗□□屬。謁報。”官計，睡虎地秦簡《效律》簡55：“司馬令史掾苑計，計有劾，司馬令史坐之，如令史坐官計劾然。”錢計，官計之一種，里耶秦簡8-481：“倉曹計録　禾稼計　貸計　畜計（第一欄）器

計　錢計　徒計　畜官牛計（第二欄）馬計　羊計　田官計　凡十計　史尚主（第三欄）”“問可計付，署計年爲報”，里耶秦簡8-1141“☐何計受署計年名爲報署☐”、9-9“問何縣官計付，署計年名爲報”、9-10“問何縣官計，年爲報”、9-11“問何縣官計付，署計年爲報”，以及張家山漢簡《二年律令·行書律》簡276“諸獄辟書五百里以上，及郡縣官相付受財物當校計者書，皆以郵行”等可資參考。

旬陽丞滂，滂，人名，身份爲丞；旬陽，縣名，《漢書·地理志》屬漢中郡，治今陝西省旬陽縣。朐忍㝠秦士五狀，朐忍，縣名，《漢書·地理志》屬巴郡，治今重慶雲陽縣西；㝠同索，㝠（索）秦，里名；狀，人名，身份爲士五（伍）。

本簡文書傳遞的大致順序爲：廿六年三月癸卯（三月二十二日），旬陽左公田“丁”撰制文書，送交旬陽縣廷，署書“兵手”；三月辛亥（三月三十日），旬陽丞“滂”在“寫移，移券”左公田“丁”所上文書、校券和簽署意見後（旬陽左公田“丁”撰制的文書原件應該留存在了旬陽縣廷），發往遷陵，其中“寫移”包括“兵手”的簽署，由“兼”書寫完成；廿七年十月辛卯（十月十四日），旬陽丞的文書由“朐忍㝠秦士五狀”送達遷陵縣，遷陵縣廷名爲“慶”的人拆啓打開；十月庚子（十月二十三日），遷陵守丞“敬”簽署處理意見後即派“申”送達司空，文書由“𢈔”書寫。從簡文字迹觀察，遷陵縣收文與發文的記録不僅分别由不同的人員書寫，而且與旬陽左公田“丁”和旬陽丞“滂”文書也顯著有别，表明該木簡文書是旬陽縣發至遷陵縣的文書正本原件，在其上簽署遷陵縣廷的收文記録和抄寫遷陵縣丞“敬”的處理意見（即發送給司空的文書）以及發文記録後，便將該木簡文書留存歸檔，簡文最終形成的年代當爲廿七年十月庚子（十月二十三日）。

廿七年十一月乙卯，司空昌【薄】☐

黔首貲大男子四人。 ☐

其□人載粟。 ☐（8-1665 圖版·頁217）

按：據書後附録二“秦朔閏表”，秦始皇廿七年十一月戊申朔，十一月乙卯日爲十一月八日。薄，讀作“簿”。貲，《里耶（壹）》《校釋（一）》未釋，蔣偉男《里耶秦簡文字編》釋作“貲”，檢核圖版，可從。睡虎地秦簡《秦律十八種·司空律》簡140：“百姓有貲贖責（債）而有一臣若一妾，有一馬若一牛，而欲居者，許。”可參考。黔首，《史記·秦始皇本紀》：二十六年，“更名民曰黔首”。昌，人名；司空昌，爲“司空嗇夫昌”之省。本簿由司空嗇夫昌負責撰制，形成於秦始皇二十七年十一月八日。

粟米二斗。 廿七年十二月丁酉，倉武、佐辰、稟人陵出以稟小隸臣益。

令史戎夫監。（8-1551 圖版·頁201）

按：據書後附録二“秦朔閏表”，秦始皇廿七年十二月丁丑朔，十二月丁酉日爲十二月二十一日。稟人，睡虎地秦簡《秦律十八種·效》簡168-170："入禾，萬【石一積而】比黎之爲户，籍之曰：'其廥禾若干石，倉嗇夫某、佐某、史某、稟人某。'……其出禾，有（又）書其出者，如入禾然。"簡文所記與秦律規定相合。

小隸臣益，益，人名；小隸臣，睡虎地秦簡《秦律十八種·倉律》簡49-52："小城旦、隸臣作者，月禾一石半石；未能作者，月禾一石。……隸臣、城旦高不盈六尺五寸，隸妾、舂不盈六尺二寸，皆爲小；高五尺二寸，皆作之。"可參考。

令史戎夫監，睡虎地秦簡《秦律十八種·倉律》簡31-32："□□□□□不備，令其故吏與新吏雜先索（索）出之。其故吏弗欲，勿强。其毋（無）故吏者，令有秩之吏、令史主，與倉□雜出之，索（索）而論不備。"《嶽麓書院藏秦簡（肆）》簡243："關市律曰：縣官有賣買殹（也），必令令史監，不從令者，貲一甲。"可參考。

《里耶（壹）》本簡釋文後"説明"稱"左側刻齒爲'二斗'"，與簡文"粟米二斗"相合。

廿七年三月丙午朔己酉，庫後敢言之：兵當輸内史，在貳春□☑

五石一鈞七斤，度用船六丈以上者四樓。謁令司空遣吏、船徒取。

敢言之　☑（正）

三月辛亥，遷陵守丞敦狐告司空主：以律令從事。/□☑

昭行。

三月己酉水下下九，佐赾以來。/釦半　☑（背）（8-1510　圖

版・頁190）

按：本簡下端左、右邊沿處殘斷，正面第一行、背面第一行簡文有缺。艘，同艘，《漢書・溝洫志》“漕船五百艘”師古注曰：“一船爲一艘。”

兵當輸内史，《里耶發掘報告》簡J1⑯5、J1⑯6：“今洞庭兵輸内史及巴、南郡、蒼梧，輸甲兵當傳多節傳之，必先悉行乘城卒、隸臣妾、城旦舂、鬼薪白粲、居貲贖責、司寇、隱官、踐更縣者。”可參考。

石、鈞、斤，秦漢時期衡制單位。《漢書・律曆志》：“權者，銖、兩、斤、鈞、石也，所以稱物平施，知輕重也。本起於黄鐘之重，一龠容千二百黍，重十二銖，兩之爲兩。二十四銖爲兩。十六兩爲斤。三十斤爲鈞。四鈞爲石。”

本簡文書的傳遞大致順序爲：廿七年三月己酉（三月丙午朔，三月己酉爲三月四日），庫嗇夫“後”發送文書給遷陵縣廷，請求司空機構派出“吏、船徒”等前來“取”、“輸”兵器；當日“水下下九”時刻由庫佐“赾”將文書送達縣廷，由縣廷人員“釦”拆閲；三月辛亥（三月六日），遷陵守丞“敦狐”根據庫嗇夫來文的要求，批轉文書給縣司空，要求“以律令從事”，并由“昭”傳送。從文書書寫字迹看，遷陵縣廷的收文與發文記録不僅分别由不同的人員書寫，與庫嗇夫發給遷陵縣廷的文書也顯著有别，顯然這是一份遷陵縣廷收到的文書正本原件，在書寫記録下遷陵縣廷的收文記録、批轉文書與發文記録以後，便將該木簡文書留存歸檔，簡文最終形成的年代當爲廿七年三月辛亥（三月六日）。

户曹書四封，遷陵印，一咸陽，一高陵，一陰密，一競陵。

廿七年五月戊辰水下五刻，走茶以來。（8-1533　圖版・頁197）

按：户曹，遷陵縣廷曹名。秦漢地方行政機構縣廷設有列曹機構，《續漢書・百官志五》："凡縣主蠻夷曰道。……各署諸曹掾史。本注曰：諸曹略如郡員。"户曹書，户曹爲縣廷列曹之一，簡文"户曹書"一語表明，户曹能夠獨立起草文書。四封，數量詞，《漢書・游俠傳・陳遵》："治私書謝京師故人……書數百封，親疏各有意。"里耶秦簡8-1225："尉曹書二封，遷陵印，一封詣洞庭泰守府，一封詣洞庭尉府。"亦可佐證。

遷陵印，應即"遷陵令印"之省，這裏指以遷陵令印封緘户曹文書，具體就是在封緘户曹文書的封泥之上加蓋遷陵縣令之印。《東觀漢記・鄧訓傳》："知訓好青泥封書……載青泥一樸，至上谷遺訓。"睡虎地秦簡《秦律十八種・金布律》簡64-65："官府受錢者，千錢一畚，以丞、令印印。不盈千錢，亦封印之。出錢，獻封丞、令，乃發用之。"張家山漢簡《二年律令・行書律》簡275："書以縣次傳，及以郵行，而封毀，□縣□劾印，更封而署其送徼（檄）曰：封毀，更以某縣令若丞印封。"可資參考。

一咸陽，一高陵，一陰密，一競陵，咸陽，秦都，治今陝西咸陽東北；又《漢書・地理志》有咸陽縣，屬雲中郡；高陵，縣名，《漢書・地理志》屬左馮翊，秦屬内史；陰密，《史記・秦本紀》：

“武安君白起有罪，爲士伍，遷陰密。”《漢書・地理志》屬安定郡，治今甘肅靈台縣南；競陵，即竟陵，《漢書・地理志》屬江夏郡。本簡中的“一咸陽，一高陵，一陰密，一競陵”，或爲“一封詣咸陽，一封詣高陵，一封詣陰密，一封詣競陵”，或爲“一詣咸陽，一詣高陵，一詣陰密，一詣競陵”之省稱，如里耶秦簡8-1225：“尉曹書二封，遷陵印，一封詣洞庭泰守府，一封詣洞庭尉府。”簡8-728+8-1474：“獄南曹書二封，遷陵印，一洞庭泰守府，一洞庭尉府。”簡8-1115：“獄東曹書一封，丞印，詣泰守府。”簡8-1886：“獄南曹書三封，丞印，二詣酉陽，一零陽。”簡8-1119：“書三封，令印，二守府，一成紀。”

廿七年五月戊辰，據書後附録二“秦朔閏表”，秦始皇廿七年五月乙巳朔，五月戊辰日爲五月二十四日。荼，人名。本簡記載秦始皇廿七年五月二十四日，身份爲“走”、名爲“荼”的人，送達縣廷四封“户曹”擬發往“咸陽、高陵、陰密、競陵”的文書，説明本簡是一份遷陵縣廷留存備查的收文統計記録，而“户曹書”之本身則應另載它簡。

廿七年八月丙戌，遷陵拔訊歐，辤曰：上造。居成固畜□□☒

□獄，歐坐男子毋害詐僞自☒（正）

・鞫歐：失捧騶奇爵，有它論，貲二甲□□□☒（背）（8-209　圖版・頁48）

按：廿七年八月丙戌，據簡8-133及書後附録二“秦朔閏表”，秦始皇廿七年八月甲戌朔，八月丙戌日爲八月十三日。詐，同詐；詐（詐）僞，張家山漢簡《二年律令・爵律》簡394：“諸詐（詐）僞自爵、爵免、免人者，皆黥爲城旦舂。吏智（知）而行之者，與同罪。”𢱭，同拜，張家山漢簡《二年律令・爵律》簡392：“當𢱭（拜）爵及賜，未𢱭（拜）而有罪耐者，毋𢱭（拜）賜。”拔、歐、毋害、騶奇，人名。

或遝。廿六年三月甲午，遷陵司空得、尉乘□☑

卒真薄。 ☑

廿七年八月甲戌朔壬辰，酉陽具獄獄史啓敢□☑

啓治所獄留須，敢言之。・封遷陵丞 ☑（正）

八月癸巳，遷陵守丞陘告司空主：聽書從事☑

起行司空。 ☑

八月癸巳水下四刻，走賢以來。/行半 ☑（背）（8-133 圖版・頁30）

按：卒真薄（簿），簡8-2510有“卒薄（簿）”；真，《漢書・景十三王傳・河間獻王德》：“從民得善書，必爲好寫與之，留其真。”師古注曰：“真，正也。留其正本。”里耶秦簡8-208：“謄真書，當謄謄。”本簡中的“真薄（簿）”，應指簿書正本或稱原件。

酉陽，縣名，《漢書・地理志》屬武陵郡，治今湖南永順縣南。具獄，《漢書・張湯傳》：“并取鼠與肉，具獄磔堂下。”注曰：“具爲治獄之文，處正其罪而磔鼠也。”獄留須，張家山漢簡《奏讞書》

簡142："䟣主遝未來，獄留須䟣。"簡153-154："獄留盈卒歲，不具斷。"可參考。

本簡下端因火燒殘損，但從殘存簡文文字内容與字迹判斷，可以確定這是一份遷陵縣廷收到的文書正本。木簡正面的"廿七年八月甲戌朔壬辰"，壬辰日爲八月十九日，是酉陽縣文書的撰制形成日期；"或遝"以下的"廿六年三月甲午，遷陵司空得、尉乘□▨"、"卒真薄（簿）"等，由簡8-63"廿六年三月壬午朔"，可知甲午日爲三月十三日，這應屬於酉陽縣文書中陳述事情原委的追敘或曰追記日期，而"·封遷陵丞"則應爲酉陽縣文書中對"廿六年三月甲午，遷陵司空得、尉乘□▨"所涉及"卒真薄（簿）"文書封印情況的記録和説明；背面的"八月癸巳水下四刻，走賢以來。/行半"，八月癸巳，這裏省去年序"廿七年"，八月癸巳日爲八月二十日，是遷陵縣廷收文記録形成的日期；而"八月癸巳，遷陵守丞陘告司空主：聽書從事"、"起行司空"，則應是遷陵縣廷對收到來自酉陽縣文書的批轉處理意見和發文記録，遷陵縣廷在來自酉陽縣的文書木簡背面書寫記録下遷陵縣廷的收文記録、批轉處理意見以及發文記録後，便將該木簡文書留存歸檔。得、乘、啓、陘、起、賢、行，人名。

廿七年羽賦二千五【百】▨（8-1735　圖版·頁222）

按：羽賦，里耶秦簡和秦漢文獻中有"户賦"（簡8-518、《漢書·蕭望之傳》）、"算賦"（《漢書·高帝紀》）、"口賦"、"更賦"

（《漢書·昭帝紀》）等税名與税目，依文例，“羽賦”亦應爲秦時税名或税目之一種。里耶秦簡中多見“捕羽”（簡8-145）、“求翰羽”（簡8-1259）、“買白翰羽”（簡8-1549）、“輸羽”（簡8-85+8-129）等，如是則“羽賦”之意當即納羽爲賦。廿七年，即秦始皇二十七年。

廿七年，遷陵貳春鄉積户☐

亡者二人。衛之，萬五千三户而□☐（8-927　圖版·頁129）

按：積户，又見於簡8-552、8-1716。陳偉《里耶簡所見行政與算術》（載《秦簡牘校讀及所見制度考察》，第145—165頁）一文認爲，户口資料分成兩種，一種是“積户”，一種是“見（現）户”，“見户”與租賦有關，大概是租賦的承擔者，積户則未見涉及租賦，因而兩種户大概同時存在而具有不同的性質。王偉、孫兆華《“積户”與“見户”：里耶秦簡所見遷陵編户數量》一文則認爲，里耶秦簡中對遷陵縣編户數量有“積户”與“見户”兩類不同記載，見户數是核驗、鈎校後確定的實存户數，反映的是一個時點（一個會計年度中的某一天）的户數；年積户數則是一年中每一天的實存户數的總和，反映的是一個時段（一個會計年度）的户數；二者統計方法不同，反映的内容不同，在户口統計中并存，不能互相替代。衛、衛，同“率”。《漢書·高帝紀下》：“令諸侯王、通侯常以十月朝獻，及郡各以其口數率，人歲六十三錢，以給獻費。”顔師古注：“率，計也。”

啓陵鄉廿七年黔首將☐

□大男子一人。　☐（8-223　圖版・頁50）

附三

□曹書□封，遷陵丞印，詣定□卒　☐（正）

昭行□　☐（背）（8-2028　圖版・頁248）

按：本簡是一份遷陵縣廷留存備查的發文統計記録。昭，人名；昭行，又見於簡8-1510："（廿七年）三月辛亥，遷陵守丞敦狐告司空主：以律令從事。／□☐　昭行。"兩者同爲發文記録。依據簡文，簡8-1510中"昭"的身份應爲遷陵縣廷内的文書傳遞人員；而本簡雖然殘損嚴重，但簡文中有"遷陵丞印"，顯然文書是由遷陵縣廷發出的，"昭"正是負責爲遷陵縣廷傳遞文書之人，故兩簡中的"昭"應爲同一人。簡8-1510中的"昭"，時爲廿七年三月辛亥，本簡年代當相去不遠，故附於此。

☐年四月□□朔己卯，遷陵守丞敦狐告船官□：令史慶讎律令沅陵，其假船二樓，勿留。（6-4　圖版・頁10）

按：本簡"年"字以上部分殘缺，具體紀年不明。敦狐、慶，人名。遷陵守丞敦狐，又見於簡8-406、8-138+8-522+8-174+8-523、8-135、8-1510等，分别時爲廿六年六月（簡8-406、8-138+8-522+8-

174+8-523）、廿六年八月和九月（簡8-135）以及廿七年三月（簡8-1510）；令史麃，與“守丞敦狐”同處一簡，兩者構成的人名組合，又見於簡8-135、8-138+8-522+8-174+8-523，分別時爲廿六年六月（簡8-138+8-522+8-174+8-523）、廿六年八月和九月（簡8-135），與本簡所見“守丞敦狐”、“令史麃”可以確定他們均爲同一人，故本簡年代亦應與上述諸簡年代大致相當，即在秦始皇二十六年或二十七年。又，本簡紀年中有月序“四月”和日干支“己卯”，據書後附録二“秦朔閏表”，秦始皇廿六年四月壬子朔、廿七年四月乙亥朔，四月己卯或爲廿六年四月二十八日，或爲廿七年四月五日，亦與秦始皇二十六年或二十七年四月朔日干支相容。根據本書“凡例”有關簡牘編年規則，本簡編年應繫於秦始皇二十七年，故附於此。

讎律令，睡虎地秦簡《秦律十八種·尉雜》簡199：“歲讎辟律於御史。”《秦律十八種·内史雜》簡186：“縣各告都官在其縣者，寫其官之用律。”里耶秦簡8-173正：“卅一年六月壬午朔庚戌，庫武敢言之：廷書曰令史操律令詣廷讎，署書到、吏起時，有追。·今以庚戌遣佐處讎。敢言之。”可參考。沅陵，縣名，《漢書·地理志》屬武陵郡，治在今湖南省沅陵縣南。本簡應爲存檔備查的文書副本。

廿六年六月壬子，遷陵【守】丞敦狐爲令史更行廟詔：令史行【廟】☐

失期。行廟者必謹視中□各自署廟所質日。行先道旁曹始，以坐次相屬。（正）

十一月己未，令史慶行廟。

十一月己巳，令史應行廟。

十二月戊辰，令史陽行廟。

十二月己丑，令史夫行廟。（第一欄）

六月癸巳，令史

除行廟。（第二欄）

□□□□，令史韋行。

端月丁未，令史應行廟。

□□□□，令史慶行廟。

□月癸酉，令史犯行廟。（第三欄）

二月壬午，令史行行廟。

二月壬辰，令史莫邪行廟。

二月壬寅，令史釦行廟。

四月丙申，史戎夫行廟。（第四欄）

五月丙午，史釦行廟。

五月丙辰，令史上行廟。

五月乙丑，令史□▨（第五欄）（背）（8-138+8-522+8-174+8-523 圖版 · 頁 31、77、43、77）

按：本簡出土時殘斷，四片綴合，《里耶（壹）》“簡牘綴合表”已指出。綴合後的本簡背面自上而下共有簡文五欄，其中第二欄從簡文記録時間、内容和書寫看，係最後插入寫於上、下兩欄之間的，今單獨作爲一欄處理。正面“丞”字上部筆畫有缺失，且“遷陵”與“丞”之間殘缺有一字距離，里耶其他簡中的“敦狐”均爲“遷陵守丞”，據此“丞”上殘缺之字應爲“守”；“令史行”下一字因簡殘斷而僅留殘存筆畫，依本簡文例和簡文殘存筆畫，應爲“廟”字；《里耶（壹）》《校釋（一）》皆未釋，今補釋。“令史韋行”與“史戎夫行廟”、“史釦行廟”，依本簡文例，原簡文或分别脱一“廟”、“令”字。

行廟，《嶽麓書院藏秦簡（肆）》簡325：“泰上皇祠廟在縣道者……☑”；簡321-322：“如下邽廟者輒壞，更爲廟便地潔清所，弗吏而祠焉，皆棄市。各謹明告縣道令丞及吏，主吏五日壹行廟，令史旬壹行，令若丞月行廟□□□☑”。《校釋（一）》作兩種解釋，一爲“巡視廟”，一爲“舉行廟祭”。

質日，又見於《嶽麓書院藏秦簡（壹）》“☑七年質日”、“卅四年質日”、“卅五年私質日”等題名，經過對這類竹簡的分析，可以看出一個共同的特徵，即悉數列出全年日干支，并在干支下記事。本簡“質日”，或與上述嶽麓秦簡“質日”同。

端月，《史記・秦楚之際月表》記二世二年“端月”，《索隱》：“二世二年正月也。秦諱正，故云端月也。”又，周家臺秦簡《秦二世元年曆谱》（木牘）“正月”作“端月”，嶽麓秦簡《☑七年質日》有“端月丁未”。陈偉《避讳“正”字問題再考察》（載陳偉《秦簡牘校讀及所見制度考察》，第1—9頁）認爲：“第一，在同一年，或稱'正月'，或稱'端月'，二者不同時使用。第二，在一個時段内，使用'端月'抑或'正月'具有連續性。秦王政時期，衹稱'正月'而不稱'端月'。在秦始皇統一之初的二十六、二十七年，衹稱'端月'而不稱'正月'。二十九、三十六年，衹稱'正月'而不稱'端月'。在秦二世元年，衹稱'端月'而不稱'正月'。從《史記·秦楚之際月表》所載來看，二世二年亦然。"

本簡正、背雙面書寫，正面載廿六年六月壬子遷陵【守】丞敦狐"爲令史更行廟詔"文書，背面記令史慶等"行廟"日期。廿六年六月壬子，據書後附録二"秦朔閏表"，秦始皇廿六年六月辛亥朔，六月壬子日爲六月二日，是日即"爲令史更行廟詔"文書的撰制與頒行年代。背面簡文中的"十一月己未"、"十一月己巳"、"十二月戊辰"、"十二月己丑"、"端月丁未"、"二月壬午"、"二月壬辰"、"二月壬寅"、"四月丙申"、"五月丙午"、"五月丙辰"、"五月乙丑"、"六月癸巳"等日干支，對照書後附録二"秦朔閏表"，除"十二月戊辰"外（羅見今認爲簡上"戊辰"可能係原簡書誤，推測書簡人將"庚"辰錯寫爲"戊"辰，參見羅見今《〈里耶秦簡（壹）〉紀年簡月朔簡研究》，《中原文化研究》2017年第6期。許名瑲認爲"十二月戊辰"有誤，校正作"十二月戊寅"或"十二月己卯"，以後方案較佳，參見許名瑲《〈里耶秦簡（壹）〉曆日校注補正》，簡帛網，2013年9月7日），其他均與廿七年曆日和秦二世元年曆日吻合。另，通過對"行廟"諸令史（慶、廛、陽、夫、除、韋、犯、行、莫邪、釦、戎夫、上）及"遷陵守丞敦狐”等人名紀年明確簡的分析與主要活動年代的推定，參見書後附録一《〈里耶秦簡（壹）〉人名統計表》（以下文中省稱“《里耶（壹）》人名統計表”），可見上述人員活動於秦始皇時期，故上述日干支所屬年代應在秦始皇廿七年而非秦二世元年，是之本簡全部簡文的書寫則不應晚於秦始皇廿七年“六月癸巳”（廿七年十一月戊申朔，十一月己未日爲十一月十二日，十一月己巳日爲十一月二十二日；十二月丁丑朔，十二月己丑日爲十二月十三日；端月丁未朔，端月丁未日爲端月一日；二月丙子朔，二月壬午日爲二月七日，二月壬辰日爲二月十七日，二月壬寅日爲二月二十七日；四月乙亥朔，四月丙申日爲四月二十二日；五月乙巳朔，五月丙午日爲五月二日，五月丙辰日爲五月十二日，五月乙丑日爲五月二十一日；六月乙亥朔，六月癸巳日爲六月十九日，與嶽麓秦簡秦律令所言之“縣道令丞及吏主更，五日壹行廟，令史旬壹行”規定基本相合）。當然也不能排除本簡全部簡文書寫於秦始皇廿六年六月的可能，背面所記則是對未來的安排。準此，可以確定，本簡年代的上限不早於秦始皇廿六年六月壬子，下限不晚於秦始皇廿七年六月癸巳，根據本書“凡例”有關簡牘編年規則，本簡編年應繫於秦始皇二十七年，故附於此。

☐陽。七月癸酉，走申以來。（8-1009　圖版·頁137）

按：申，人名。走申，又見於簡8-63“即走申行司空”，時爲廿七年十月，與本簡“走申”或爲同一人；又，據書後附録二“秦朔閏表”，秦始皇廿七年七月甲辰朔、八月甲戌朔，七月癸酉日爲七月三十日，與七月朔日干支亦相容，故附於此。

☐臣稱、曰佁、曰郤、曰適、曰申、曰賢。
☐令史行監。（8-2210　圖版·頁262）

按：行，人名。令史行，又見於簡8-138+8-522+8-174+8-523“二月壬午，令史行行廟”，二月壬午，據考爲廿七年二月壬午；另，簡8-133有“八月癸巳水下四刻，走賢以來。/行半”記録，從簡文内容可知，這是一封廿七年八月壬辰酉陽具獄獄史“啓”發給遷陵丞的文書，八月癸巳由“賢”送達遷陵縣廷，由“行”拆啓，“行”的身份當爲遷陵縣廷的屬官，結合簡8-138+8-522+8-174+8-523“二月壬午，令史行行廟”的記載，此處“行”的身份當爲“令史”無疑。簡8-138+8-522+8-174+8-523中的“行”，時爲廿七年二月；簡8-133中的“行”，時爲廿七年八月，與本簡“令史行”可以確定爲同一人，故附於此。

始皇帝二十八年

廿八年十月

司空曹

徒薄盡已。（8-1428　圖版・頁173）

按：本簡爲一文書楬，一端平直，一端圓弧，圓弧端塗黑，下飾一道水波紋，水波紋下鑽二孔。簡文共二行，“已”字處在第二行“曹”與第三行“盡”字之間，字體較“曹”、“盡”二字爲小，應是第三行書寫空位不足所致。

徒薄（簿），或爲里耶秦簡中“作徒簿”之省稱，因徒隸使用管理機構的不同，里耶秦簡中又見性質相同的“田官徒薄（簿）”文書楬（8-16）。盡已，辭例亦見於傳世文獻，《史記・鄭世家》：“夫人子盡已死，餘庶子無如蘭賢。”《史記・蘇秦列傳》：“今濟西河北盡已役矣，封内弊矣。”此處意即秦始皇廿八年十月司空曹徒簿全部彙總和处理完畢。

獄東曹書一封，洞庭泰守府。廿八年二月甲午日入時，牢人佁以來。（8-273+8-520　圖版・頁54、77）

按：簡8-273與簡8-520的綴合，見於《校釋（一）》。廿八年二月甲午，據書後附録二“秦朔閏表”，秦始皇廿八年二月辛未朔，二月甲午日爲二月二十四日。

日入，時稱名稱，這裏用作時稱記時。周家臺秦簡《日書》簡156-181中的二十八個時稱，是迄今爲止關於二十八時稱的最早記載，其次第爲：夜半、夜過半、雞未鳴、前鳴、雞後鳴、纔旦、平旦、日出、日出時、蚤時、食時、晏時、廷時、日未中、日中、日過中、日失（昳）、餔時、下餔、夕時、日纔入、日入、黄昏、定昏、夕食、人鄭、夜三分之一、夜未半。放馬灘秦簡甲種《日書》簡16、17、19第二欄中的十六時稱，被認爲是秦漢十六時制最早的系統資料，其次第爲：夜中、夜過中、雞鳴、平旦、日出、夙食、莫（暮）食、日中、日過中、日則（側）、日下則（側）、日未入、日入、昏、夜莫（暮）、夜未中。《史記・天官書》：“旦至食，爲麥；食至日昳，爲稷；昳至餔，爲黍；餔至下餔，爲菽；下餔至日入，爲麻。”

牢人佁，佁，人名；牢人，水間大輔《里耶秦簡所見的“牢監”與“牢人”》：“牢人是由受徵發爲兵的民及隸臣、司寇等隸屬身份者或刑徒充任的，他們在縣獄中從事管理獄等工作。”趙岩《里耶秦簡札記（十二則）》：“牢人是牢里的看守人員，其構成者包括更戍士五和隸臣等。”本簡記載，廿八年二月二十四日，牢人佁拿來了“獄東曹”寄給“洞庭泰守府”的文書一件，反映本簡是一份遷陵縣廷留存的收文統計記録，“獄東曹書”應另載於它簡。

☐八年三月庚子朔丙寅，厩守信成敢言之：前日言啓陽丞歐段啓陽傳車

☐乘及具徙【洞庭郡，未智署縣。寫校券一牒，□□□□□，謁□洞庭。】（正）

☐　袪手。（背）（8-677　圖版・頁96）

按：該簡上端、左側殘缺，正面簡文第二行僅留半字或殘筆。里耶秦簡的時代閾限在秦始皇（秦王政）二十五年至秦二世二年之間，簡文中的“三月庚子朔”，據書後附録二“秦朔閏表”，秦代紀年中三月朔干支與之相合的僅有秦始皇二十八年，故該簡“年”上一字殘筆確爲“八”字，其上殘斷處當又殘去“廿”。廿八年三月庚子朔，三月丙寅日爲三月二十七日。

傳車，《漢書・高帝紀下》“乘傳詣雒陽”注：“傳者，若今之驛，古者以車，謂之傳車。”《淮南子・道應訓》：秦始皇“具傳車，置邊吏。”睡虎地秦簡《秦律十八種・金布律》簡89：“傳車、大車輪，葆繕參邪，可殹（也）。”

啓陽丞歐，歐，人名；啓陽，由“啓陽丞”職官可知其爲縣名。《水經・沂水注》：“沂水又南逕開陽縣故城東，縣故鄅國也。……後更名開陽矣。《春秋・哀公三年・經》書季孫斯、叔孫州仇帥師城啓陽者，是也。縣故琅邪郡治也。”熊會貞疏：“《穀梁》作啓陽，與《左氏・經》同。《公羊》作開陽，蓋漢避景帝諱，改啓作開。”《漢書・地理志》東海郡有開陽縣，治今山東臨沂市北。

書廿八年四月庚辰到，壬午起，留二日，譓求☑（8-1646+8-944 圖版·頁215、130）

按：簡8-1646與簡8-944的綴合，見於《校釋（一）》。兩簡綴合爲其上端，下端殘缺。睡虎地秦簡《秦律十八種·行書》簡184：“行傳書、受書，必書其起及到日月夙莫（暮），以輒相報殹（也）。”又簡183：“行命書及書署急者，輒行之；不急者，日觱（畢），毋敢留。留者以律論之。”本簡所記與秦簡《行書》律規定相合。

譓，《廣雅·釋詁三》：“求也。”《急就篇》卷四“乏興猥逮詗譓求”顔師古注：“譓，隱語也。爲偵伺官府利害，陰密其事，有所追求也。一曰乏興之人，棄家逃匿，故官司逮捕，詗譓而求也。”睡虎地秦簡《封診式》簡34-36：“□□　□□某爰書：某里士五（伍）甲、公士鄭才（在）某里曰丙共詣斬首一，各告曰：‘甲、丙戰刑（邢）丘城，此甲、丙得首殹（也），甲、丙相與爭，來詣之。’·診首□鬠髮，其右角痏一所，袤五寸，深到骨，類劍迹；其頭所不齊𢧵𢧵然。以書譓首曰：‘有失伍及菌（遲）不來者，遣來識戲次。’”以書譓首，即用文書徵求辨認首級。從簡文内容看，本簡是一份涉及文書傳送擱壓責任追究的記録。據書後附録二“秦朔閏表”，秦始皇廿八年四月庚午朔，四月庚辰日爲四月十一日，四月壬午日爲四月十三日。

☐……己亥朔辛丑，倉守敬敢言之：令下覆獄遝遷陵隸臣鄧

☐……名吏、它坐、遣言。·問之有名吏，定，故旬陽隸臣，以約爲

☐……史，有遝耐辠以上，毄遷陵未夬，毋遣殹。謁報覆獄治所，敢言（正）

☐……下六，小史夷吾以來／朝半。 尚手。（背）（8-144+8-136 圖版·頁33、31）

按：簡8-144與8-136的綴合，見於《校釋（一）》。兩簡綴合僅爲簡的下端，上端因火燒而殘缺，火燒處殘缺簡文字數不明。己亥朔，據書後附録二“秦朔閏表”，秦代紀年中衹有秦始皇廿八年五月、卅三年八月和二世元年九月朔日干支與之相合。

本簡中之“尚手”，尚，人名，遷陵縣倉之屬官；“尚手”，又見於簡8-1518+8-1490，文作“六月乙未，水下六刻，佐尚以來。／朝半。 尚手。”時爲廿八年六月，與本簡所見之“尚”同爲遷陵倉吏，應爲同一人；另，“倉守敬”又見於簡8-1452，時爲廿六年十二月；“朝半”，又見於簡8-1518+8-1490，且與本簡一樣，與“尚手”同處一簡，時爲廿八年六月乙未。三者構成的人名組合，衹見於秦始皇前期，而符合這一朔閏條件的年份衹能爲秦始皇廿八年五月，故可以排除卅三年八月和二世元年九月，秦始皇廿八年五月己亥朔，五月辛丑日爲五月三日。

吏，《里耶（壹）》“凡例·七”稱：“簡文‘吏’與‘事’、‘冣’與‘最’、‘薄’與‘簿’等不分，釋文也按照原文字形釋寫，

不加區别。”吏，讀爲“事”，指身份。定，確定；睡虎地秦簡《封診式·有鞫》簡6-7“可定名事里”，名事里，指名字、身份和籍貫。毄，讀爲繫，拘囚，拘禁。

廿八年五月己亥朔甲寅，都鄉守敬敢言之：☐
得虎，當復者六人，人一牒，署復□于☐
從事，敢言之。 ☐（正）
五月甲寅旦，佐宣行廷。 ☐（背）（8-170 圖版·頁42）

按：廿八年五月己亥朔，五月甲寅日爲五月十六日。復，謂免除徭役或賦税。《漢書·高帝紀上》“復勿租税二歲”師古注曰：“復者，除其賦役也。”張家山漢簡《二年律令·復律》簡277：“□□工事縣官者復其户而各其工。”本簡下端殘缺，但從簡文内容看，仍可確定這是一份涉及上報復除人員情況的文書。從傳遞記録看，文書是由都鄉發送給縣廷的，應爲文書正本，縣廷收到後即留存爲檔；從字迹看，發文記録與文書正文字體一致，反映本簡發文記録與文書正文同爲發文機構——都鄉書寫，可見秦時發文記録是要同時與所發送文書一起書寫的。

廿八年五月己亥朔己未，□☐
襄皆坐□□□城邑☐
謁告安□定以結□☐
報，敢言之。 ☐（正）

……☐

……水下二刻，走☐（背）（8-742　圖版・頁106）

按：該簡殘斷僅存上端。結，讀爲嫴，保任，保信。睡虎地秦簡《秦律十八種・徭律》簡116-117："興徒以爲邑中之紅（功）者，令結（嫴）堵卒歲。未卒堵壞，司空將紅（功）及君子主堵者有罪，令其徒復垣之，勿計爲繇（徭）。"襄，人名；上言"襄"、"坐"、"城邑"，應與"結（嫴）"有關。秦始皇廿八年五月己亥朔，五月己未日爲五月二十一日。

居貲士五高里惡租。　☐

廿八年六月丙戌，司空長、佐郤符發弩守攀探、遷陵拔前，以爲洞庭☐（8-985　圖版・頁134）

按：本簡下端殘缺，有火燒痕迹。廿八年六月丙戌，據簡8-1518+8-1490"廿八年六月己巳朔甲午"，秦始皇廿八年六月己巳朔，六月丙戌日爲六月十八日。惡租、長、郤、攀探、拔等，皆爲人名。

居貲，貲，《説文》："貲，小罰以財自贖也。"睡虎地秦簡《秦律十八種・司空》簡133-140："有罪以貲贖及有責（債）於公，以其令日問之，其弗能入及賞（償），以令日居之，日居八錢；公食者，日居六錢。居官府公食者，男子參，女子駟（四）。……官作居貲贖責（債）而遠其計所官者，盡八月各以其作日及衣數告其計所官，毋過九月而觱（畢）到其官；官相紤（近）者，盡九月而告其計所官，計之其作年。百姓有貲贖責（債）而有一臣一妾，有一馬若一牛，而欲居者，許。”可參考。

符，《説文》：“信也。漢制：以竹長六寸，分而相合。”《釋名·釋書契》：“付也。書所敕命於上，付使傳行之也。亦言赴也。執以赴君命也。”簡文言“司空長、佐郤符發弩守攀探、遷陵拔前”，表明此處“符”字作動詞用。

廿八年六月己巳朔甲午，倉武敢言之：令史敞、彼死共走興。今彼死次不當得走，令史畸當得未有走。今令畸襲彼死處，與敞共走。倉已定籍。敢言之。（正）

六月乙未水下六刻，佐尚以來。/朝半。　尚手。（背）（8-1518+8-1490　圖版·頁193、187）

按：簡8-1518與簡8-1490的綴合，見於《校釋（一）》。走，里耶秦簡中多有“走”的記載，如簡8-652“辛巳，走利以來”、簡8-1452“□申水十一刻刻下三，令走屈行”。王焕林《里耶秦簡校詁》：“走，指腿脚輕便者。按，走的本義是跑，用稱‘行書人’，頗疑與睡虎地秦簡中的‘輕足’相當，參《秦律十八種·田律》：‘近縣以輕足行其書；遠縣令郵行之。’”又，里耶秦簡8-756、8-757：“令曰：吏僕、養、走、工、組織、守府門、削（削）匠及它急事不可令田，六人予田徒四人。徒少及毋徒，薄（簿）移治虜御史，御史以均予。”《嶽麓書院藏秦簡（伍）》簡257-259：“令曰：諸乘傳、乘馬、傳（使）馬傳（使）及覆獄行縣官，留過十日者，皆勿食縣官，以其傳稟米，叚（假）鬵甗炊之，其【有】走、僕、司御偕者，令自炊。其毋（無）走、僕、司御者，縣官叚（假）人爲炊而皆勿給薪采。它如前令。　·内史倉曹令第丙卌六。”簡261-262：“令曰：叚（假）廷史、廷史、卒史覆獄乘傳（使）馬，及乘馬有物故不備，若益驂駟者。議：令得與書史、僕、走乘，毋得驂乘。它執灋（法）官得乘傳（使）馬覆獄、行縣官及它縣官事者比。·内史旁金布令第乙九。”可證秦時官吏一般都安排配備有“走”一類服務人員。本簡中“與敞共走”一語表明，遷陵縣廷令史敞與令史彼死、令史畸等可以共同配備使用一名“走”的服務人員，睡虎地秦簡《秦律十八種·金布律》簡72-75：“都官有秩吏及離官嗇夫，養各一人，其佐、史與共養；十人，車牛一兩（輛），見牛者一人。都官之佐、史冗者，十人，養一人；十五人，車牛一兩（輛），見牛者一人；不盈十人者，各與其官長共養、車牛，都官佐、史不盈十五人者，七人以上鼠（予）車牛、僕，不盈七人者，三人以上鼠（予）養一人；小官毋（無）嗇夫者，以此鼠（予）僕、車牛。”“共養”與“共走”可資相互參考。

定籍，張家山漢簡《二年律令·户律》簡322：“代户、貿賣田宅，鄉部、田嗇夫、吏留弗定籍，盈一日，罰金各一兩。”睡虎地秦簡《秦律十八種·倉律》簡37：“縣上食者籍及它費大（太）倉，與計偕。都官以計時讎食者籍。”倉負責有關人員口糧的發放，自然應製作領取口糧者的名籍和記録口糧領取的情況，本簡中的“倉已定籍”或即上言之“食者籍”。

本簡是一份由倉機構發送至縣廷的文書，“廿八年六月己巳朔甲午”，是倉機構撰制形成文書的時間，六月甲午日爲六月二十六日；“六月乙未水下六刻，佐尚以來”，是遷陵縣廷收文記録形成的時間，六月乙未日爲六月二十七日。

廿八年七月戊戌朔癸卯，尉守竊敢【言】之：洞庭尉遣巫居貸公卒安成徐署遷陵。今徐以壬寅事，謁令倉貣食，移尉以展約日。敢言之。

七月癸卯，遷陵守丞膻之告倉主，以律令從事。/逐手。即走□入□。(正)

癸卯，朐忍宜利錡以來。/敞半。 齮手。(背)(8-1563 圖版・頁205)

按：言，簡文原脱，今據文例補；“入”上、下各一字不識。巫居貸公卒安成徐，巫，縣名，《漢書・地理志》屬南郡，治今四川巫山縣；安成，里名；徐，人名；公卒，張家山漢簡《二年律令・户律》簡310-313：“關内侯九十五頃……公士一頃半頃，公卒、士五(伍)、庶人各一頃。”簡314-316：“宅之大方三十步。徹侯受百五宅……公士一宅半宅，公卒、士五(伍)、庶人一宅。”居貸，睡虎地秦簡有“居貲、贖、責(債)”者，此處言“居貸”，或爲因貸而居。睡虎地秦簡《法律答問》簡32：“府中公金錢私貣用之，與盜同法。”簡206：“‘貣(貸)人贏律及介人。’・可(何)爲‘介人’？不當貣(貸)，貣(貸)之，是爲‘介人’。”

令倉貣食，貣，同貸，睡虎地秦簡《秦律十八種・倉律》簡44：“宦者、都官吏、都官人有事上爲將，令縣貣（貸）之，輒移其稟縣，稟縣以減其稟。”可參考。

移尉以展約日，移，即移書，意即移送稟食文書於縣尉；展約日，《嶽麓書院藏秦簡（肆）》簡292-293：“【諸】給日及諸從事縣官、作縣官及當戍故徼而老病居縣、坐妬入舂，篤貧不能自食，皆食縣官而益展其日以當食，如居貲責（債）。”可參考；《資治通鑒・宋紀七》“展至十月”注：“展，寬也。”伊强《里耶秦簡“展……日”的釋讀》：“‘展約日’大概就是‘延期’之意”。

本簡文書傳遞的大致順序爲：廿八年七月癸卯，遷陵縣尉“竊”發送文書給縣廷，文書由“齮”起草書寫；當日，文書由“朐忍宜利錡”（朐忍，縣名，《漢書・地理志》屬巴郡，治今重慶雲陽縣西；宜利，里名）送達縣廷，令史“敞”拆閲；同日，遷陵守丞“膻之”批轉文書給縣倉主管官吏，要求“以律令從事”，文書由“逐”書寫，并即刻發送。從簡文書寫字迹觀察，不僅縣廷收文記録與縣廷批轉倉吏的文書字迹互異，而且與縣尉發送的文書也不同，表明這是一份遷陵縣尉發送文書的正本，縣廷在書寫收文的記録和抄寫批轉縣倉機構的文書（包括書寫者、發送文書記録等）後即留存爲檔。廿八年七月戊戌朔，七月壬寅日爲七月五日，七月癸卯日爲七月六日。

廿八年七月己酉，遷陵☑

曹貲各□甲，與此相□☑（正）

·□□□□□□□☑（背）（8-1269　圖版·頁161）

按："貲各□甲，與此相□"，與簡8-1770"各一甲，與此相遝，它如劾"可對讀。廿八年七月己酉，據簡8-1563、8-1562、8-767"廿八年七月戊戌朔"，七月己酉日爲當年七月十二日。

書以廿八年七月己酉到庫，即上□☑（8-1071　圖版·頁143）

廿八年十二月癸未，遷陵守丞膻之以此追如少内書。/犯手。甲申水下七刻，高里士五□行。

七月辛亥，少内守公敢言之：計不得□□□有令，今遷陵已定，以付鄞少内金錢計，計廿□年。謁告鄞司佐：□雖有物故，後計上校以應遷陵，毋令校繆，繆任不在遷陵，丞印一□☑（正）

弗用，不來報，敢言之。/氣手。/□水下八刻，佐氣以來。/敞□。

七月壬子，遷陵守丞膻之敢告鄞丞□：寫□。敢告□。/敞手。/□水盡佐氣行旁。

□□水下□刻□□以來。/犯半。（背）（8-166+8-75+8-485　圖版·頁40、24、72）

按：簡8-166與簡8-75、8-485的綴合，見於《校釋（一）》。計廿□年，"年"上一字簡文模糊未釋，秦代紀年以十月爲歲首，廿八年十二月的"追如少内書"，據簡文内容，當爲前一年即廿七年或廿八年十月、十一月的文書，《校釋（一）》認爲疑是"七"或

“八”字。里耶秦簡8-63有“署計年爲報”可參考。

追如，追，追查，索要；如，往、去。睡虎地秦簡《秦律十八種·行書》簡185：“書廷辟有曰報，宜到不來者，追之。”《嶽麓書院藏秦簡（肆）》簡223：“□律曰：傳書受及行之，必書其起及到日月夙莫（暮），以相報，報宜到不來者，追之。”

鄭少内金錢計，鄭，縣名，《漢書·地理志》屬廣漢郡，治今四川三台縣南；金錢計，計書之一種，里耶秦簡8-493“金布計録”：“庫兵計　車計（第一欄）　工用計　工用器計　少内器計（第二欄）　金錢計　凡六計（第三欄）。”據簡文内容，此金錢計爲遷陵縣交付給鄭縣少内機構的。

後計上校、毋令校繆，睡虎地秦簡《秦律十八種·金布律》簡70-71：“官相輸者，以書告其出計之年，受者以入計之。八月、九月中其有輸，計其輸所遠近，不能逮其輸所之計，□□□□□□□移計其後年，計毋相繆。工獻輸官者，皆深以其年計之。”《效律》56-57：“計校相繆（謬）殹（也），自二百廿錢以下，誶官嗇夫；過二百廿錢以到二千二百錢，貲一盾；過二千二百錢以上，貲一甲。人户、馬牛一，貲一盾；自二以上，貲一甲。”張家山漢簡《二年律令·行書律》簡276：“諸獄辟書五百里以上，及郡縣官相付受財物當校計者書，皆以郵行。”可參考。

本簡文書傳遞的大致順序爲：秦始皇廿八年十二月癸未（據書後附録二“秦朔閏表”，十二月壬申朔，癸未日爲十二月十二日），遷陵守丞“膻之”向少内發文，文書由“犯”書寫，十二月甲申日（十二月十三日）文書發出；廿八年七月辛亥（七月戊戌朔，辛亥日爲七月十四），遷陵少内機構守嗇夫“公”撰制文書，由少内佐“氣”書寫和傳送遷陵縣廷，令史“敞”拆啓；七月壬子日（七月十五日），遷陵守丞膻之向鄴丞發出“寫□”文書，文書由令史“敞”書寫；另外，從遷陵守丞膻之向少内所發文書中有“以此追如少内書”一語看，本簡前還應有一枚連屬的簡，其上文書是由本簡背面“犯”收到和拆啓的，時間應在秦始皇廿八年十二月癸未之前。

廿八年七月戊戌朔乙巳，啓陵鄉趙敢言之：令令啓陵捕獻鳥，得明渠雌一。以鳥及書屬尉史文，令輸。文不肯受，即發鳥送書，削去其名，以予小史適。適弗敢受。即詈適。已有道船中出操栮以走趙，奊訽詈趙。謁上獄治，當論，論。敢言之。令史上見其詈趙。（正）

七月乙卯，啓陵鄉趙敢言之：恐前書不到，寫上。敢言之。／貝手。

七月己未水下八刻，□□□以來。／敬半。 貝手。（背）（8-1562 圖版・頁205）

按：肯，簡文作“肎”，肎同肯。《墨子・天志中》：“紂越厥夷居，不肎事上帝，棄厥先神祇不祀。”栮，《校釋（一）》指出簡文“栮”爲“楫”之誤；楫，船槳，《易・繫辭下》：“刳木爲舟，剡木爲楫，舟楫之利，以濟不通。”

奊訽詈，訽，同詬，《左傳・昭公二十年》“余不忍其訽”杜預

注："詢，耻也。"《後漢書·崔駰傳》"或冒詢以干進"李賢注："詢，辱也。"臾詢，即臾詬，謂指受辱。《漢書·賈誼傳》："頑頓亡耻，臾詬亡節。"張家山漢簡《二年律令·賊律》42-43："毆兄、姊及親父母之同産，耐爲隸臣妾。其臾詢詈之，贖黥。"詈，駡、責備。《説文》："詈，駡也。"張家山漢簡《二年律令·賊律》簡46-47："以縣官事毆若詈吏，耐。所毆詈有秩以上，及吏以縣官事毆詈五大夫以上，皆黥爲城旦舂。長吏以縣官事詈少吏☐者，亦得毋用此律。"

趙、文、適、上、貝、敬，人名。廿八年七月戊戌朔，七月乙巳日爲七月八日，七月乙卯日爲七月十八日，七月己未日爲七月二十二日。

廿八年七月戊戌朔辛酉，啓陵鄉趙敢言之：令曰二月壹上人臣治者名。·問之，毋當令者。敢言之。（正）
七月丙寅水下五刻，郵人敞以來。/敬半。　貝手。（背）（8-767圖版·頁112）

按：人臣，睡虎地秦簡《法律答問》簡5："人臣甲謀遣人妾乙盜主牛，買（賣），把錢偕邦亡，出徼，得，論各可（何）殹（也）？當城旦黥之，各畀主。"睡虎地秦簡《日書·乙種》簡247："凡己巳生，勿舉，不利父母，男子爲人臣，女子爲人妾。"睡虎地秦簡中的人臣、人妾或省稱臣、妾，即私家的奴、婢。

治，讀爲笞。睡虎地秦簡中"笞"皆作"治"，《秦律十八種·厩苑律》簡14："其以牛田，牛减絜，治（笞）主者寸十。有（又）里課之，最者，賜田典日旬，殿，治（笞）卅。"《漢書·刑法志》："當笞者笞臀。"

名，睡虎地秦簡《秦律十八種·倉律》簡25有"名事邑里"，《封診式》簡6、40作"名事里"，意爲姓名、身份、籍貫。本簡文書中的"令曰二月壹上人臣治者名"内容，睡虎地秦簡《封診式·告臣》簡37-41"爰書：某里士五（伍）甲縛詣男子丙，告曰：'丙，甲臣，橋（驕）悍，不田作，不聽甲令。謁買（賣）公，斬以爲城旦，受賈（價）錢。'·訊丙，辭曰：'甲臣，誠悍，不聽甲。甲未賞（嘗）身免丙。丙毋（無）病殹（也），毋（無）它坐罪。'令令史某診丙，不病。·令少内某、佐某以市正賈（價）賈丙丞某前，丙中人，賈（價）若干錢。·丞某告某鄉主；男子丙有鞫，辭曰：'某里士五（伍）甲臣。'其定名事里，所坐論云可（何），可（何）罪赦，或覆問毋（無）有，甲賞（嘗）身免丙復臣之不殹（也）？以律封守之，到以書言"，可參考。

趙、貝、敞、敬，人名。廿八年七月戊戌朔，七月辛酉日爲七月二十五日，七月丙寅日爲七月二十九日。

☐亥朔辛丑，琅邪叚守□敢告内史、屬邦、郡守主：琅邪尉徙治即【默】☐

琅邪守四百卅四里，卒可令縣官有辟、吏卒衣用及卒有物故當辟徵遝□☐

告琅邪尉，毋告琅邪守。告琅邪守固留費，且輒卻論吏當坐者。它如律令。敢□☐

□一書。·以蒼梧尉印行事。/六月乙未，洞庭守禮謂縣嗇夫聽書從事□

□軍吏在縣界中者各告之。新武陵別四道，以次傳。別書寫上洞庭（正）

尉。皆勿留。/葆手。

/驕手。/八月甲戌，遷陵守丞膻之敢告尉官主：以律令從事。傳別書

貳春，下卒長奢官。/□手。/丙子旦食走印行。　☐

□月庚午水下五刻，士五宕渠道□邑疵以來。/朝半。　洞☐（背）

（8-657　圖版·頁91）

按：本簡上端頂部、下端底部略有殘斷，簡文缺損。簡文中有“☐亥朔辛丑”日期，據干支次序表，可知朔日可能爲“乙亥”、“丁亥”、“己亥”、“辛亥”、“癸亥”中的一個，又同時該月要有“辛丑”日，則衹有可能爲“乙亥”、“丁亥”和“己亥”中的一個朔日。據書後附録二“秦朔閏表”，秦紀年中合於上述朔日與曆日的年代有秦始皇廿五年五月、廿七年四月與六月、廿八年五月、卅年六月、卅二年七月、卅三年八月、卅五年九月、卅七年九月和二世元年十月，而這些年代中同時符合下文“六月乙未”、“八月甲戌”兩個曆日的，僅有秦始皇廿八年五月和二世元年十月。

簡文中有禮、葆、驕、疵、朝、膻之、奢、印等人名。葆手、

驕手、卒長奢、士五宕渠道□邑疵，皆僅見於本簡。洞庭守禮，又見於簡8-755+8-756+8-757+8-758+8-759以及簡J1⑯5、J1⑯6（《里耶發掘報告》，第192—194頁），分別時爲秦始皇卅四年六月、廿七年二月；遷陵守丞膻之，又見於簡8-166+8-75+8-485、8-1563，時爲秦始皇廿八年十二月至七月；朝半，又見於簡8-1518+8-1490，時爲秦始皇廿八年六月，三者構成的人名組合，年代在秦始皇而不在秦二世時期，準此可證簡首殘缺簡文日期"〼亥朔辛丑"，年代當爲秦始皇廿八年五月。秦始皇廿八年五月朔日爲己亥，辛丑日爲五月三日；六月朔日爲己巳，乙未日爲六月二十七日；八月朔日爲戊辰，甲戌日爲八月七日，丙子日爲八月九日；□月庚午，合於八月朔日，庚午日爲八月三日。另，鄭威《里耶簡牘所見秦即墨考》一文，考證簡8-657首端當爲"（廿八年五月己）亥朔辛丑"，亦可佐證。

琅邪，郡名，《漢書・地理志》："琅邪郡，秦置。"即默（墨），默，簡文筆畫殘缺，《里耶（壹）》未釋，《校釋（一）》釋作"默"，稱即默，應即"即墨"，檢核圖版，可從；即墨，從本簡簡文内容看，爲縣名，屬秦琅邪郡；《漢書・地理志》屬膠東國，治今山東平度市東南。内史，《漢書・地理志》："本秦京師爲内史，分天下作三十六郡。"里耶秦簡J1⑯5、J1⑯6："今洞庭兵輸内史及巴、南郡、蒼梧，輸甲兵當傳者多節傳之，必先悉行乘城卒、隸臣妾、城旦舂、鬼薪白粲、居貲贖責、司寇、隱官、踐更縣者。"内史與巴、南郡、蒼梧、洞庭諸郡并稱，與本簡同。屬邦，睡虎地秦簡《秦律十八種・屬邦》簡201："道官相輸隸臣妾、收人，必署其已稟年日月，受衣未受，有妻毋（無）有。受者以律續食衣之。屬邦。"屬邦是秦管理少數民族的機構。蒼梧，郡名，里耶秦簡8-755+8-756+8-757+8-758+8-759有"及蒼梧爲郡九歲乃往歲田"之語可證。宕渠道，縣道名，《漢書・地理志》屬巴郡，治今四川渠縣東北。卒長，《通典・兵・立軍》："周制：萬二千五百人爲軍，軍將皆命卿；二千五百人爲師，師帥皆中大夫；五百人爲旅，旅帥皆下大夫；百人爲卒，卒長皆上士；二十五人爲兩，兩司馬皆中士；五人爲伍，伍皆有長。"這是一份由洞庭郡發送至遷陵縣的文書，涉及琅邪郡假守通告内史、屬邦和各郡，告知琅邪郡尉徙治即墨之事。由簡文書寫情況看，該通告由蒼梧郡尉轉發至洞庭郡守，洞庭守禮令"新武陵别四道，以次傳"，即從新武陵出發，分四條綫路依次傳達至郡内各縣，并另抄寫一份送至洞庭郡尉府；遷陵縣廷在簽署收文記録、抄寫遷陵守丞膻之批轉處理意見以及發文記録後，便將本簡留存歸檔處理。

廿八年八月乙酉，少内守敬出錢二千六百八十八☐（8-409　圖版・頁63）

按：據書後附録二"秦朔閏表"，秦始皇廿八年八月戊辰朔，乙酉日爲八月十八日。少内，睡虎地秦簡《法律答問》簡32："'府中公金錢私貣用之，與盗同法。'・可（何）謂'府中'？・唯縣少内爲'府中'，其它不爲。"睡虎地秦簡《秦律十八種・金布律》簡

80-81:“縣、都官坐效、計以負賞(償)者,已論,嗇夫即以其直(值)錢分負其官長及冗吏,而人與參辨券,以效少内,少内以收責之。其入贏者,亦官與辨券,入之。其責(債)毋敢隃(逾)歲,隃(逾)歲而弗入及不如令者,皆以律論之。”少内屬下有佐,《封診式》簡39:“·令少内某、佐某以市正賈(價)賈丙丞某前,丙中人,賈(價)若干錢。”敬,人名。

獄東曹書一封,丞印,詣泰守府。廿八年九月己亥水下四刻,隸臣申以來。(8-1155　圖版・頁150)

按:獄東曹,里耶秦簡中又見有“獄南曹”(8-728+8-1474、8-1886)。丞印,應指獄東曹書的封泥上所蓋的遷陵丞印(職官印)。詣泰守府,應爲“詣洞庭泰守府”之省;詣,前往、到,《史記・孝文本紀》:“乃命宋昌參乘,張武等六人乘傳詣長安。”申,人名。本簡記載,“隸臣申”拿來了“獄東曹”寄給“泰守府”的文書,可知這是一份遷陵縣廷的收文統計記録。據書後附録二“秦朔閏表”,秦始皇廿八年九月戊戌朔,九月己亥日爲九月二日。

尉曹書三封,令印。

其一詣銷,

一丹陽,

一競陵。(第一欄)

廿八年九月庚子水下二刻,走禄以來。(第二欄)(8-453　圖版・頁

66）

按：競，《里耶（壹）》《校釋（一）》未釋，檢核圖版，字形與簡8-135、8-896、8-1467、8-1533中的“競”相近，當爲“競”字；蔣偉男《里耶秦簡文字編》附録《里耶秦簡釋文》亦釋作“競”；競陵，即竟陵。

銷，縣名，張家山漢簡《二年律令・秩律》簡456：“夷陵、醴陵、孱陵、銷、竟陵、安陸、州陵……”整理小組注釋：“地望不詳。”陳偉《秦至漢初銷縣地望補説》一文，認爲治所約在今湖北荆門市北。

丹陽，《漢書・地理志》丹陽郡有丹陽縣，治今安徽當塗縣東北；又，王先謙《漢書補注》：“先謙曰：《楚世家》，熊繹居丹陽。徐廣注，丹陽在南郡枝江縣。《江水注》亦以此志爲非。地説并不從之。”從張家山漢簡《二年律令・秩律》簡456“銷”與“夷陵、醴陵、孱陵、銷、竟陵、安陸、州陵”等縣并列，本簡丹陽與銷、竟陵并提等情况看，秦時銷、丹陽、竟陵三縣應皆在今江漢地區。

本簡記載“禄”拿來了“尉曹”發送給“銷、丹陽、競陵”等縣的三份文書；“令印”，應指尉曹書的封泥上所蓋的遷陵令印（職官印）；“一丹陽”、“一競陵”，據本簡“一詣銷”，或爲“一詣丹陽”、“一詣競陵”之省。本簡内容反映，這是一枚遷陵縣廷的收文記録。據書後附録二“秦朔閏表”，秦始皇廿八年九月戊戌朔，九月庚子日爲九月三日。

☐一辰陽、一朐忍。廿八年九月辛丑，走起以來。/（8-373　圖版·頁61）

按：本簡上端殘缺，下端僅留上述簡文。從殘存簡文内容看，這是一枚遷陵縣廷另簡書寫存底備查的收文記録，記載“走起”拿來了遷陵縣某機構（因簡殘損不明）發送給“辰陽、朐忍”等縣的文書。辰陽，縣名，《漢書·地理志》屬武陵郡，治今湖南辰溪縣西南。朐忍，縣名，《漢書·地理志》屬巴郡，治今重慶雲陽縣西。據書後附録二“秦朔閏表”，秦始皇廿八年九月戊戌朔，九月辛丑日爲九月四日。

廿八年九月庚子，令史華爰☐

往采，至今不來，求弗得，恐爲☐（正）

·庚子，史華移倉曹□☐

九月甲辰，遷陵守丞胡敢☐

走。/朝手。/九月庚子水下☐（背）（8-1463　圖版·頁182）

按：本簡下端殘缺，上端僅留上述簡文。令史華，又省作“史華”。爰，其下或接“書”。移，移送文書，據文意，或即移送爰書。據書後附録二“秦朔閏表”，秦始皇廿八年九月戊戌朔，九月庚子日爲九月三日，九月甲辰日爲九月七日。

廿八年九月丙寅，貳春鄉守畸徒薄。　☐

積卅九人。　☐

十三人病。　☐

廿六人徹城。　☐（8-1280　圖版・頁162）

按：本簡下端殘缺，簡文僅書寫於上端。徹城，睡虎地秦簡《秦律雜抄》中又有"城"、"補城"、"補繕城"等。《秦律雜抄》簡40-42："戍者城及補城，令姑（嫴）堵一歲，所城有壞者，縣司空署君子將者，貲各一甲；縣司空佐主將者，貲一盾。令戍者勉補繕城，署勿令爲它事；已補，乃令增塞埤塞。縣尉時循視其攻（功）及所爲，敢令爲它事，使者貲二甲。"徹城，或是與城有關的一種勞作。病，睡虎地秦簡《秦律十八種・倉律》簡55-56："城旦之垣及它事而與垣等者，旦半夕參；其守署及爲它事者，參食之。其病者，稱議食之，令吏主。"里耶秦簡"作徒簿"中常見特别明記列出徒隸"病"者，這應與徒隸口糧的發放有關。畸，人名，係遷陵縣貳春鄉守嗇夫。徒薄（簿），或爲里耶秦簡中"作徒簿"省稱。廿八年九月丙寅，據書後附録二"秦朔閏表"，秦始皇廿八年九月戊戌朔，九月丙寅日爲九月二十九日；又，秦始皇廿九年十月丁卯朔，故秦始皇廿八年九月小，九月丙寅日爲九月最末一日。

畜官

田官作徒

薄☐及貳春

廿八年（8-285　圖版・頁55）

按：本簡爲一文書楬，下端平直，上端圓弧，正面圓弧端塗黑，未見鑽孔。簡文“及貳春”與“薄□”并不對齊，字體較“薄□”等字爲小，應是本行書寫空位不足所致。“年”字以下、緊連“年”字有一下拉彎曲粗長黑色筆劃，不類字迹，里耶秦簡中其他文書楬亦有類似筆畫，應爲秦漢簡牘中常見的填補書寫空位的有意下拉筆劃或符號，《里耶（壹）》依形摹寫釋作“少”，《校釋（一）》按曰“疑是符號‘/’”，恐誤。田官，簡8-16文書楬“廿九年盡歲田官徒薄。廷”可參考。畜官，簡9-1732“☑畜官徒□☑”可參考。廿八年，秦始皇二十八年。

廿八年遷陵田車計付雁門泰守府　☑

【革】□二。　金釪鍰四丨。□□【别】□☑（8-410　圖版·頁63）

按：本簡下端及左邊部分殘缺，長、寬不明，“革”以下簡文僅留半邊，釋文據殘筆釋寫。雁門，簡文作“鴈門”，鴈同雁，鴈門即雁門，郡名，《漢書·地理志》：“雁門郡，秦置。屬并州。”田車，據簡8-179“三月丙寅，田鼂敢言之”、簡8-274＋8-2138“田守武敢言之”以及簡8-2111+8-2136“其一人爲田鼂養”，“田”爲官署，“車”爲人名。睡虎地秦簡《秦律十八種·田律》簡12：“百姓居田舍者毋敢醢（酤）酉（酒），田嗇夫、部佐謹禁御之，有不從令者有罪。”張家山漢簡《二年律令·户律》簡322：“代户、貿賣田宅，鄉部、田嗇夫、吏留弗爲定籍，盈一日，罰金各二兩。”如此，“田車”則應爲“田嗇夫車”之省稱。廿八年遷陵田車計，廿八年，秦始皇二十八年，里耶秦簡8-63“署計年爲報”可參考；遷陵田車，即計所官府與官吏，這裏指遷陵縣諸官機構——“田”及其官長——嗇夫“車”；計，計書，張家山漢簡《二年律令·行書律》簡276：“諸獄辟書五百里以上，及郡縣官相付受財物當校計者書，皆以郵行。”睡虎地秦簡《秦律十八種·金布律》簡70-71：“官相輸者，以書告其出計之年，受者以入計之。八月、九月中其有輸，計其輸所遠近，不能逮其輸所之計，□□□□□□□移計其後年，計毋相繆。工獻輸官者，皆深以其年計之。”可參考。釪，《説文·木部》：“茉，兩刃臿也。鋘，或從金從于。”這裏或即指耕田起土的農具。

屯卒公卒朐忍固陽失自言：室遺廿八年衣用未得。今固陵（8-445 圖版·頁66）

按：固陽失，固陽，里名，屬朐忍縣；失，人名，身份爲“公卒”，現爲“屯卒”。室遺，睡虎地4號秦墓6號木牘：“願母幸遺錢五六百，綌布謹善者毋下二丈五尺……用垣柏錢矣，室弗遺，即死矣。”室，猶“家”；遺，給予。固陵，縣名，《漢書·地理志》屬五原郡，“秦九原郡，武帝元朔二年更名”，今地無考。廿八年，秦始皇二十八年。

計以具付，器計廿八年不來，報。敢言之。/□□□□□□□

寫移令史，可以律令從事，敢告□（8-21 圖版·頁16）

按：本簡下端及右邊部分殘缺，長、寬不明，“計”以下簡文僅留半邊，釋文據殘筆釋寫。器計，計書之一種，里耶秦簡 8-493"金布計録"："庫兵計　車計（第一欄）工用計　工用器計　少内器計（第二欄）金錢計　凡六計（第三欄）。"廿八年，秦始皇二十八年。

附四

☐洞庭泰守府。　二月乙未水下八刻，走佁以來。（8-1829　圖版・頁 229）

按：本簡上端殘缺，從殘存簡文内容看，爲一遷陵縣廷的收文記録，根據同類性質簡牘的完整行文格式，簡文殘缺有某機構書若干封及某令、丞印等文字。該簡僅有月份和日干支，由於無紀年，僅據月份與日干支一般年代不可考；但簡文中的"走佁"，又見於簡 8-1119、8-959+8-1291。簡 8-1119："☐書三封，令印，二守府，一成紀。・九月庚寅水下七刻，走佁以來。"簡 8-959+8-1291："獄東曹書一封，令印，詣洞庭守府。・九月戊戌水下二刻，走佁以來。""走佁"與簡 8-273+8-520 中的"牢人佁"，均爲遷陵縣獄東曹傳送文書的人，走與牢人或是佁本人在不同時期的不同職務，兩者有可能爲同一人，簡 8-273+8-520 的"牢人佁"，時爲"廿八年二月"，本簡中"走佁"的年代當在秦始皇廿八年稍前或稍後，故本簡編年暫附於此。

獄東曹書一封，令印，詣洞庭守府。·九月戊戌水下二刻，走佁以來。（8-959+8-1291　圖版·頁131、163）

按：兩簡綴合見於《校釋（一）》。本簡記載，九月戊戌，“走佁”拿來了“獄東曹”寄給“洞庭守府”的文書一件；“令印”是指文書的封泥上所蓋的遷陵縣令的職官印；“詣洞庭守府”是“詣洞庭泰守府”之省，反映該簡是一份遷陵縣廷留存的收文記録。本簡僅有月份和日干支，由於無紀年，僅據月份與日干支一般年代不可考。

走佁，又見於簡8-1119、8-1829，如前考證，“走佁”與簡8-273+8-520中的“牢人佁”，二者有可能爲同一人。簡8-273+8-520中的“牢人佁”，時爲“廿八年二月”，本簡中“走佁”的年代當在秦始皇廿八年稍前或稍後，故本簡編年暫附於此。

☑書三封，令印，二守府，一成紀。·九月庚寅水下七刻，走佁以來。（8-1119　圖版·頁147）

按：檢核圖版，本簡上端有殘斷，簡文有缺損，“書”前依慣例應有“☑”符號，今補。守府，據簡8-959+8-1291“洞庭守府”，或即“洞庭守府”省稱。成紀，縣名，《漢書·地理志》屬天水郡，治今甘肅靜寧縣西南。

本簡僅有月份和日干支，即九月庚寅，由於無紀年，僅據月份與日干支一般年代不可考。走佁，又見於簡8-959+8-1291、8-1829。如前考證，“走佁”與簡8-273+8-520中的“牢人佁”，二者有可能爲同一人。簡8-273+8-520中的“牢人佁”，時爲“廿八年二月”，本簡中“走佁”的年代當在秦始皇廿八年稍前或稍後，故本簡編年暫附於此。

☑　畸手。（8-118　圖版·頁28）

按：畸，人名；畸手，文書書寫者的簽署記録，從圖版看，簽署位置應爲簡背左下角，里耶秦簡中文書書寫者身份一般爲官府中的佐、史人員。簡8-1518+8-1490中有“令史畸”，時爲“廿八年六月”；簡8-406中有“史畸”，時爲“廿六年六月”，據“遷陵拔、守丞敦狐、史畸治”簡文，“史畸”應爲“令史畸”之省，此外簡8-1463中“令史華”省作“史華”亦可爲證。“令史畸”、“史畸”與本簡中“畸手”之“畸”，有可能爲同一人，故本簡編年暫附於此。

☑　畸手。（8-864　圖版·頁123）

按：畸，人名。本簡編年緣由同於簡8-118。

☑□酉陽守丞又敢告遷陵丞主：令史曰，令佐莫邪自言上造

☑□遺莫邪衣用錢五百未到。遷陵問莫邪衣用錢已到

☑問之，莫邪衣用未到。酉陽已騰書沅陵。敢告主。（正）

☑刻，隸妾少以來。／朝半。　彼死手。（背）（8-647　圖版·頁88）

按：本簡上端殘缺。又、莫邪、彼死、少、朝，人名。酉陽守丞又、令佐莫邪、彼死手、隸妾少，僅見於此簡。朝半，又見於簡8-1518+8-1490，時爲廿八年六月，兩簡中的“朝”，同爲遷陵縣廷屬官，可以確定爲同一人，故附於此。

始皇帝二十九年

☐□□遷陵陽里士五慶、圂☐

廿九年十一月辛酉，洞庭叚卒史悍☐

從事，毋令慶有所遠之。　☐

·封遷陵丞有□☐

十一月壬戌，遷陵☐（正）

□□☐

☐□酉水下盡，隸臣雎以☐（背）（8-78　圖版·頁25）

按：據書後附録二“秦朔閏表”，秦始皇廿九年十一月丁酉朔，十一月辛酉日爲十一月二十五日；十一月壬戌日爲十一月二十六日。慶、圂、悍、雎，人名。

廿九年十二月丙寅朔己卯，司空色敢言之：廷令隸臣順行書十六封，曰傳言。今已傳者，敢言之。（正）

己卯水下六刻，隸妾畜以來。/綽半。　郤手。（背）（8-1524　圖版·頁195）

按：廿九年十二月丙寅朔，十二月己卯日爲十二月十四日。

順，《里耶（壹）》《校釋（一）》未釋，檢核圖版，該字字形清晰，與簡8-1516中“順”相近，當爲“順”字。色、順、畜、綽、郤，人名。

廿九年正月甲辰，遷陵丞昌訊☐

書。 ☐（正）

·鞫之：悍上禾稼租志誤少五穀☐☐（背）（8-1246 圖版·頁159）

按：據書後附録二“秦朔閏表”，秦始皇廿九年正月丙申朔，正月甲辰日爲正月九日。禾稼租志，里耶秦簡中又有“見户當出户賦者志”（8-518）、“事志”（8-42+8-55）、“田課志”（8-383+8-484）、“倉課志”（8-495）、“田官課志”（8-479）、“鄉課志”（8-483）等種；《嶽麓書院藏秦簡（肆）》簡350：“上計冣（最）、志、郡（群）課、徒隸員簿，會十月望。”誤，睡虎地秦簡《法律答問》簡209：“可（何）如爲‘大誤’？人户、馬牛及者（諸）貨材（財）直（值）過六百六十錢爲‘大誤’，其它爲小。”昌、悍，人名。

丙稟粟米一石。 ☐

廿九年三月丁酉，倉趙、史感、稟☐（8-1690 圖版·頁219）

按：《里耶（壹）》本簡釋文後“説明”稱“左側刻齒爲‘一石’”，與簡文“粟米一石”相合。本簡下端殘缺，類似出稟簡里耶秦簡中多見，如簡8-1545：“丙稟粟米二石。 令史扁視平。卅一年十月乙酉，倉守妃、佐富、稟人援出稟屯戍士五孱陵咸陰敝臣。　富手。”趙、感，人名。據書後附録二“秦朔閏表”，秦始皇廿九年三月乙未朔，三月丁酉日爲三月三日。

廿九年四月甲子朔辛巳，庫守悍敢言之：御史令曰：各第官徒丁【粼】▨

劇者爲甲，次爲乙，次爲丙，各以其事劇易次之。・令曰各以□▨

上。・今牒書當令者三牒，署第上。敢言之。　▨（正）

四月壬午水下二刻，佐圂以來。／槐半。　▨（背）（8-1514　圖版・頁191）

按：本簡下端殘缺。秦始皇廿九年四月甲子朔，四月辛巳日爲四月十八日，四月壬午日爲四月十九日。御史，疑指秦郡監御史，《漢書・百官公卿表》：“監御史，秦官，掌監郡。漢省。”官徒，官府的徒隸，簡8-769：“・問之啓陵鄉吏、黔首、官徒，莫智。”第，簡文作“苐”，苐同第。第，品第，評定。《管子・度地》：“凡一年事畢矣，舉有功，賞賢，罰有罪，遷有司之吏而第之。”劇，簡文作“勮”；勮，古劇字。《説文・力部》：“勮，務也。從力，豦聲。”段玉裁注：“務者，趣也。用力尤甚者。字譌從刀作‘劇’。”劇易，《後漢書・列女傳・曹世叔妻》：“執務私事，不辭劇易。”李賢注：“劇，猶難也。”丁粼，睡虎地秦簡《秦律十八種・倉律》簡61“隸臣欲以人丁粼者二人贖”、“隸妾欲以丁粼者一人贖”，可參考。甲，《漢書・田蚡傳》“治宅甲諸第”顔師古注：“言爲諸第之最也。以甲乙之次，言甲則爲上矣。”悍、圂、槐，人名。

十二月戊寅，都府守胥敢言之：遷陵丞膻曰：少内巸言冗

佐公士僰道西里亭貲三甲，爲錢四千卅二。自言家能入。

爲校□□□謁告僰道受責。有追，追曰計廿八年☐

責亭妻胥亡。胥亡曰：貧弗能入。謁令亭居署所。上真書謁環。□☐

僰道弗受計。亭譺當論，論。敢言之。　☐（正）

十二月己卯，僰道邻敢告遷陵丞主，寫☐

事，敢告主。/冰手。/六月庚辰，遷陵丞昌告少内主，以律令□☐

手。/六月庚辰水十一刻刻下六，守府快行少内。　☐

六月乙亥水十一刻刻下二，佐同以來。/元半。　☐（背）（8-60+8-656+8-748+8-665　圖版·頁20、91、107、93）

按：簡8-60、8-656、8-748與簡8-665綴合，見於《校釋（一）》。本簡無明確紀年文字，簡文中的“十二月戊寅”、“十二月己卯”、“六月乙亥”、“六月庚辰”等僅具月份和日干支，一般年代不可考，需要根據該簡中的人名組合及簡文内容來推定。

该簡中能够確定爲人名的有胥、膻、巸、亭、胥亡、邻、冰、昌、快、同、元等。都府守胥、遷陵丞膻、少内巸、冗佐公士僰道西里亭、亭妻胥亡、僰道邻、冰手、佐同、元半等僅見於此簡。遷陵丞昌，又見於簡8-1246、8-2191、8-1511、8-754+8-1007、8-71、8-1345+8-2245、8-1560、8-157、8-62等紀年明確簡牘，時爲秦始皇

廿九年至卅二年；守府快，又見於簡8-71、8-1560、8-157、8-158，時爲秦始皇卅一年至卅二年，由此可以推定，以遷陵丞昌與守府快爲中心構成的人名組合，大致年代範圍當在秦始皇廿九年至卅二年间。

又，簡文中有“有追，追曰計廿八年☑”一語，秦曆以十月爲歲首，故簡文中的“十二月戊寅”、“十二月己卯”等，有可能應爲“廿八年”次年即廿九年的月份與日干支。而據書後附録二“秦朔閏表”，簡文中所提到的上述月份與日干支，在秦始皇廿九年至卅二年當中，亦僅衹合於秦始皇廿九年，廿九年十二月丙寅朔，十二月戊寅日爲十二月十三日，十二月己卯日爲十二月十四日；六月癸亥朔，六月乙亥日爲六月十三日，六月庚辰日爲六月十八日。因此，將該簡年代定爲秦始皇廿九年，當無疑問。

都府，官署名，從下文“僰道郤敢告遷陵丞主”一語看，都府應屬僰道或官署設在僰道，或掌管一縣之府藏。《禮記·曲禮下》“在府言府”鄭玄注：“府，謂寶藏貨賄之處也。”僰道，縣名，少數民族聚居的地區，《説文》：“僰，犍爲蠻夷。”《漢書·地理志》屬犍爲郡，治今四川宜賓市西南。校，校書。計，計書。張家山漢簡《二年律令·行書律》簡276：“諸獄辟書五百里以上，及郡縣官相付受財物當校計者書，皆以郵行。”追，睡虎地秦簡《秦律十八種·行書》簡185：“書廷辟有曰報，宜到不來者，追之。”居，居作。睡虎地秦簡《秦律十八種·司空》簡133：“有罪以貲贖及有責（債）於公，以其令日問之，其弗能入及賞（償），以令日居之，日居八錢。”真,《漢書·河間獻王德傳》:“從民得善書,必爲好寫與之,留其真。”師古注:“真,正也。留其正本。”這裏疑指上述校書文書原件。譓,又見於張家山漢簡《奏讞書》簡119:“以毛譓〈謾〉,笞。”本簡文書傳遞的大致順序爲:秦始皇廿九年十二月戊寅,都府守“胥”撰制文書,傳送給僰道“鄐”;廿九年十二月己卯,僰道鄐在“寫☑”後發往遷陵丞,文書由“冰”書寫,六月乙亥佐“同”送達遷陵縣廷,由“元”拆啓;廿九年六月庚辰,遷陵丞“昌”下文少内,以律令從事(文書書寫人因簡殘不明),當天由守府“快”送達少内。

廿九年七月戊午,遷陵丞昌訊☑(正)
鞫之:又留不傳閬中漕☑(背)(8-2191 圖版·頁260)

按:本簡下端殘缺。據書後附録二“秦朔閏表”,秦始皇廿九年七月癸巳朔,七月戊午日爲七月二十六日。閬中,縣名,《漢書·地理志》屬巴郡,治今四川閬中市。傳閬中漕,《續漢書·百官志三》:“太倉令一人,六百石。本注:主受郡國傳漕穀。丞一人。”可參考。昌、又,人名。

廿九年八月乙酉,庫守悍作徒薄:受司空城旦四人、丈城旦一人、舂五人,受倉隸臣一人。·凡十一人。
城旦二人繕甲□□。
城旦一人治輸□□。

城旦【一】人約車：登。（第一欄）

丈城旦一人約車：缶。

隸臣一人門：負□。

舂三人級：姱、□、娃。（第二欄）

廿廿□□☑（第三欄）（正）

八月乙酉，庫守悍敢言之：疏書作徒薄牒北上，敢言之。/逐手。

乙酉旦，隸臣負解行廷。（背）（8-686+8-973　圖版·頁98、133）

按：簡8-686與簡8-973的綴合，見於《校釋（一）》，簡8-973下端有火燒痕迹，兩簡綴合僅爲上端。第一欄"人約車登"上簡文脱"一"字，今校補。

丈城旦，亦作"仗城旦"，里耶秦簡8-801："受司空仗城旦二人。"睡虎地秦簡《秦律十八種·司空》簡147："仗城旦勿將司；其名將司者，將司之。"整理小組注："仗，或讀爲杖。老人持杖，故古時稱老人爲杖者。《論語·鄉黨》：'杖者出。'孔注：'杖者，老人也。'"

繕甲，《説苑·權謀》："晉人已勝智氏，歸而繕甲砥兵。"約車，《戰國策·秦策二》"齊助楚攻秦"章："張儀曰：'王其爲臣約車并幣，臣請試之。'"高誘注："約，具也。"門，在這裏應爲動詞，勞作的一種，《左傳·襄公九年》"門於鄟門"洪亮吉詁引《廣雅》："門，守也。"級，又見於簡8-1531，《説文》："級，絲次弟也。"爲絲之次第亦或是秦代勞作之一種。

疏書，分條記録。睡虎地秦簡《封診式·毒言》簡91-92："爰書：某里公士甲等廿人詣里人士五（伍）丙，皆告曰：‘丙有寧毒言，甲等難飲食焉，來告之。’即疏書甲等名事關諜（牒）北（背）。”張家山漢簡《二年律令·田律》簡256：“官各以二尺牒疏書一歲馬、牛它物用稾數，餘見芻稾數，上内史，恒會八月望。”牒北，牒，《説文》：“札也。”北，通“背”。牒背，即牒的背面。悍、登、缶、娉、娃、逐、負解，人名。據書後附録二“秦朔閏表”，秦始皇廿九年八月壬戌朔，八月乙酉日爲八月二十四日。

廿九年九月壬辰朔辛亥，貳春鄉守根敢言之：牒書水火敗亡課一牒上。敢言之。（正）

九月辛亥旦，史邛以來。/感半。　邛手。（背）（8-645　圖版·頁88）

按：廿九年九月壬辰朔，九月辛亥日爲九月二十日。根，《里耶（壹）》釋作“柂”，《校釋（一）》釋作“根”，檢核圖版，簡文字形與王輝主編《秦文字編》第884頁所收諸“根”字字形相類，《校釋（一）》釋“根”可從。根、邛、感，人名。

牒書，《漢書·薛宣傳》：“始高陵令楊湛、櫟陽令謝游皆貪猾不遜，持郡短長，前二千石數案不能竟。及宣視事，詣府謁，宣設酒飯與相對，接待甚備。已而陰求其罪臧，具得所受取。宣察湛有改節敬宣之效，乃手自牒書，條其奸臧。”師古曰：“牒書，謂書於簡牒也。”睡虎地秦簡《秦律十八種·倉律》簡35-36：“稻後禾孰（熟），計稻後年。已獲上數，別粲、穤（糯）秙（黏）稻。別粲、稬（糯）之襄（釀），歲異積之，勿增積，以給客，到十月牒書數，上内史。”

水火敗亡課，里耶秦簡中又有“漆園課”（8-383+8-484）、“作務産錢課”（8-459）、“尉守狐課”（8-132+8-334）等種，《嶽麓書院藏秦簡（肆）》簡350：“上計冣（最）、志、郡〈群〉課、徒隸員簿，會十月望。”課類文書涉及對機構、官吏職責的考核。

廿九年九月壬辰朔辛亥，遷陵丞昌敢言之：令令史感上水火敗亡者課一牒。有不定者，謁令感定。敢言之。（正）
已。
九月辛亥水下九刻，感行。　感手。（背）（8-1511　圖版·頁190）

按：廿九年九月壬辰朔，九月辛亥日爲九月二十日。水火敗亡者課，或即指簡8-645中的“水火敗亡課”；簡8-454“課上金布副”中有“水火所敗亡”、張家山漢簡《二年律令·賊律》簡6-7“敗亡粟米它物”亦可參考。昌、感，人名。

☑九月壬辰朔辛亥，牢人□□□受少内□☑（8-819　圖版·頁119）

按：據書後附録二“秦朔閏表”，秦王朝紀年中九月以壬辰爲朔日的年代衹有廿九年；又，里耶秦簡8-645、8-1511有“廿九年九月壬辰朔辛亥”紀年，亦可證。九月辛亥日爲九月二十日。

廿九年九月戊午，貳春□☐

其一學甄：賀。　☐

四人負土：臧、成、駠、骨。　☐（8-1146　圖版・頁149）

按：本簡下端殘缺，有火燒痕迹。據簡8-645、8-1511“廿九年九月壬辰朔”紀年，九月戊午日爲九月二十七日。甄，《文選・張華〈女史箴〉》：“既陶既甄。”李善注引如淳曰：“陶人作瓦器謂之甄。”負土，《史記・滑稽列傳・優孟》：“臣請以彫玉爲棺，文梓爲椁，楩楓豫章爲題凑，發甲卒爲穿壙，老弱負土。”《淮南子・齊俗訓》：“故伊尹之興土功也，修脛者使之跖钁，强脊者使之負土。”賀、臧、成、駠、骨，人名。從殘存簡文内容及形式看，本簡文書性質屬於作徒簿。

☐【九】年後九月辛酉朔丁亥，少内武敢言之：上計

□□而後論者獄校廿一牒，謁告遷陵將計丞

上校。敢言之。（正）

☐九月丁亥水十一刻刻下三，佐欣行廷。　欣手。（背）（8-164+8-1475　圖版・頁40、184）

按：簡8-164與簡8-1475綴合，見於《校釋（一）》。據書後附録二“秦朔閏表”，簡文“後九月辛酉朔”，合於秦始皇廿九年後九月朔日干支；另，簡8-1450背記有“廿九年後九月辛未”字樣，亦證秦始皇廿九年置閏有“後九月”。廿九年後九月辛酉朔，後九月丁亥日爲後九月二十七日，據此可以確定“年”上一字殘存筆迹

當爲“九”，今補。武、欣，人名。

廿九年盡

歲田官徒薄。

廷。（8-16　圖版·頁16）

按：本簡爲一文書楬，下端平直，上端圓弧，圓弧端塗黑，下鑽二孔。廷，《里耶（壹）》未釋録，《校釋（一）》釋録作爲第三行，檢核圖版，“廷”字形清晰，提行書寫，占據二到三字空間；木楬左下角有一墨迹，與其上的“廷”字之間留有空白。田官徒薄（簿），里耶秦簡性質相同的文書楬中又見有“畜官、田官作徒薄□及貳春。廿八年”（8-285）。盡歲，《漢書·王莽傳》：“方出軍行師，敢有趨讙犯法者，輒論斬，毋須時，盡歲止。”廿九年，秦始皇二十九年。

倉曹

廿九年

當計出入

券　甲

笥　（8-1201　圖版·頁153）

按：本簡爲一文書楬，下端平直，上端圓弧塗黑，在第一行與第二行、第四行與第五行間，各有上下兩個鑽孔。倉曹，遷陵縣廷列曹之一。當計出入券，指倉曹保存的用來製作“計”類文書的券書，這類券書來源於縣倉製作“三辨券”中的“中券”。甲笥，笥，指盛裝“當計出入券”的竹笥；甲，竹笥的編號，表明盛裝“倉曹廿九年當計出入券”的竹笥有多個，分別以天干順序編號。丅，圖案符號，含義不明。《校釋（一）》稱：“‘甲’字小而淡，恐當‘券笥’連讀。”證之簡8-1200“卅三年當計券出入笥。具此中”楬文，本簡或應句讀爲：“倉曹廿九年當計出入券笥。甲丅。”廿九年，秦始皇二十九年。

廿九年案

令及□□□

□。具此□。（8-1775　圖版·頁225）

按：本簡爲一文書楬，下端平直，上端圓弧塗黑，鑽二孔。案，《説文·宀部》：“案，入家搜也。从宀，索聲。”案令，其義待考。具此□，據簡8-1200“卅三年當計券出入笥。具此中”楬文，“此”下未釋之字疑爲“中”。廿九年，秦始皇二十九年。

廿九年司空計☐（8-1902　圖版·頁235）

按：本簡頂端塗黑，下端殘缺。司空計，遷陵縣司空官府之計。廿九年，秦始皇二十九年。

廿八年付，廿九年出廿九萬九千四百一十☐（8-2199　圖版·頁

261）

按：廿八年，秦始皇二十八年；廿九年，秦始皇二十九年。

廿八年啓陵鄉守歜、佐【見】☑

廿九年鄉守歜、佐緩已死。 ☑（8-938+8-1144 圖版·頁130、149）

按：簡8-938與簡8-1144綴合，見於《校釋（一）》，兩簡綴合僅爲上端。本簡内容與簡8-39略同，見、緩二字完整，今據之補釋本簡簡文殘缺之字“見”，確定兩簡綴合處之字爲“緩”。歜、見、緩，人名。廿八年，秦始皇二十八年；廿九年，秦始皇二十九年。

附五

☑庭守禮謂縣嗇夫上見禾【稼】☑

☑□令縣上會十二月朔日，疑縣☑

☑上，以郵行，勿留，各□書 ☑（正）

☑已上 ☑

☑下九郵人慶以來。/綽手☑（背）（8-2159+8-740 圖版·頁258、106）

按：簡8-2159與簡8-740的綴合，見於蔣偉男《里耶秦簡文字編》附録“里耶秦簡釋文”。稼，據簡文殘筆及文例補釋。禮、慶、綽，人名。綽手，依里耶秦簡收文記録文例，“某以來”後應爲“某半”或“某發”，此處簡文“手”應爲“半”字之訛；綽手〈半〉，又見於簡8-1524，時爲廿九年十二月，與本簡“綽”有可能爲同一人，故附於此。

始皇帝三十年

卅年十月辛卯朔乙未，貳春鄉守綽敢告司空主：主令鬼薪軫、小城旦乾人爲貳春鄉捕鳥及羽。羽皆已備，今已以甲午屬司空佐田，可定薄。敢告主。(正)

十月辛丑旦，隸臣良朱以來。/列半。　邛手。(背)(8-1515　圖版·頁191)

按："令"前一字，《里耶(壹)》未釋，《校釋(一)》認爲"令"前爲重文符號，直接析開録釋爲"主"，今從。已備，睡虎地秦簡秦律中多見"不備"、"已備"用語，如《倉律》簡29-30："禾、芻稾積索(索)出日，上贏不備縣廷。出之未索(索)而已備者，言縣廷，廷令長吏雜封其廥，與出之，輒上數廷；其少，欲一縣之，可殹(也)。"此處是指所捕鳥羽已達到數量要求。屬，委托，囑咐。定簿，確定簿册。綽、軫、乾人、田、良朱、列、邛，人名。卅年十月辛卯朔，十月甲午日爲十月四日，十月乙未日爲十月五日，十月辛丑日爲十月十一日。

卅年十月癸卯，貳春鄉守綽作徒薄，受司空居責城旦□☐

其一人治土：胯。　□□□□☒（8-1327+8-787　圖版・頁165、117）

按：簡8-1327與8-787的綴合，見於蔣偉男《里耶秦簡文字編》附録"里耶秦簡釋文"。據簡8-1515"卅年十月辛卯朔"，本簡十月癸卯日爲十月十三日。居責城旦，應指居責繫城旦者。睡虎地秦簡《秦律十八種・司空》簡141："隸臣妾、城旦舂之司寇、居貲贖責（債）毄（繫）城旦舂者，勿責衣食；其與城旦舂作者，衣食之如城旦舂。"簡133-135："有罪以貲贖及有責（債）於公，以其令日問之，其弗能入及賞（償），以令日居之……。公士以下居贖刑罪、死罪者，居於城旦舂，毋赤其衣，勿枸櫝欙杕。鬼薪白粲，群下吏毋耐者，人奴妾居贖貲責（債）於城旦，皆赤其衣，枸櫝欙杕，將司之；其或亡之，有罪。"治土，《漢書・溝洫志》："夫土之有川，猶人之有口也，治土而防其川，猶止兒啼而塞其口，豈不遽止，然其死可立而待也。"治土是秦代徒隸勞作之一種。綽、胯，人名。從殘存簡文内容及格式看，本簡文書性質屬於作徒簿。

卅年十月辛亥，啓陵鄉守高□☒

受司空仗城旦二人。　☒

二人治傳舍：它、骨。　☒（8-801　圖版・頁118）

按：本簡下端有火燒痕迹。據簡8-1515"卅年十月辛卯朔"，本簡十月辛亥日爲十月二十一日。治傳舍，治，《三國志・魏書・陳群傳》："青龍中，營治宮室，百姓失農時。"傳舍，《三國志·魏書·陳群傳》:"昔劉備自成都至白水,多作傳舍,興費人役。"秦亦置傳舍,《戰國策·魏策四》"管鼻之令翟强與秦事"章:"令鼻之入秦之傳舍,舍不足以舍之。"治傳舍,秦代徒隸勞作之一種。高、它、骨,人名。從殘存簡文内容及格式看,本簡文書性質屬於作徒簿。

卅年十一月庚申朔丙子,發弩守涓敢言之:廷下御史書曰縣□治獄及覆獄者,或一人獨訊囚,嗇夫長、丞、正、監非能與□□毆,不参不便。書到尉言。·今已到,敢言之。(正)

十一月丙子旦食,守府定以來。/連半。　萃手。(背)(8-141+8-668 圖版·頁32、94)

按:簡8-141與簡8-668綴合,見於《校釋(一)》。卅年十一月庚申朔,十一月丙子日爲十一月十七日。御史,睡虎地秦簡《秦律十八種·尉雜》簡199:"歲讎辟律於御史。"《史記·張丞相列傳》:"(蒼)秦時爲御史,主柱下方書。"張家山漢簡《奏讞書》"南郡卒史蓋廬、摯田、叚(假)卒史瞗復攸庫等獄簿":"御史書以廿七年二月壬辰到南郡守府,即下,甲午到蓋廬等治所,其壬寅補益從治,上治它獄。"(簡124-126)正、監,張家山漢簡《奏讞書》簡184-185有"廷尉穀、正始、監弘、廷史武等卅人議當之"之語,本簡正、監或爲秦廷尉屬官。涓、定、連、萃,人名。

卅年十二月乙卯,畜□□□作徒薄。

受司空居貲一人。

受倉隸妾三人。（第一欄）

□☐

凡☐

一人☐（第二欄）（正）

十二月乙卯，畜官守丙敢言之：上。敢言☐

十二月乙卯水十一刻刻下一，佐貳以來。☐（背）（8-688+8-199 圖版・頁99、46）

按：簡8-688與簡8-199綴合，見於《校釋（一）》；兩簡綴合僅爲上端，下端殘缺。本簡正面“畜”與“作”字之間，簡文漫漶不清，字數不明，據本簡背面簡文“畜官守丙”文例及里耶秦簡作徒簿格式，簡文殘損字數可以確定爲三字。居貲，指因罪貲罰無力繳納而以勞役抵償者。睡虎地秦簡《秦律十八種・司空》簡133-135：“有罪以貲贖及有責（債）於公，以其令日問之，其弗能入及賞（償），以令日居之，日居八錢；公食者，日居六錢。居官府公食者，男子參，女子駟（四）。”貲，有罪而被罰令繳納財物；贖，繳納財物去贖死罪或肉刑等罪，兩者含義不同；貲、贖、責在睡虎地秦簡中常連稱，曰“居貲贖責”或“居貲贖責者”，而里耶秦簡中多見“居貲”、“居贖”、“居責”分稱。丙、貳，人名。卅年十二月乙卯，據書後附録二“秦朔閏表”，秦始皇卅年十二月庚寅朔，十二月乙卯日爲十二月二十六日。

卅年二月己丑朔壬寅，田官守敬敢言之☐
官田自食薄，謁言泰守府□☐
之。 ☐（正）
壬寅旦，史逐以來。/尚半。 ☐（背）（8-672 圖版·頁95）

按：卅年二月己丑朔，二月壬寅日爲二月十四日。官田，《後漢書·仲長統傳》："今者土廣民稀，中地未墾；雖然，猶當限以大家，勿令過制。其地有草者，盡曰官田，力堪農事，乃聽受之。若聽其自取，後必爲姦也。"據本簡簡文，知秦時有"官田"，由"田官"機構管理。自食薄（簿），此處疑指記録耕作官田者口糧數量的文書。泰守府，應指洞庭泰守府。敬、逐、尚，人名。

卅年四月辛丑，司空守文☐（8-44 圖版·頁18）

按：據書後附録二"秦朔閏表"，秦始皇卅年四月戊子朔，四月辛丑日爲四月十四日。《里耶（壹）》本簡釋文後"説明"稱："左側刻齒爲'二十四'。"文，人名。

卅年五月戊午朔辛巳，司空守敞敢言之：冗戍士五□歸高成免衣用，當傳。謁遣吏傳。謁報。敢言之。（正）
辛巳旦食時食時，隸臣殷行。 武☐（背）（8-2006+8-666 圖版·頁244、93）

按：簡8-2006與簡8-666綴合，見於《校釋（一）》。"士五"下一字因簡殘斷僅存殘筆不識，據殘筆及文例，疑爲"秭"，簡1516

背有“啓陵乘城卒秭歸□里士五順”之語亦可爲證；準此，本簡“高成”爲秭歸縣里名，免爲人名。食時食時，簡文恐衍一“食時”。冗戍，簡8-132+8-334有“冗募群戍卒百卌三人”之語，則可知本簡“冗戍”者爲“戍卒”；睡虎地秦簡《秦律雜抄》簡35：“冗募歸，辭曰日已備，致未來，不如辭，貲日四月居邊。”《秦律十八種·司空》簡151：“百姓有母及同牲（生）爲隸妾，非適（謫）罪殹（也）而欲爲冗邊五歲，毋賞（償）興日，以免一人爲庶人，許之。”居邊、冗邊，據簡文應爲一種戍防邊境的人。衣用，即指服用之衣。傳，傳送。張家山漢簡《二年律令·徭律》簡411-412：“發傳送，縣官車牛不足，令大夫以下有訾（貲）者，以訾（貲）共出車牛；及益，令其毋訾（貲）者與共出牛食，約載具。吏及宦皇帝者不與給傳送事。委輸傳送，重車、重負日行五十里，空車七十里。”本簡簡文所言應是傳送冗戍士五秭歸高成免衣物之事。敞、免、武、殷，人名。卅年五月戊午朔，五月辛巳日爲五月二十四日。

卅年六月丁亥朔甲辰，田官守敬敢言之：疏書日食牘北上。敢言之。（正）

城旦、鬼薪十八人。

小城旦十人。

舂廿二人。（第一欄）

小舂三人。

隸妾居貲三人。

戊申水下五刻，佐壬以來。/尚半。 逐手。(第二欄)(背)(8-1566 圖版·頁206)

按：卅年六月丁亥朔，六月甲辰日爲六月十八日，六月戊申日爲六月二十二日。日食，從簡8-672看，田官管理“官田”，而從該簡所記看，耕作這些“官田”者爲各類刑徒，睡虎地秦簡《秦律十八種·倉律》簡51所云的“隸臣田者”或即屬於這一類。刑徒爲官府服役，由官府給與飯食，睡虎地秦簡《秦律十八種·倉律》簡48-52：“隸臣妾其從事公，隸臣月禾二石，隸妾一石半；其不從事，勿稟。小城旦、隸臣作者，月禾一石半石；未能作者，月禾一石。小妾、舂作者，月禾一石二斗半斗；未能作者，月禾一石。嬰兒之毋(無)母者各半石；雖有母而與其母冗居公者，亦稟之，禾月半石。隸臣田者，以二月月稟二石半石，到九月盡而止其半石。舂，月一石半石。隸臣、城旦高不盈六尺五寸，隸妾、舂高不盈六尺二寸，皆爲小；高五尺二寸，皆作之。”刑徒從事不同種類的勞作，每天早、晚的口糧標準也有不同，如《倉律》簡59：“免隸臣妾、隸臣妾垣及爲它事與垣等者，食男子旦半夕參，女子參。”《倉律》簡54-56：“城旦之垣及它事而勞與垣等者，旦半夕參；其守署及爲它事者，參食之。其病者，稱議食之，令吏主。城旦舂、舂司寇、白粲操土攻(功)，參食之；不操土攻(功)，以律食之。”刑徒口糧是按天發放的，《倉律》簡57-58：“日食城旦，盡月而以其餘益爲後九月稟所。城旦爲安事而益其食，以犯令律論吏主者。減春城旦月不盈之稟。”該簡中田官守敬所説的“日食”當即睡虎地秦簡《秦律十八種·倉律》中所謂“日食”（簡57-58）。

牘，《嶽麓書院藏秦簡（伍）》簡115-122：“用牘者，一牘毋過五行。五行者，牘廣一寸九分寸八，四行者，牘廣一寸泰半寸，·三行者，牘廣一寸半寸。·皆謹調讙〈護〉好浮書之，尺二寸牘一行毋過廿六字。·尺牘一行毋過廿二字。書過一章者，章□之。辤（辭）所當止皆腏之，以別易〈易〉智（知）爲故。書卻，上對而復與卻書及事俱上者，縶編之，過廿牒，阶（界）其方，江（空）其上而署之曰：此以右若左若干牒，前對、請若前奏。·用疏者，如故。不從令及牘廣不中過十分寸一，皆貲二甲。請：自今以來，諸縣官上對、請書者，牘厚毋下十分寸一，二行牒厚毋下十五分寸一，厚過程者，毋得各過其厚之半。爲程，牘牒各一。不從令者，貲一甲。御史上議：御牘尺二寸，官券牒尺六寸。·制曰：更尺一寸牘牒。·卒令丙四。”

敬、逐、壬、尚，人名。

卅年六月辛亥，司空守茲、史□【出以】☐

乙廥粟米三斗少半斗。　☐（8-1647　圖版·頁216）

按：茲，簡文作“茲”，茲同茲，人名。出以，據簡文殘筆及文例補釋。乙廥，倉名；里耶秦簡中另尚見有“徑廥”（8-56）、“丙廥”（8-821）等。據“乙廥粟米三斗少半斗”、“出以”等文例，本簡性質應爲一稟食簡。據簡8-1566“卅年六月丁亥朔”，本簡六月辛亥日爲六月二十五日。

卅年七月丁巳朔戊☐

論，論言夬，如☐（8-473　圖版·頁70）

按：本簡下端殘斷有火燒迹。卅年七月丁巳朔，故“戊”下殘缺之字有可能爲“午”、“辰”、“寅”中的一個，戊午日爲七月二日、戊辰日爲七月十二日、戊寅日爲七月二十二日。

論言夬，里耶秦簡8-1516：“沮守瘳言：課廿四年畜息子得錢殿，沮守周主，爲新地吏，令縣論言夬。”朱漢民、陳松長主編《嶽麓書院藏秦簡（叁）》簡014“癸、瑣相移謀購案”：“更論及論失者言夬（決）。”

【卅】年八月丙戌朔癸卯□☐

城旦、鬼薪三人。　☐

仗城旦一人。　☐

舂、白粲二人。　☐

隸妾三人。　☐（8-1279　圖版·頁162）

按：本簡下端殘斷有火燒迹。“年”上一字因簡文模糊不識，但據簡文中的“八月丙戌朔”以及書後附録二“秦朔閏表”，秦代紀年中僅有秦始皇卅年八月朔日爲丙戌朔，故“年”上不識之字當爲“卅”，今補。卅年八月丙戌朔，八月癸卯日爲八月十八日。

卅年八月貳春鄉作徒薄。

城旦、鬼薪積九十人。

仗城旦積卅人。

舂、白粲積六十人。

隸妾積百一十二人。（第一欄）

·凡積二百九十二人。 ☐

卅人甄。 ☐

六人佐甄。 ☐

廿二人負土。 ☐

二人㡜瓦。 ☐（第二欄）（8-1631+8-1143 圖版·頁214、149）

按：簡8-1631與簡8-1143的綴合，見於《校釋（一）》，兩簡綴合僅爲上端，簡8-1631頂端塗黑，簡8-1143下端殘斷有火燒痕迹。積，累計。佐，佐助。㡜，簡文從廾從肉從衣，意義待考。㡜瓦，與本簡中的“甄”、“負土”等并列，疑爲製作陶器的一道工藝工序，亦屬秦代徒隸勞作之一種。從簡文内容和文書格式看，本簡文書爲一份月作徒簿。卅年八月，秦始皇三十年八月。

☐年九月丙辰朔朔☐（正）

☐月戊午水十一刻刻下九☐（背）（8-2025 圖版·頁248）

按：九月丙辰朔，據簡8-1583+8-890及書後附録二“秦朔閏表”，秦始皇三十年九月丙辰朔，故本簡“年”上殘缺之字當爲“卅”。簡文“九月丙辰朔朔☐”以下，原簡殘斷，據文例，很可能後面殘缺之字應爲“日”，九月丙辰朔朔日，即九月一日；☐月戊午，“月”上殘缺之字應爲“九”，九月戊午日爲九月三日。

卅年九月庚申，少内守增出錢六千七百廿，環令佐朝、義、佐𥁕貲各一甲，史犴二甲。

九月丙辰朔庚申，少内守增敢言之：上出券一。敢言之。/欣手。九月庚申日中時，佐欣行。（8-1583+8-890　圖版·頁209、126）

按：簡8-1583與簡8-890的綴合，見於《校釋（一）》。《里耶（壹）》簡8-1583釋文後“説明”稱：“左側刻齒爲‘六千八百二十’，齒痕與簡文不合。”據簡8-60+8-656+8-748+8-665“冗佐公士僰道西里亭貲三甲，爲錢四千卅二”所載，一甲值錢1344；本簡共五甲，共計6720錢，與簡文所記相合。增、朝、義、𥁕、犴、欣，人名。秦始皇三十年九月丙辰朔，九月庚申日爲九月五日。

☐斗。　卅年九月丙辰朔己巳，司空守兹、佐得出以食舂、小城旦卻等五十二人，積五十二日，日四升六分升一。

令史尚視平。　得手。（8-525+8-351+8-216　圖版·頁77、60、49）

按：簡8-351與簡8-216的綴合，見於《校釋（一）》；簡8-525與簡8-351、8-216，三者茬口吻合，寬度相同，字形一致，亦可綴合。簡8-525與簡8-351綴合可釋讀出“巳”字；檢核圖版以及與簡

8-1894的對比，簡文“升”下有短横“一”，今補。視平，《嶽麓書院藏秦簡（肆）》簡163-164：“●倉律曰：縣官縣料出入必平，稟禾美惡相襍，大輸，令丞視，令史、官嗇夫視平；稍稟，令令史視平。不從令，貲一甲。”兹、得、卻、尚，人名。卅年九月丙辰朔，九月己巳日爲九月十四日。

☐城旦卻等五十二，積五十二日，日四升六分升一。
☐　得手。（8-1894　圖版・頁235）

按：本簡上端殘缺，簡文内容、性質與簡8-525+8-351+8-216可相參考，疑爲同一内容簡文的另簡書寫，同時據簡8-525+8-351+8-216，本簡簡文“積”上疑脱一“人”字；卻、得等人名與簡8-525+8-351+8-216中的“小城旦卻”、“得手”，身份、職務及人名相同，可以確定爲同一人，“小城旦卻”、“得手”時爲卅年九月，故附於此。

卅年九月甲戌，少内守扁入佐鼂貲一盾、佐斗四甲、史章二甲、□☐
二甲、鄉歜二甲、發弩囚吾一甲、佐狐二甲。凡廿五甲四盾，爲☐
（8-1783+8-1852　圖版・頁226、231）

按：簡8-1783與簡8-1852的綴合，見於《里耶（壹）》“簡牘綴合表”，兩簡綴合僅爲上端；《里耶（壹）》簡8-1783釋文後“説明”稱：“右側刻齒爲‘八萬五千一百’。”本簡“爲”字以下因簡殘斷而簡文内容不明，但據簡8-60+8-656+8-748+8-665“冗佐公士僰道西里亭貲三甲，爲錢四千卅二”文例，“爲”字以下簡文應爲“錢八萬五千一百”。另，據簡8-60+8-656+8-748+8-665、8-1583+8-890所記計算，秦代每甲值錢1344，如此則本簡25甲共值錢33600，又由刻齒“八萬五千一百”可知，四盾共值錢51500，則秦代每盾值錢10300。扁、鼂、斗、章、歜、囚吾、狐，人名。卅年九月甲戌，據簡8-1583+8-890、8-525+8-351+8-216“卅年九月丙辰朔”，九月甲戌日爲九月十九日。

獄南曹書三封，丞印，二詣酉陽、一零陽。/卅年九月丙子旦食時，隸臣羅以來。（8-1886　圖版・頁234）

按：據簡8-1583+8-890、8-525+8-351+8-216“卅年九月丙辰朔”，卅年九月丙子日爲當年九月二十一日。酉陽、零陽，縣名，《漢書・地理志》屬武陵郡，酉陽治今湖南永順縣南，零陽治今湖南慈利縣東北。羅，人名。

卅年十月盡

九月，群往來

書已事倉曹

□笥。（8-1868+8-1777　圖版・頁233、225）

按：簡8-1868與簡8-1777的綴合，見於《里耶（壹）》“簡牘綴合表”。本簡爲一文書楬，下端平直，上端圓弧塗黑鑽有二孔。

卅年十月盡九月，卅年，秦始皇三十年；十月盡九月，即十月至九月，秦以十月爲歲首，九月爲歲末。睡虎地秦簡《秦律十八種·金布律》簡90："受（授）衣者，夏衣以四月盡六月稟之，冬衣以九月盡十一月稟之，過時者勿稟。後計冬衣來年。"事，《淮南子·原道訓》"萬物固以自然，聖人又何事焉"高誘注："事，治也。"本簡所言乃指已處理完畢的秦始皇三十年全年的與遷陵縣廷倉曹往來的文書，集中放置於"□笥"，這種處理文書的方式，秦漢時期較爲常見，如張家山漢簡《奏讞書》簡129："御史下書别居它笥。"簡136："其二輩戰北當捕，名籍副并居一笥中。"

卅年四月盡九月，

倉曹當計禾

稼出入券。

已計及縣

相付受

廷。　第甲。（8-776　圖版·頁115）

按：本簡爲一文書楬，下端平直，上端圓弧塗黑，鑽二孔。卅年，秦始皇三十年；四月盡九月，即四月至九月。

禾稼，穀物、糧食總稱。睡虎地秦簡《秦律十八種·倉律》簡28："入禾稼、芻稾，輒爲廥籍，上内史。"簡42："有米委賜，稟禾稼公，盡九月，其人弗取之，勿鼠（予）。"睡虎地秦簡《法律答問》簡133："實官户扇不致，禾稼能出，廷行事貲一甲。"

禾稼出入券，糧食出入糧倉，都要製作“券”，里耶秦簡8-1452：“【廿六】年十二月癸丑朔己卯，倉守敬敢言之：出西廥稻五十□石六斗少半斗輸；粢粟二石以稟乘城卒夷陵士五陽□□□□。今上出中辨券廿九。敢言之。”里耶秦簡8-1525：“卅四年七月甲子朔癸酉，啓陵鄉守意敢言之：廷下倉守慶書言，令佐贛載粟啓陵鄉。今已載粟六十二石，爲付券一上。謁令倉守。敢言之。・七月甲子朔乙亥，遷陵守丞配告倉主，下券，以律令從事。／壬手。”上述諸簡中的“券”，當即該簡所云之“禾稼出入券”。

計，算賬，記賬。睡虎地秦簡《秦律十八種・倉律》簡34：“計禾，别黄、白、青。”簡35：“稻後禾孰（熟），計稻後年。”

甲，盛放券書器具的編號。

卅年□月丙申，遷陵丞昌，獄史堪訊。昌辭曰：上造，居平□，侍廷，爲遷陵丞。□當詣貳春鄉，鄉渠、史獲誤詣它鄉，□失道百六十七里。即與史義論貲渠、獲各三甲，不智劾云貲三甲不應律令。故皆毋它坐。它如官書。（正）

☑　堪手。（背）（8-1007+8-754　圖版・頁137、108）

按：簡8-1007與簡8-754的綴合，見於《校釋（一）》。昌、堪、渠、獲、義，人名。卅年，秦始皇三十年。

冗佐八歲上造陽陵西就曰駋，廿五年二月辛巳初視事上衍。

病署所二日。

·凡盡九月不視事二日。·定視事二百一十一日。（正）

廿九年後九月辛未

行計，即有論上衍。卅年

□不視事，未來。（背）（8-1450　圖版·頁179）

按：據書後附録二“秦朔閏表”，秦始皇二十五年二月戊午朔，二月辛巳日爲二月二十四日；二十九年後九月辛酉朔，後九月辛未日爲後九月十一日；卅年，秦始皇三十年。

陽陵，縣名，《漢書·地理志》屬左馮翊，治今陝西咸陽市西北。西就，地名或基層組織名，屬陽陵縣，從“冗佐八歲上造陽陵西就曰駋”一語看，“陽陵西就”屬於“駋”的籍貫，類似“某就”的地名或基層組織名，又見於里耶秦簡8-1014、8-1083“居貲士五巫南就路”、8-1328“居貲士五江陵東就婁”，以及《續漢書·郡國志四》“南陽郡·宛”條司馬彪自注“有南就聚”。

上衍，縣名，簡8-159：“書到相報□□□□門淺、上衍、零陽言書到，署□□發。”據簡8-159文書内容，應爲洞庭郡屬縣。

定，張家山漢簡《奏讞書》簡128：“除弦（元）、伏日不治，它獄四百卌九日，定治十八日。”行計，傳送計書。有論，張家山漢簡《奏讞書》簡126：“四月辛卯鵙有論去。”本簡是駋“冗佐八歲”的履職記録，其中重點記載了駋“廿五年二月辛巳初視事上衍”、“廿九年後九月辛未行計，即有論上衍”，以及“卅年□不視事，未來”的事實。

廿八年啓陵鄉歍已死，

佐見已死。廿九年鄉歍、佐緩已死。卅年（8-39　圖版·頁18）

按：廿八年，秦始皇二十八年；廿九年，秦始皇二十九年；卅年，秦始皇三十年。本簡内容與簡8-938+8-1144可相參照。

卅年。　萬三千八百廿三。（8-779　圖版·頁116）

按：卅年，秦始皇三十年。

卅年獄南

曹斷獄

☐……（8-1874　圖版·頁233）

按：本簡爲一文書楬，下端平直，上端圓弧塗黑，左半殘缺，有無鑽孔不明。獄南曹，又見於簡8-1886。簡8-1886："獄南曹書三封，丞印，二詣酉陽、一零陽。/卅年九月丙子旦食時，隸臣羅以來。"斷獄，《漢書·刑法志》："至於秦始皇，……專任刑罰，躬操文墨，晝斷獄，夜理書，自程決事，日縣石之一。"卅年，秦始皇三十年。

附六

廷主

倉發。（正）

☒【行】 邛手。（背）（8-1628　圖版·頁214）

按：本簡頂端平直塗黑，下端削尖，《里耶（壹）》“前言”中把這類長方形木板稱爲“檢”；據《里耶（壹）》本簡釋文後“説明”：“牘改削而成。背面文字爲原牘殘留，書寫順序相反。”

邛，人名。邛手，又見於簡8-645、8-1515等紀年明確簡牘，簡8-645的年代爲廿九年九月，簡8-1515的年代爲卅年十月，兩簡中的“邛”同爲遷陵縣貳春鄉屬官，據簡8-645“史邛”一語，應爲貳春鄉史，與本簡中的“邛”有可能爲同一人。既然“背面文字爲原牘殘留”，則改削後正面所書文字“廷主倉發”年代當較背面原有文字“行　邛手”時代爲晚，年代上限當不超過秦始皇三十年，下限年代不明，故附於此。

三人負土：軫、乾人、央芻。

二人取城椯柱爲甄廡：賀、何。

三人病：骨、駠、成。（第一欄）

一人徒☒　（第二欄）（8-780　圖版·頁116）

按：本簡下端殘斷有火燒痕迹，從殘存簡文内容及形式看，本簡文書性質屬於作徒簿。軫、乾人、央芻、賀、何、骨、駠、成，人名。

軫、乾人，人名組合又見於簡8-1515，時爲卅年十月，簡8-1515中的“鬼薪軫”、“小城旦乾人”屬司空管理下的刑徒，爲“貳春鄉捕鳥及羽”，與本簡從事“負土”勞作的“軫”、“乾人”

的“徒”的身份相同，有可能爲同一人。

賀、騶、成，人名組合又見於簡8-1146，時爲廿九年九月，簡8-1146中的“賀”在貳春鄉從事“學甄”勞作，“騶”、“成”從事“負土”勞作，與該簡中的“賀”、“騶”、“成”爲“徒”的身份相同，有可能爲同一人。

骨，又見於簡8-1146、8-801，簡8-1146中的“骨”與“賀”、“騶”、“成”構成一組人名組合，在貳春鄉從事“負土”勞作，時爲廿九年九月；簡8-801中的“骨”，身份爲“仗城旦”，屬於司空管理下的刑徒，在啓陵鄉從事“治傳舍”勞作，時爲卅年十月，兩簡中“骨”與該簡中“骨”爲“徒”的身份相同，有可能爲同一人。

央芻，又見於簡8-1259“一人徒養央芻”、簡8-1576“舂央芻”。簡8-1259中的“央芻”，無紀年；簡8-1576“央芻”，時爲卅一年三月，身份爲女性刑徒“舂”，與本簡從事“負土”勞作的似爲男性的“央芻”，不能確定爲同一人。

何，又見於簡8-1520+8-1434+8-1069，時爲卅二年五月，在“庫”從事“爲”勞作，其人名組合爲“獎、慶忌、勉、勉、船、何、冣、交、頡、徐、娃、聚”，與該簡中的上述人名組合顯然有别，不能確定爲同一時期或同一人。

綜上，軫、乾人、賀、骨、騶、成等構成的人名組合，已知紀年明確簡牘的最晚年代爲秦始皇卅年，故附於此。

☐臧、骨　☐

☐賀、何成、軫、乾人☐（8-822　圖版·頁120）

按：臧、骨、賀、何成、軫、乾人，人名。何成，僅見於此簡；臧、骨、賀，人名組合又見於簡8-1146，時爲廿九年九月；軫、乾人、骨、賀，人名組合又見於簡8-780，簡8-780編年繫於卅年，緣由詳見簡8-780。其中，骨、賀既見於簡8-1146，又見於簡8-780；另，從殘存簡文内容及形式看，本簡文書性質屬於作徒簿，與簡8-1146、8-780文書性質亦同，如此則簡8-1146、8-780中的骨、賀人名與本簡中的骨、賀人名有可能爲同一人。本簡中出現多個人名，據書後附録一"《里耶（壹）》人名統計表"，骨、賀人名紀年明確簡中，以秦始皇三十年爲最晚，故附於此。

☐它坐，它如奏。（正）

☐　義手。（背）（8-1447　圖版·頁179）

按：義，人名。義手，里耶秦簡文書中的書手，一般應爲官府佐、史一類屬吏，簡8-1583+8-890有"令佐義"，時爲卅年九月；簡8-1007+8-754有"史義"，據簡文"遷陵丞昌"、"即與史義論貲渠、獲各三甲"之語，可知"史義"或爲"令史義"之省，時爲卅年；令佐、令史或爲"義"本人不同時期職務的變化，兩者皆爲遷陵縣廷屬吏，與本簡中的"義"有可能爲同一人，故附於此。

☐□□遷陵（正）

☐從翥、魋各一甲、一盾。

☐　義手。（背）（8-2036　圖版·頁250）

按：翥、魋、義，人名。編年緣由同簡8-1447。

☐□遷陵丞昌下鄉官曰：各別軍吏。·不當令鄉官別書軍吏，軍吏及鄉官弗當聽。

☐其問官下此書軍吏。弗下下，定當坐者名吏里、它坐、訾能入貲不能，遣詣廷。

☐□獄東。/義手。（正面）

☐【者】。/萃手。/旦，守府□行廷。　☐（背）（8-2013+8-198+8-213　圖版·頁246、46、49）

按：簡8-2013與簡8-198、8-213綴合，見於《校釋（一）》。鄉官別書軍吏，鄉官，張家山漢簡《二年律令·具律》簡101："諸欲告罪人，及有罪先自告而遠其縣廷者，皆得告所在鄉，鄉官謹聽，書其告，上縣道官。廷士吏亦得聽告。"簡104-106："事當治論者，其令、長、丞或行鄉官視它事，不存，及病，而非出縣道界也，及諸都官令、長、丞行離官有它事，而皆其官之事也，及病，非之官在所縣道界也，其守丞、及令、長若真丞存者所獨斷治論有不當者，令真令、長、丞不存及病者皆共坐之，如身斷治論及存者之罪。"別書，睡虎地秦簡《語書》簡8："以次傳。別書江陵布，以郵行。"軍吏，張家山漢簡《二年律令·傳食律》簡232-233："丞相、御史及諸二千石官使人，若遣吏、新爲官及屬尉、佐以上徵若遷徙者，及軍吏、縣道有尤急言變事，皆得爲傳食。”《二年律令·津關令》簡490-491：“縣邑傳塞，及備塞都尉、關吏、官屬人、軍吏卒乘塞者□其□□□□□日□□牧□□塞郵、門亭行書者得以符出入。”里耶秦簡8-657：“軍吏在縣界中者各告之。”定，確定，確實。名吏里，應爲“名事里”，《里耶秦簡（壹）·凡例》七：簡文“吏”與“事”不分，釋文也按照原文字形書寫，不加區别；睡虎地秦簡《封診式·有鞫》《覆》《告臣》等條中均作“名事里”，即指姓名、身份、籍貫。它坐，其他罪行。睡虎地秦簡《封診式·亡自出》簡97-98：“毋（無）它坐，莫覆問。”訾，通“貲”。獄東，疑爲“獄東曹”之省。

昌、義、萃，人名。遷陵丞昌，又見於簡8-1246、8-2191、8-1511、8-1007+8-754、8-71、8-1345+8-2245、8-1560、8-157、8-62，時爲秦始皇二十九年至三十二年；萃手，又見簡8-141+8-668，時爲卅年十一月；義手，又見於簡8-1447、8-2036，據對簡8-1447編年的考證，該簡中的“義手”，與簡8-1583+8-890中的“令佐義”、簡8-1007+8-754中的“史義”有可能爲同一人，時爲秦始皇三十年。本簡“遷陵丞昌”與“義”、“萃”構成的人名組合，僅見於秦始皇三十年，故附於此。

☐巳敢言之：上冣（正）

☐　逐手。（背）（8-701　圖版·頁101）

按：逐，人名。逐手，又見於簡8-686+8-973、8-1563、8-1566，

時爲“廿八年七月”（簡8-1563）至“卅年六月”（簡8-1566），與本簡所見“逐”有可能爲同一人，人名紀年不明簡牘繫於該人名已知明確紀年的最晚年代，故附於此。

☐……令史除、佐朝雜隄遷陵丞歐前。

☐……十七斗，斗五錢。

☐……

☐……

☐……等買

☐……

☐……（8-210　圖版・頁48）

按：本簡上端殘斷處有火燒痕迹，火燒處殘缺字數不明。雜題，雜，《漢書・雋不疑傳》注：“共也。”隄，讀爲“題”，題識，題記。睡虎地秦簡《秦律十八種・倉律》簡22-23：“入禾倉，萬石一積而比黎之爲户。縣嗇夫若丞及倉、鄉相雜以印之，而遺倉嗇夫及離邑倉佐主稟者各一户以氣（餼），自封印，皆輒出，餘之索而更爲發户。嗇夫免，效者發，見雜封者，以隄（題）效之，而復雜封之，勿度縣，唯倉自封印者是度縣。”

除、朝、歐，人名。佐朝，或爲“令佐朝”之省，“令佐朝”見於簡8-1583+8-890，時爲卅年九月，與本簡所見“佐朝”有可能爲同一人。據書後附録一“《里耶（壹）》人名統計表”，“令史除”、“（令）佐朝”、“遷陵丞歐”紀年明確簡中，以“（令）佐朝”

年代爲最晚，故附於此。

☐□□

☐……□＝不

☐之。／駔手。

☐言之。／堪手。（正）

☐……

☐　敬手。（背）（8-76　圖版・頁24）

按：駔、堪、敬，人名。駔手，僅見於本簡。敬手，身份不確定爲縣廷屬官令佐或令史，或縣廷諸官佐或史，年代亦不能確定。堪手，又見於簡8-1007+8 754，時爲"卅年□月"，身份爲遷陵縣獄史，與本簡人名"堪"有可能爲同一人，編年繫於秦始皇卅年，故附於此。

始皇帝三十一年

卅一年十月乙酉朔朔日，貳春鄉守☐

大奴一人直錢四千三百。　☐

小奴一人直錢二千五百。　☐

·凡直錢六千八百。　☐（8-1287　圖版·頁162）

按：卅一年十月乙酉朔，朔日即乙酉日，十月朔日即十月一日；據簡8-56、8-1545，“卅一年十月乙酉朔朔日”，又可作“卅一年十月乙酉”。大，成年；小，未成年。睡虎地秦簡《秦律十八種·倉律》簡53：“小隸臣妾以八月傅爲大隸臣妾，以十月益食。”直，通“值”，價值、價錢。錢，此處指秦半兩錢，《史記·平準書》：“銅錢識曰半兩，重如其文。”

丙廥粟米二石。　令史扁視平。

卅一年十月乙酉，倉守妃、佐富、稟人援出稟屯戍士五孱陵咸陰敝臣。　富手。（8-1545　圖版·頁200）

按：據簡8-1287“卅一年十月乙酉朔”，十月乙酉日爲十月一日。出，與“入禾倉”意義相對，睡虎地秦簡《秦律十八種·倉律》簡21-27:“入禾倉，萬石一積而比黎之爲户。……櫟陽二萬石一積，咸陽十萬一積，其出入禾、增積如律令。”這裏應即指“出粟米二石於内㣽”。稟，作動詞用，有發放、領取兩義，這裏意思是發放。粟米二石，《里耶（壹）》本簡釋文後“説明”云:“左側刻齒爲‘二石’。”與之相合；睡虎地秦簡《秦律十八種·倉律》簡41:“粟一石六斗大半斗，舂之爲糲（糲）米一石，糲（糲）米一石爲鑿（糳）米九斗，九斗爲毁（毇）米八斗。”孱陵，縣名，《漢書·地理志》武陵郡屬縣，治今湖北公安縣西；咸陰，里名；扁、妃、富、援、敝臣，人名。

屯戍，簡8-2006+8-666有“冗戍士五□歸高成免”、簡8-132+8-334有“冗募群戍卒百卌三人”之語，則本簡“屯戍”者亦爲“戍卒”可知;《史記·傅靳蒯成列傳》集解引律:“勒兵而守曰屯。”張家山漢簡《奏讞書》簡4-5:“·詰毋憂：律變（蠻）夷男子歲出賨錢，以當繇（徭）賦，非曰毋令爲屯也，及雖不當爲屯，窯已遣，毋憂即屯卒，已去亡，何解?”亦爲證。

徑㣽粟米二石。 ☐

卅一年十月乙酉，倉守妃、佐富、稟人援出稟屯☐（8-56 圖版·頁19）

按：徑㣽，倉名。粟米二石，《里耶（壹）》本簡釋文後“説明”云:“左側刻齒爲‘二石’。”與之相合。

徑廥粟米二石。 ☐

卅一年十月乙酉，倉守妃、佐富、稟☐（8-1739　圖版·頁222）

按：粟米二石，《里耶（壹）》本簡釋文後“説明”云：“左側刻齒爲‘二石’。”與之相合。

☐二。 卅一年十月庚寅☐（8-271　圖版·頁54）

按：據簡8-1287“卅一年十月乙酉朔”，十月庚寅日爲十月六日。

丙廥粟米四石五斗。 ·卅一年十月甲寅，倉守妃☐（8-821　圖版·頁120）

按：據簡8-1287“卅一年十月乙酉朔”，十月甲寅日爲十月三十日。粟米四石五斗，《里耶（壹）》本簡釋文後“説明”云：“左側刻齒爲‘四石五斗’。”與之相合。

徑廥粟米一石二斗少半斗。 卅一年十一月丙辰，倉守妃、史感、稟人援出稟大隸妾始。

令史偏視平。 感手。（8-766　圖版·頁111）

按：據書後附録二“秦朔閏表”，秦始皇卅一年十一月乙卯朔，十一月丙辰日爲十一月二日。粟米一石二斗少半斗，《里耶（壹）》本簡釋文後“説明”云：“左側刻齒爲‘一石二斗少半斗’。”與之相合。偏，或爲“扁”之誤。妃、感、援、始、偏，人名。

徑廥粟【米】二石。　卅一年十二月甲申，倉妃、史☐

令史扁視平。　☐（8-1081　圖版・頁144）

按：據書後附録二“秦朔閏表”，秦始皇卅一年十二月甲申朔，十二月甲申日爲十二月一日。“粟”字下依文例簡文應脱一合文符號，直接釋出當爲“米”，今補。粟米二石，《里耶（壹）》本簡釋文後“説明”云：“左側刻齒爲‘二石’。”與之相合。

徑廥粟米三石七斗少半升。　・卅一年十二月甲申，倉妃、史感、稟人窯出稟冗作大女韱十月、十一月、十二月食。

令史犴視平。　感手。（8-1239+8-1334　圖版・頁158、166）

按：簡8-1239與簡8-1334的綴合，見於《校釋（一）》。據書後附録二“秦朔閏表”，秦始皇卅一年十二月甲申朔，十二月甲申日爲十二月一日。粟米三石七斗少半升，《里耶（壹）》本簡釋文後“説明”云：“左側刻齒爲‘三石七斗’。”冗作，《漢書・食貨志》：“民浮游無事，出夫布一匹；其不能出布者，冗作，縣官衣食之。”師古注曰：“冗，散也。”作，勞作。妃、感、窯、韱、犴，人名。

丙廥粟米一石二斗半斗。　卅一年十二月庚寅，啓陵鄉守增、佐盍、稟人小出稟大隸妾徒十二月食。

令史逐視平。　盍手。（8-1590+8-1839　圖版・頁210、230）

按：簡8-1590與簡8-1839綴合，兩簡寬度相同，紋路、茬口相符，綴合處可復原“啓”字。據書後附録二“秦朔閏表”，秦始皇卅一年十二月甲申朔，十二月庚寅日爲十二月七日。粟米一石二斗半斗，《里耶（壹）》本簡（8-1590）釋文後“説明”云：“左側刻齒爲‘一石二斗半斗’。”與之相合。鄉參與糧倉管理，睡虎地秦簡《秦律十八種・倉律》簡21-22：“入禾倉，萬石一積而比黎之爲户。縣嗇夫若丞及倉、鄉相雜以印之，而遺倉嗇夫及離邑倉佐主稟者各一户以氣（餼），自封印，皆輒出，餘之索而更爲發户。”睡虎地秦簡《效律》簡27-29：“入禾，萬石一積而比黎之爲户，及籍之曰：‘其廥禾若干石，倉嗇夫某、佐某、史某、稟人某。’是縣入之，縣嗇夫若丞及倉、鄉相雜以封印之，而遺倉嗇夫及離邑倉佐主稟者各一户，以氣（餼）人。其出禾，有（又）書其出者，如入禾然。”可參考；另，本簡與簡8-1545“丙廥粟米二石。　令史扁視平。卅一年十月乙酉，倉守妃、佐富、稟人援出稟屯戍士五孱陵咸陰敝臣。　富手”所記，亦可證。離邑即屬邑，指鄉。《説文》：“鄉，國離邑。”增，啓陵鄉守嗇夫；𥁕，啓陵鄉之佐，或即睡虎地秦簡《秦律十八種・倉律》所言之“離邑倉佐主稟者”；小、徒、逐，人名。

徑廥粟米一石二斗半斗。　・卅一年十二月戊戌，倉妃、史感、稟人援出稟大隸妾援。

令史朝視平。（8-762　圖版・頁110）

按：據書後附録二“秦朔閏表”，秦始皇卅一年十二月甲申朔，十二月戊戌日爲十二月十五日。粟米一石二斗半斗，《里耶（壹）》

本簡釋文後“説明”云:“左側刻齒爲‘一石二斗半斗’。”與之相合。依稟食簡格式與文例，本簡左下角簡文疑脱“感手”二字。妃、感、(稟人)援、(大隸妾)援、朝，人名。

……□=…… 卅一年十二月□□，倉☐

□【視】平 ☐(8-379 圖版・頁61)

按:“卅”字前簡文模糊不識，字數不明，僅其中的合文符號“=”和合文符號之上一字殘存筆畫清晰可辨。《里耶(壹)》本簡釋文後“説明”云:“左側刻齒爲‘二’。”由殘存簡文“倉”及“視平”等，可知這是一枚稟食簡。

徑廥粟米一石九斗少半斗。卅一年正月甲寅朔丙辰，田官守敬、佐壬、稟人顯出稟貲貣士五巫中陵免將。

令史扁視平。 壬手。(8-764 圖版・頁111)

按:卅一年正月甲寅朔，正月丙辰日爲正月三日。粟米一石九斗少半斗，《里耶(壹)》本簡釋文後“説明”云:“左側刻齒爲‘一石九斗少半斗’。”與之相合。貣，借貸。《説文》:“貣，從人求物也。”睡虎地秦簡《法律答問》簡32:“府中公金錢私貣用之，與盜同法。”《漢書・蕭何曹參傳》:“今君胡不多買田地，賤貰貣以自污。”巫，縣名，屬南郡;中陵，里名。敬、壬、顯、免將、扁，人名。

徑廥粟米一石九斗五升六分升五。 卅一年正月甲寅朔丁巳，司空守增、佐得出以食舂、小城旦渭等卅七人，積卅七日，日四升六分升一。

令史□視平。 得手。（8-426+8-1632+8-212 圖版·頁64、214、49）

按：簡8-426與簡8-1632、8-212的綴合，見於《校釋（一）》。卅一年正月甲寅朔，正月丁巳日爲正月四日。粟米一石九斗五升六分升五，《里耶（壹）》本簡（8-426）釋文後“説明”：“左側刻齒爲‘一石九斗三升’。”增、得、渭，人名。

▨□年正月戊午，倉守武、史感、稟人援出稟使小隸臣壽。

▨ 令史犴視平。 感手。（8-1580 圖版·頁208）

按：武、感、援、壽、犴，人名。“倉守武”、“史感”與“令史犴”的人名組合，見於簡8-2249、8-800，時爲“卅一年二月”；“倉守武”、“史感”、“令史犴”與“稟人援”的人名組合，又見於簡8-763，時爲“卅一年三月”，由此可推定簡8-1580的年代應爲卅一年。據簡8-1241，卅一年正月甲寅朔，正月戊午日爲正月五日。

徑廥粟米一石八斗七升半升。 卅一年正月甲寅朔己巳，司空守增、佐得出以□▨

令史犴視平。 ▨（8-474+8-2075 圖版·頁70、253）

按：簡8-474與簡8-2075的綴合，見於《校釋（一）》。卅一年正月甲寅朔，正月己巳日爲正月十六日。一石八斗七升半升，《里耶（壹）》本簡（8-474）釋文後“説明”：“左側刻齒爲‘一石八斗七升半升’。”與之相合。增、得、犴，人名。

粟米一石六斗二升半升。卅一年正月甲寅朔壬午，啓陵鄉守尚、佐冣、稟人小出稟大隸妾□、京、窯、茝、并、□人☑

樂官、韓歐毋正月食，積卅九日，日三升泰半半升。　令史氣視平。

☑（8-925+8-2195　圖版·頁129、261）

按：簡8-925與簡8-2195的綴合，見於《校釋（一）》。卅一年正月甲寅朔，正月壬午日爲正月二十九日。粟米一石六斗二升半升，《里耶（壹）》本簡（8-925）釋文後“説明”云：“左側刻齒爲‘一石六斗二升半升’。”與之相合。尚、冣、小、京、窯、茝、并、樂官、韓歐毋、氣，人名。

粟米一石四斗半斗。卅一年正月甲寅朔壬午，啓陵鄉守尚、佐冣、稟人☑

令史氣視平。　☑（8-1241　圖版·頁158）

按：粟米一石四斗半斗，《里耶（壹）》本簡釋文後“説明”云：“左側刻齒爲‘一石’，齒痕所示數量與簡文不符。”尚、冣、氣，人名。

卅一年二月癸未朔丙戌，遷陵丞昌敢言之：遷☑

佐日備者，士五梓潼長親欣補，謁令☐（正）

二月丙戌水十一刻刻下八，守府快行尉曹。　☐（背）（8-71　圖版·頁24）

按：卅一年二月癸未朔，二月丙戌日爲二月四日。日備，睡虎地秦簡《秦律雜抄》簡35："冗募歸，辭曰日已備，致未來，不如辭，貲日四月居邊。"《秦律十八種·司空》簡138："其日未備而被入錢者，許之。"里耶秦簡8-1013："令史冣日備歸。"梓潼，縣名，《漢書·地理志》屬廣漢郡，治今四川省梓潼縣。長親，疑爲里名。補，睡虎地秦簡《秦律十八種·置吏律》簡157-158："縣、都官、十二郡免除吏及佐、群官屬，以十二月朔日免除，盡三月而止之。其有死亡及故有夬（缺）者，爲補之，毋須時。"昌、欣、快，人名。

徑廥粟米一石二斗半斗。　卅一年二月己丑，倉守武、史感、稟人堂出稟隸妾援。

令史犴視平。　感手。（8-2249　圖版·頁265）

按：據簡8-71"卅一年二月癸未朔"，二月己丑日爲二月七日。粟米一石二斗半斗，《里耶（壹）》本簡釋文後"説明"云："左側刻齒爲'一石二斗半斗'。"與之相合。武、感、堂、援、犴，人名。

徑廥粟米一石二斗半斗。　卅一年二月辛卯，倉守武、史感、稟人

堂出☐

令史犴視平。　☐（8-800　圖版·頁118）

按：據簡8-71“卅一年二月癸未朔”，二月辛卯日爲二月九日。粟米一石二斗半斗，《里耶（壹）》本簡釋文後“説明”云：“左側刻齒爲‘一石二斗半斗’。”與之相合。武、感、堂、犴，人名。

☐斗。　卅一年三月癸丑，倉守武、史感□☐

☐　□□☐（8-606　圖版·頁85）

按：據書後附録二“秦朔閏表”，秦始皇卅一年三月癸丑朔，三月癸丑日爲三月一日。《里耶（壹）》本簡釋文後“説明”云：“左側刻齒可見者爲‘二斗半斗’。”武、感，人名。

粟米一石二斗半斗。　·卅一年三月癸丑，倉守武、史感、稟人援出稟大隸妾并。

令史犴視平。　感手。（8-763　圖版·頁110）

按：粟米一石二斗半斗，《里耶（壹）》本簡釋文後“説明”云：“左側刻齒爲‘一石二斗半斗’。”與之相合。武、感、援、并、犴，人名。

☐年三月癸丑，倉守武、史感、稟人堂出稟使小隸臣就。

☐　令史犴視平。（8-1360+8-448　圖版·頁169、66）

按：簡8-1360與簡8-448的綴合，見於《校釋（一）》。使，役使。居延漢簡中未成年男女多標明“使”與“未使”，未使最高年齡是六歲，使最低年齡是七歲，如“子未使女足年六”、“子使男望年七”，七歲以上兒童可以受使做一定的工作。睡虎地秦簡《秦律十八種・倉律》簡48：“妾未使而衣食公，百姓有欲叚（假）者，叚（假）之，令就衣食焉，吏輒柀事之。”本簡“使小隸臣就”一語，表明“小隸臣就”已達到“使”的年齡，開始受使做一定的工作。

小隸臣，《秦律十八種・倉律》簡53：“小隸臣妾以八月傅爲大隸臣妾，以十月益食。”簡48-51：“隸臣妾其從事公，隸臣月禾二石，隸妾一石半；其不從事，勿稟。小城旦、隸臣作者，月禾一石半石；未能作者，月禾一石。小妾、舂作者，月禾一石二斗半斗；未能作者，月禾一石。嬰兒之毋（無）母者各半石；雖有母而與其母冗居公者，亦稟之，禾月半石。……隸臣、城旦高不盈六尺五寸，隸妾、舂高不盈六尺二寸，皆爲小；高五尺二寸，皆作之。”這裏可以看出，“小”的標準既有年齡，又有身高。

武、感、堂、就、犴，人名。“倉守武、史感、稟人堂”與“令史犴”的人名組合，又見於簡8-800、8-2249，時爲“卅一年二月”；本簡“☑年三月癸丑”，據簡8-606、8-763中的“卅一年三月癸丑”紀年以及“倉守武、史感”與“令史犴”的人名組合，“年”前殘缺之字可以確定應爲“卅一”，卅一年三月癸丑朔，三月癸丑日爲三月一日。

粟米二石。　令☐

卅一年三月癸丑，貳春鄉守氏夫□☐（8-816　圖版・頁119）

按：粟米二石，《里耶（壹）》本簡釋文後“説明”云：“左側刻齒爲‘二石’。”與之相合。氏夫，人名。

粟米一石五斗。　☐

卅一年三月癸丑，貳春鄉守氏夫☐（8-1595　圖版・頁211）

按：粟米一石五斗，《里耶（壹）》本簡釋文後“説明”云：“左側刻齒爲‘一石五斗’。”與之相合。

☐三月癸丑朔壬戌，司空□☐

城旦司寇一人。　☐

鬼薪十九人。　☐（8-2156　圖版・頁258）

按：三月癸丑朔，據書後附録二“秦朔閏表”，秦紀年中三月朔日爲癸丑日的年份，僅有秦始皇卅一年三月；卅一年三月癸丑朔，三月壬戌日爲三月十日。城旦司寇，睡虎地秦簡《秦律十八種・司空》簡145-146：“毋令居貲贖責（債）將城旦舂。城旦司寇不足以將，令隸臣妾將。居貲贖責（債）當與城旦舂作者，及城旦傅堅、城旦舂當將司者，廿人，城旦司寇一人將。司寇不踐，免城旦勞三歲以上者，以爲城旦司寇。”簡141-142：“隸臣妾、城旦舂之司寇、居貲贖責（債）毄（繫）城旦舂者，勿責衣食；其與城旦舂作者，衣食之如城旦舂。隸臣有妻，妻更及有外妻者，責衣。人奴妾毄（繫）城旦舂，貣（貸）衣食公，日未備而死者，出其衣食。”整理小組注釋：“司寇，刑徒名，《漢舊儀》：‘司寇，男備守，女爲作如司寇，皆作二歲。’城旦舂之司寇，據簡文應爲城旦舂減刑爲司寇者，簡中有時分稱城旦司寇、舂司寇。”

粟米一石二斗半斗。　卅一年三月丙寅，倉武、佐敬、稟人援出稟大隸妾究。

令史尚監。（8-760　圖版·頁110）

按：卅一年三月癸丑朔，三月丙寅日爲三月十四日。粟米一石二斗半斗，《里耶（壹）》本簡釋文後“説明”云：“左側刻齒爲‘一石二斗半斗’。”與之相合。監，睡虎地秦簡《法律答問》簡151：“空倉中有薦，薦下有稼一石以上，廷行事貲一甲，令史監者一盾。”武、敬、援、究、尚，人名。

卅一年三月癸酉，貳春鄉守氐夫、佐壬出粟米八升食舂央芻等二☐

令史扁視平。　☐（8-1576　圖版·頁208）

按：卅一年三月癸丑朔，三月癸酉日爲三月二十一日。粟米八升，《里耶（壹）》本簡釋文後“説明”云：“左側刻齒爲‘八升’。”與之相合。氐夫、壬、央芻、扁，人名。

☐三月癸丑朔□☐

☐□□□□□☐（正）

☒□□□☒

☒□□□□☒（背）（8-725　圖版・頁104）

卅一年司空十二月以

來居貲、贖、責薄，

盡三月城旦舂。

廷。（8-284　圖版・頁55）

按：本簡爲一文書楬，下端平直，上端圓弧塗黑，鑽有二孔。簡文前三行字體大小一致，第四行“廷”字字體較大，其下有一自上而下、粗細與“廷”字筆劃相同的弧形墨道。卅一年，秦始皇三十一年；十二月、三月，分別爲秦始皇三十一年十二月、三月。居貲贖責薄（簿），睡虎地秦簡《秦律十八種・司空》簡133：“有罪以貲贖及有責（債）於公，以其令日問之，其弗能入及賞（償），以令日居之，日居八錢；公食者，日居六錢。居官府公食者，男子參，女子駟（四）。”或即指此而言。

士五巫倉溲産尸貲錢萬二千五百五十二。

卅一年四月甲申，洞庭縣官受巫司空渠良。（8-793+8-1547　圖版・頁117、200）

按：簡8-793與簡8-1547的綴合，見於《校釋（一）》。兩簡綴合處可復原“貲”字。巫，縣名；倉溲，疑爲里名；産尸、渠良，人名。卅一年四月甲申，據簡8-736、8-1759“卅一年四月癸未朔”，四月甲申日爲四月二日。

士五巫南就曰路娶貲錢二千六百☑

卅一年四月丙戌，洞庭縣官受巫☑（8-1083　圖版·頁144）

按：據簡8-736、8-1759“卅一年四月癸未朔”，四月丙戌日爲四月四日。士五巫南就曰路，簡8-1014又作“居貲士五巫南就路”，疑爲同一人，路，人名。娶，疑通“取”。

粟米一石二斗六分升四。　令史逐視平。

卅一年四月戊子，貳春鄉守氐夫、佐吾、稟人藍稟隸妾廉。（8-1557　圖版·頁203）

按：據簡8-736、8-1759“卅一年四月癸未朔”，四月戊子日爲四月六日。粟米一石二斗六分升四，《里耶（壹）》本簡釋文後“説明”云：“左側刻齒爲‘一石二斗六分升’。”逐、氐夫、吾、藍、廉，人名。

粟米八升少半升。　令史逐視平。　☑

卅一年四月辛卯，貳春鄉守氐夫、佐吾出食舂、白粲□等。☑（8-1335　圖版·頁166）

按：據簡8-736、8-1759“卅一年四月癸未朔”，四月辛卯日爲四月九日。粟米八升少半升，《里耶（壹）》本簡釋文後“説明”云：“左側刻齒爲‘八’。”

卅一年四月癸未朔甲午，倉是□▨

大隸臣廿六人。　▨

其四人吏養：唯、冰、州、□▨（正）

甲午旦，隸妾□▨（背）（8-736　圖版·頁105）

按：卅一年四月癸未朔，四月甲午日爲四月十二日。養，炊厨。吏養，張家山漢簡《奏讞書》簡56-57："采鐵長山私使城旦田、舂女爲𩞄（饘），令内作，解書廷，佐惝等詐簿爲徒養。"是、唯、冰、州，人名。

卅一年四月癸未朔乙未，啓陵▨

受倉大隸妾三人。　▨（8-1759　圖版·頁224）

按：卅一年四月癸未朔，四月乙未日爲四月十三日。

卅一年四月癸未朔癸卯，啓陵鄉守逐作徒薄。

受倉大隸妾三人。（第一欄）

受司空仗城旦一人。

凡四人。（第二欄）

其一人□▨

一人　行▨（第三欄）（8-1278+8-1757　圖版·頁162、223）

按：卅一年四月癸未朔，四月癸卯日爲四月二十一日。逐，人名。

〼一年四月癸未朔己□，〼

〼城旦司寇一人，〼

〼薪廿人，〼

〼□□四人，〼（8-2151　圖版・頁257）

按：四月癸未朔，據書後附録二“秦朔閏表”，秦代紀年中僅有秦始皇卅一年四月朔日與之相合；又簡8-736、8-1759“卅一年四月癸未朔”，亦可爲證。準此，本簡文中的“〼一年”，當爲“卅一年”。卅一年四月癸未朔，“己□”日可能是“己亥”（四月七日）、“己酉”（四月十七日）、“己未”（四月二十七日）的其中之一。

二人付□□□。

一人付田官。

一人付司空：牧。

一人作務：臣。

一人求白翰羽：章。

一人廷守府：快。（第一欄）

其廿六付田官。〼

一人守園：壴孫。〼

二人司寇守：囚、嫭。〼

二人付庫：恬、擾。〼

二人市工用：饘、亥。☑

二人付尉□□。 ☑（第二欄）（正）

五月甲寅倉是敢言之：寫上。敢言之。☑（背）（8-663 圖版・頁93）

按：牧、臣、章、快、壴孫、囚、嫭、恬、擾、饘、亥、是，人名。其中，倉是，又見於簡8-45、8-211、8-217、8-736、8-1153、8-1336、8-1540、8-561、8-1345+8-2245、8-1794等紀年明確簡牘，時爲“卅一年四月”（簡8-736）至“卅一年九月”（簡8-211），以及“卅三年二月”（8-561）至“卅三年九月”（簡8-1660+8-1827）。據書後附録二“秦朔閏表”，卅一年五月壬子朔，五月甲寅日爲五月三日；卅二年五月丙子朔，無甲寅日；卅三年五月庚午朔，亦無甲寅日，故本簡中的“五月甲寅”應爲“卅一年五月甲寅”。

稻一石一斗八升。 卅一年五月乙卯，倉是、史感、稟人援出稟遷陵丞昌。・四月、五月食。

令史尚視平。 感手。（8-1345+8-2245 圖版・頁167、265）

按：簡8-1345與簡8-2245的綴合，見於《校釋（一）》。稻一石一斗八升，《里耶（壹）》本簡（8-1345）釋文後“説明”云：“左側刻齒爲‘一石 斗四升’，以下殘斷。”睡虎地秦簡《秦律十八種・倉律》簡35：“稻後禾孰（熟），計稻後年。已獲上數，別粲、穤（糯）秙（黏）稻。別粲、穤（糯）之襄（釀），歲異積之，勿增積，以給客，到十月牒書數，上内史。”簡46：“月食者已致稟而公使有傳食，及告歸盡月不來者，止其後朔食，而以其來日致其食；有秩吏不止。”本簡中的“遷陵丞昌”，昌，人名；遷陵丞，職官名；《漢書・百官公卿表》：“縣令、長，皆秦官，掌治其縣。……皆有丞、尉，秩四百石至二百石，是爲長吏。百石以下有斗食、佐史之秩，是爲少吏。”故知昌不應屬於“止其後朔食”人員之列。據簡8-2134+8-2102+8-2099、8-196+8-1521“卅一年五月壬子朔”，五月乙卯日爲五月四日。

卅一年五月壬子朔丁巳，都鄉☑

受司空城旦一人、倉隸妾二人。　☑（正）

☑□　☑

五月丁巳旦，佐初以來。／欣發。　☑（背）（8-196+8-1521　圖版・頁46、194）

按：簡8-196與簡8-1521的綴合，見於《校釋（一）》。兩簡綴合爲其上端，簡8-1521下端殘斷處有火燒痕迹。卅一年五月壬子朔，五月丁巳日爲五月六日。發，《廣雅・釋詁三》：“開也。”睡虎地秦簡《法律答問》簡53：“有投書，勿發，見輒燔之。”整理小組注：“發，把書信拆開觀看。”初、欣，人名。

☑水守丞徐爲敢言之，寫上，謁☑

☑五月壬子朔戊午，洞庭叚守☑

☑以律令從事，□☑（8-2115　圖版・頁256）

按：五月壬子朔，據書後附録二“秦朔閏表”，秦紀年中僅有秦始皇卅一年五月朔日與之相合；又簡8-2134+8-2102+8-2099、8-196+8-1521“卅一年五月壬子朔”，亦可爲證。卅一年五月壬子朔，五月戊午日爲五月七日。叚，通“假”，《史記・秦始皇本紀》有“南陽假守騰”，《史記・項羽本紀》有“會稽假守殷通”，簡文中的“洞庭叚（假）守☐”當與二者含義相類。徐爲，人名。

稻四。　卅一年五月壬子朔壬戌，倉是、史感、稟人出稟牢監襄、倉佐□。四月三日。

令史尚視平。　感手。（8-45+8-270　圖版・頁18、54）

按：簡8-45與簡8-270的綴合，見於蔣偉男《里耶秦簡文字編》附録“里耶秦簡釋文”。“稟人”與“出稟”之間，簡文脱一字，依文例，當爲人名；同類情況亦見於簡8-81“☐佐富、稟人出稟屯戍☐”。卅一年五月壬子朔，五月壬戌日爲五月十一日。稻四，《里耶（壹）》本簡釋文後“説明”云：“左側刻齒爲‘四’。”與簡文相合。

卅一年五月壬子朔壬戌，都鄉守是徒薄。☐

受司空城旦一人、倉隸妾二人。　☐

一人捕獻。　☐

二人病。　☐（正）

五月壬戌，都鄉守是□□□☐

五月壬戌旦，佐初以來。/氣發。☑（背）（8-2011　圖版·頁245）

按：本簡下端殘缺處有火燒痕迹。卅一年五月壬子朔，五月壬戌日爲五月十一日。是、初、氣，人名。

卅一年五月壬子朔乙丑，司□……☑

其一人以卅一年二月丙午有□……☑

二人行書成陽：□、徸　☑

□人□□□綽　☑

☑養：敬、言、應　☑

☑□　☑（8-2134+8-2102+8-2099　圖版·頁257、255、254）

按：簡8-2134與簡8-2102、8-2099綴合，字形相近，茬口吻合，三簡綴合可復原"朔"、"丙"二字。卅一年二月丙午，據簡8-71"卅一年二月癸未朔"，二月丙午日爲二月二十四日；卅一年五月壬子朔，五月乙丑日爲五月十四日。僮、敬、言、應，人名。

粟米五斗。　卅一年五月癸酉，倉是、史感、稟人堂出稟隸妾嬰兒揄。

令史尚視平。　感手。（8-1540　圖版·頁199）

按：據簡8-2134+8-2102+8-2099、8-196+8-1521"卅一年五月壬子朔"，五月癸酉日爲五月二十二日。粟米五斗，《里耶（壹）》本簡釋文後"説明"云："左側刻齒爲'五斗'。"與之相合。發放糧食給隸妾嬰兒，見於睡虎地秦簡《倉律》，《秦律十八種·倉律》簡

48-51："隸臣妾其從事公，隸臣月禾二石，隸妾一石半；其不從事，勿稟。小城旦、隸臣作者，月禾一石半石；未能作者，月禾一石。小妾、舂作者，月禾一石二斗半斗；未能作者，月禾一石。嬰兒之毋（無）母者各半石；雖有母而與其母冗居公者，亦稟之，禾月半石。"十斗爲一石，五斗即半石，與秦律規定相合。是、感、堂、揄、尚，人名。

卅一年五月壬子朔辛巳，將捕爰，叚倉茲敢言之：上五月作徒薄及冣卅牒。敢言之。（正）

五月辛巳旦，佐居以來。氣發。　居手。（背）（8-1559　圖版・頁204）

按：卅一年五月壬子朔，五月辛巳日爲五月三十日。將捕爰，疑爲簡8-207"將徒捕爰"之省；爰，讀爲"猨"，《漢書・李廣傳》"爲人長，爰臂"師古注引如淳曰："臂如猨臂通肩也。"《史記・李將軍列傳》作"猨臂。"《後漢書・班固傳》"猨狖失木"李賢注引郭璞注《山海經》曰："猨似猴而大，臂長，便捷，色黑。"叚倉茲，茲，人名；叚倉，疑爲"假倉嗇夫"之省。上五月作徒薄（簿）及冣卅牒，五月壬子朔，五月大，五月辛巳日爲五月三十日，在五月的最後 天，倉向縣廷呈送該月"作徒簿及冣"，一日一牒，共三十牒；冣，據《嶽麓書院藏秦簡（肆）》簡350"上計冣（最）、志、郡〈群〉課、徒隸員簿，會十月望"，亦乃爲文書之一種，稱之爲"冣"，指簿書的綱要、總目。居、氣，人名。

卅一年五月壬子朔丙☐（8-2043　圖版・頁251）

按：卅一年五月壬子朔，“丙”後殘缺地支有可能爲“辰”“寅”“子”中的一個，五月丙辰日爲五月五日、五月丙寅日爲五月十五日、五月丙子日爲五月二十五日。

☐　卅一年六月壬午朔丁亥，田官守敬、佐郤、稟人娙出貣罰戍簪褭壞德中里悍。

☐　令史逐視平。　郤手。（8-1102+8-781　圖版・頁145、116）

按：簡8-1102與簡8-781的綴合，見於《校釋（一）》，兩簡綴合爲其下端，簡8-1102上端殘缺，據綴合後的簡文内容及簡8-1102釋文後的“左側刻齒爲‘三’”説明，殘缺簡文爲出貣糧食的品種與數量。罰戍，又見於簡8-761、8-2246。壞德，即“褱德”，縣名，《漢書・地理志》屬左馮翊，治今陝西大荔縣東南。中里，里名。敬、郤、娙、悍、逐，人名。卅一年六月壬午朔，六月丁亥日爲六月六日。

☐千二百七十六。／卅一年六月己丑☐（8-358　圖版・頁60）

按：據簡8-1102+8-781“卅一年六月壬午朔”，六月己丑日爲六月八日。

徑廥粟米四石。　卅一年七月辛亥朔朔日，田官守敬、佐壬、稟人婭出稟罰戍公卒襄城武宜都胠、長利士五甗。

令史逐視平。　壬手。（8-2246　圖版·頁265）

按：卅一年七月辛亥朔，七月朔日爲七月一日。粟米四石，《里耶（壹）》本簡釋文後"説明"云："左側刻齒爲'四石'。"與之相合。襄城，縣名，《漢書·地理志》屬潁川郡，治今河南襄城縣；武宜都，里名。長利，或爲里名，屬襄城縣；或爲縣名，《漢書·地理志》屬漢中郡，治今湖北鄖縣西南。簡文"胠"與"長"字之間有句讀鈎示符號，受稟者爲"公卒襄城武宜都胠"、"長利士五甗"二人。敬、壬、婭、胠、甗、逐，人名。

☐朔朔日，田官守敬、佐壬、稟人婭出稟居貲士五江陵東就娄☐

☐史逐視平。　☐（8-1328　圖版·頁165）

按：敬、壬、婭、娄、逐，人名。士五娄，僅見於此簡。田官守敬、佐壬、稟人婭與令史逐的人名組合，又見於8-2246，時爲"卅一年七月"。本簡"☐朔朔日"，殘缺簡文應爲"卅一年七月辛亥"，七月朔日爲七月一日。

卅一年六月壬午朔庚戌，庫武敢言之：廷書曰令史操律令詣廷讎，署書到、吏起時，有追。·今以庚戌遣佐處讎。敢言之。（正）

七月壬子日中，佐處以來。/端發。　處手。（背）（8-173　圖版·頁43）

按：卅一年六月壬午朔，六月庚戌日爲六月二十九日。簡

8-2246“卅一年七月辛亥朔”，七月壬子日爲七月二日。讎，校對、核對，睡虎地秦簡《秦律十八種・尉雜》簡199：“歲讎辟律於御史。”此處記載了縣廷要求包括“庫”等官府派“史”到縣廷核校律令的事實，睡虎地秦簡《秦律十八種・内史雜》簡186：“縣各告都官在其縣者，寫其官之用律。”都官各有所遵行的法律，設在各縣的都官要去抄寫，説明縣廷存放國家法律。“署書到、吏起時，有追”，指“廷書”中同時的其他相關内容與要求，睡虎地秦簡《秦律十八種・行書》簡184-185：“行傳書、受書，必書其起及到日月夙莫（暮），以輒相報殹（也）。書廷辟有曰報，宜到不來者，追之。”本簡文中的“今以庚戌遣佐處讎”，即“廷書”要求的“吏起時”。武、處、端，人名。

稻七石五斗。　卅一年七月辛亥朔壬子，倉是、史☑

令史尚視平。　☑（8-1336　圖版・頁166）

按：卅一年七月辛亥朔，七月壬子日爲七月二日。稻七石五斗，《里耶（壹）》本簡釋文後“説明”云：“左側刻齒爲‘七石’。”

卅一年七月辛亥朔甲子，司空守謡敢言之：今以初爲縣卒廝死及傳槥書案致，毋應此人名者。上真書。書癸亥到，甲子起，留一日。案致問治而留。敢言之。　乚（正）

章手（背）（8-648　圖版・頁89）

按：卅一年七月辛亥朔，七月甲子日爲七月十四日，癸亥日爲七月十三日。廝，簡文作“㾭”，通廝，廝亦作厮，《漢書·司馬相如傳下》“廝徵伯僑而役羨門兮”顔師古注：“廝，役也。”文獻中又有“廝役”、“廝輿”、“廝養”等稱，指古代幹粗活的男性奴隸或僕役。槥，《漢書·高帝紀下》：“十一月，令士卒從軍死者爲槥，歸其縣，縣給衣衾棺葬具，祠以少牢，長吏視葬。”顔師古注引應劭曰：“小棺也，今謂之櫝。”注引臣瓚曰：“初以槥致其尸於家，縣官更給棺衣更斂之也。《金布令》曰‘不幸死，死所爲櫝，傳歸所居縣，賜以衣棺’也。”張家山漢簡《二年律令·津關令》簡500-501：“相國、御史請關外人宦爲吏若繇（徭）使，有事關中，不幸死，縣道各（？）屬所官謹視收斂，毋禁物，以令若丞印封櫝槥，以印章告關，關完封出，勿索（索）。”案致，審查而確立。《漢書·魏相傳》：“御史大夫桑弘羊客詐稱御史止傳，丞不以時謁，客怒縛丞。相疑其有姦，收捕，案致其罪，論棄客市。”《後漢書·蓋勳傳》：“時武威太守倚恃權埶，恣行貪横，從事武都蘇正和案致其罪。”張家山漢簡《二年律令·置吏律》簡219-220：“縣道官有請而當爲律令者，各請屬所二千石官，二千石官上相國、御史，相國、御史案致，當請，請之，毋得徑請。”諯、初、章，人名。

稻一石二斗半斗。　卅一年七月乙丑，倉是、史感、稟☑（8-1794 圖版·頁227）

按：據簡8-2246、8-648"卅一年七月辛亥朔"，七月乙丑日爲七月十五日。稻一石二斗半斗，《里耶（壹）》本簡釋文後"説明"云："左側刻齒爲'一石二斗半斗'。"與之相合。

卅一年七月辛亥朔丙寅，司空☑

其一人爲田鼂養：成☑

二人行書成陽：慶、適☑

□【人有逮】：富☑（8-2111+2136　圖版・頁255、257）

按：簡8-2111與簡8-2136的綴合，見於蔣偉男《里耶秦簡文字編》附録"里耶秦簡釋文"。卅一年七月辛亥朔，七月丙寅日爲七月十六日。成陽，據簡8-1876"行書遷陵"文例，或爲縣名。《漢書・地理志》有成陽縣，一爲汝南郡屬縣，治今河南信陽市北；一爲濟陰郡屬縣，治今山東鄄城縣東南。鼂、成、慶、適、富，人名。根據其文書内容及格式，本簡爲一殘作徒簿。

徑廥粟米一石八斗泰半。　卅一年七月辛亥朔癸酉，田官守敬、佐壬、稟人□出稟屯戍簪裹襄完里黑、士五朐忍松塗增六月食，各九斗少半。　令史逐視平。　敦長簪裹襄壞德中里悍出。　壬手。（8-1787+8-1574　圖版・頁226、208）

按：簡8-1787與簡8-1574綴合，見於《校釋（一）》。卅一年七月辛亥朔，七月癸酉日爲七月二十三日。粟米一石八斗泰半，簡8-1787釋文後"説明"云："左側刻齒爲'一石八斗泰半'。"與之相合。襄，縣名，《漢書·地理志》屬江夏郡；完里，里名。朐忍，縣名，《漢書·地理志》屬巴郡；松塗，里名。“敦長簪裹襄壞德中里悍”，與簡8-1102+8-781“罰戍簪裹壞（褱）德中里悍”應爲一人，“壞（褱）德”前一字“襄”疑爲衍文。敬、壬、黑、增、逐、悍，人名。

稻三石泰半斗。　卅一年七月辛亥朔己卯，啓陵鄉守帶、佐冣、稟人小出稟佐蒲、就七月各廿三日食。

令史氣視平。　冣。（8-1550　圖版·頁201）

按：卅一年七月辛亥朔，七月己卯日爲七月二十九日；據書後附録二“秦朔閏表”，卅一年八月辛巳朔，則七月大，二十日。稻三石泰半斗，《里耶（壹）》本簡釋文後“説明”云：“左側刻齒爲‘三石泰半斗’。”與之相合。本簡的“出稟佐蒲、就七月各廿三日食”，睡虎地秦簡《秦律十八種·倉律》簡44：“宦者、都官吏、都官人有事上爲將，令縣貣（貸）之，輒移其稟縣，稟縣以減其稟。已稟者，移居縣責之。”簡46：“月食者已致稟而公使有傳食，及告歸盡月不來者，止其後朔食，而以其來日致其食；有秩吏不止。”可參考。帶、冣、小、蒲、就、氣，人名。

稻一石九斗少半斗。　卅一年八月辛巳，倉☑（8-275　圖版·頁54）

按：據書後附録二“秦朔閏表”，卅一年八月辛巳朔，八月辛巳日爲八月一日。稻一石九斗少半斗，《里耶（壹）》本簡釋文後“説明”云：“左側刻齒爲‘一石九斗少半斗’。”與之相合。

☐八月丙戌，倉是、史感、傈人堂出稟令史旌☐

☐令史悍視平。　☐（8-1031　圖版・頁139）

按：傈，即稟。是、感、堂、旌、悍，人名。其中，倉是、史感、稟人堂的人名組合，又見於8-1540、8-1153+8-1342、8-217、8-211，時爲卅一年五月至九月；倉是、史感、稟人堂與令史悍的人名組合，又見於8-217，時爲卅一年八月。據書後附録二“秦朔閏表”，卅一年八月辛巳朔，八月丙戌日爲八月六日。

☐　卅一年八月辛丑，倉是、史感、稟【人】堂出稟未小隸臣□。

令史□視平。感手。（8-1153+8-1342　圖版・頁149、167）

按：簡8-1153與簡8-1342的綴合，見於《校釋（一）》。倉是、史感、稟【人】堂，又見於簡8-1540“卅一年五月癸酉，倉是、史感、稟人堂出稟隸妾嬰兒揄”，可以確定本簡簡文“稟”與“堂”當脱一“人”字，今補。“未”與“小隸臣”之間，簡文疑脱一“使”字，里耶秦簡8-1360+8-448“倉守武、史感、稟人堂出稟使小隸臣就”，睡虎地秦簡《秦律十八種・倉律》簡48：“妾未使而衣食公，百姓有欲叚（假）者，叚（假）之，令就衣食焉，吏輒被事之。”居延漢簡中未成年男女多標明“使”與“未使”，如“子未使女足年六”、“子使男望年七”，七歲以上兒童可以受使做一定的工作；未使，其年齡不滿七歲。未使小隸臣，官府同樣需要發放口糧，《秦律十八種·倉律》簡48-51："隸臣妾其從事公，隸臣月禾二石，隸妾一石半；其不從事，勿稟。小城旦、隸臣作者，月禾一石半石；未能作者，月禾一石。小妾、舂作者，月禾一石二斗半斗；未能作者，月禾一石。嬰兒之毋（無）母者各半石；雖有母而與其母冗居公者，亦稟之，禾月半石。"卅一年八月辛丑，據書後附録二"秦朔閏表"，卅一年八月辛巳朔，八月辛丑日爲八月二十一日。

稻四斗八升少半半升。　卅一年八月壬寅，倉是、史感、稟人堂出稟隸臣嬰自〈兒〉槐庫。

令史悍平。　六月食。　感手。（8-217　圖版·頁49）

按：據書後附録二"秦朔閏表"，卅一年八月辛巳朔，八月壬寅日爲八月二十二日。稻四斗八升少半半升，《里耶（壹）》本簡釋文後"説明"云："左側刻齒爲'四斗八升少半升'。""嬰"下一字，《里耶（壹）》釋文作"自"，檢核圖版，字形與8-521"妾嬰兒"、8-1540"隸妾嬰兒"上部相同，應爲"兒"之形近而誤。《秦律十八種·倉律》簡50-51："嬰兒之毋（無）母者各半石；雖有母而與其母冗居公者，亦稟之，禾月半石。"本簡"隸臣嬰兒"，應爲"嬰兒之毋（無）母者"，"四斗八升少半半升"與半石相近。平，或"視平"之省。槐庫、悍，人名。

稻五斗。　卅一年九月辛亥，倉☑

令史尚☑（8-7　圖版·頁15）

按：據書後附録二“秦朔閏表”，卅一年九月庚戌朔，九月辛亥日爲九月二日。稻五斗，《里耶（壹）》本簡釋文後“説明”云：“左側刻齒爲‘五斗五’。”

稻五斗。　卅一年九月庚申，倉是、史感、稟【人】堂出稟隸臣☑

令史尚視平。　☑（8-211　圖版·頁48）

按：據書後附録二“秦朔閏表”，卅一年九月庚戌朔，九月庚申日爲九月十一日。稻五斗，《里耶（壹）》本簡釋文後“説明”云：“左側刻齒爲‘五斗’。”與之相合。倉是、史感、稟【人】堂，又見於簡8-1540“卅一年五月癸酉，倉是、史感、稟人堂出稟隸妾嬰兒揄”、8-217“卅一年八月壬寅，倉是、史感、稟人堂出稟隸臣嬰自〈兒〉槐庫”，故“堂”與“稟”字之間，簡文當脱一“人”字，今補。

☑……朔甲午，尉守傰敢言之：遷陵丞昌曰：屯戍士五桑唐趙歸

☑……□日已，以迺十一月戊寅遣之署。遷陵曰：趙不到，具爲報。·問：審以卅

☑……【署】不智趙不到故，謁告遷陵以從事。敢言之。／六月甲午，

臨沮丞秃敢告遷陵丞主、令史，可以律令從事。敢告主。／胥手。

九月庚戌朔丁卯，遷陵丞昌告尉主，以律令從事。/氣手。/九月戊辰旦，守

府快行。（正）

☑　偣手。（背）（8-140　圖版・頁32）

按：本簡右上部殘斷，簡文缺損字數不能確定。九月庚戌朔，據書後附録二“秦朔閏表”，秦代紀年中衹有卅一年與之相合。卅一年九月庚戌朔，九月丁卯日爲九月十八日，九月戊辰日爲九月十九日；根據里耶秦簡文書格式，本簡中的“六月甲午”，亦應屬秦始皇卅一年，卅一年六月壬午朔，六月甲午日爲六月十三日。至於本簡中的“十一月戊寅”，由其前的“迺”字，可以確定其所陳述的時間屬於追敘追記，至少早於本簡中的卅一年“六月甲午”、“九月丁卯”與“九月戊辰”，或爲卅一年十一月戊寅（十一月乙卯朔，十一月戊寅日爲十一月二十四日），或爲卅一以前的某年“十一月戊寅”（如秦始皇卅年十一月庚申朔，十一月戊寅日爲十一月十九日）。〔亻朋〕、昌、趞、禿、胥、氣、偣，人名。

卅一年後九月庚辰朔辛巳，遷陵丞昌謂倉嗇夫：令史言以辛巳視事，以律令假養，襲令史朝走啓。定其符。它如律令。（正）

後九月辛巳旦，守府快行。　言手。（背）（8-1560　圖版・頁204）

按：卅一年後九月庚辰朔，後九月辛巳日爲後九月二日。後九月，秦以十月爲歲首，九月爲歲末，置閏月爲後九月。假，《漢書・循吏傳・龔遂》“遂乃開倉廩假貧民”顔師古注曰：“假謂給

與。”襲，里耶秦簡8-1490、8-1518：“今令畸襲彼死處，與敞共走。”定其符，確定符券。昌、言、朝、啓、快，人名。

卅一年後九月庚辰朔甲……卻之：諸徒隸當爲

吏僕養者皆屬倉……倉及卒長髟所

署倉，非弗智殹，蓋……可故不騰書？近所官

亘曰上真書。狀何□……□□□□□□□□（正）

後九月甲申旦食時……尚手。（背）（8-190+8-130+8-193　圖版·頁45、29、45）

按：簡8-190與簡8-130、8-193綴合，見於《里耶（壹）》“簡牘綴合表”。卅一年，秦始皇三十一年。卅一年後九月庚辰朔，後九月甲申日爲後九月五日。卻之，《孟子·萬章下》：“卻之卻之爲不恭。”朱熹集注：“不受而還之也。”。髟、蓋、尚，人名。

卅一年後九月庚辰朔壬寅，少內守敞作徒薄：受司空鬼薪□

其五人求羽：吉、□、哀、瘳、嬗。一人作務：宛。　□

後九月庚辰朔壬寅，少內守敞敢言之：上。敢言之。／□（正）

後九月壬寅旦，佐□以來。／尚發。　□（背）（8-2034　圖版·頁250）

按：本簡下端殘斷處有火燒痕迹。卅一年後九月庚辰朔，後九月壬寅日爲後九月二十三日。作務，徒隸勞作之一種，睡虎地秦簡《秦律十八種·司空》簡136：“居貲贖責（債）欲代者，耆弱相當，

許之。作務及賈而負責（債）者，不得代。”《秦律十八種·關市》簡97：“爲作務及官府市，受錢必輒入其錢缿中，令市者見其入，不從令者貲一甲。”整理小組注：“作務，《墨子·非儒下》：‘惰於作務。’《漢書·尹賞傳》：‘無市籍商販作務。’王先謙《補注》引周壽昌云：‘作務，作業工技之流。’即從事於手工業。”敞、吉、哀、瘳、嬗、宛、尚，人名。

稻一石九斗六升少半半升。　卅一年後九月辛☑

【令】☑（8-1905　圖版·頁236）

按：據簡8-190+8-130+8-193、8-2034“卅一年後九月庚辰朔”，簡文天干“辛”後的地支應爲“巳”、“卯”、“丑”中的一個，後九月辛巳日爲後九月二日，後九月辛卯日爲後九月十二日，後九月辛丑日爲後九月二十二日。稻一石九斗六升少半半升，《里耶（壹）》本簡釋文後“説明”云：“左側刻齒爲‘九斗六升少半升’。”令，《里耶（壹）》《校釋（一）》未釋，檢核圖版，簡文殘存有筆畫痕迹，據文例應爲“令”字，今補。

☑　卅年士五佐卻居☑

☑　卅一年令史☑（8-930　圖版·頁129）

按：卅年，秦始皇三十一年；卅一年，秦始皇三十一年。卻，人名。

徑廥粟米一石二斗半斗。/卅一年□□月乙酉☐

令☐（8-1257　圖版・頁160）

按：卅一年，秦始皇三十一年。粟米一石二斗半斗，《里耶（壹）》本簡釋文後“説明”云：“左側刻齒爲‘一石二斗半斗’。”與之相合。

☐　卅一年□□□☐（8-2132　圖版・頁256）

☐卅一年☐（8-2177　圖版・頁259）

附七

☐□守妃、佐富、稟人援☐（8-915　圖版・頁128）

按：這是一枚殘稟食簡。妃、富、援，人名。本簡“倉守妃”、“佐富”、“稟人援”三者的人名組合，又見於簡8-56、8-1545，時爲“卅一年十月”，故附於此。

☐佐富、稟人出稟屯戍☐（8-81　圖版・頁25）

按：這是一枚殘稟食簡。“稟人”與“出稟”之間，簡文脱一字，依文例，當爲人名。富，人名。本簡“佐富”，又見於簡8-56、8-915、8-1545、8-1739，其中簡8-56、8-1545、8-1739有明確紀年，時爲“卅一年十月””，身份爲倉之“佐”，與本簡中的“富”應爲同一人，故附於此。

☐　令史扁視平。

☐江西就旁。　富手。（8-262　圖版・頁53）

按：這是一枚殘稟食簡。扁、旁、富，人名。本簡“令史扁”與“富手”構成的人名組合，又見於簡8-1545：“丙廥粟米二石。　令史扁視平。卅一年十月乙酉，倉守妃、佐富、稟人援出稟屯戍士五孱陵咸陰敝臣。　富手。”時爲“卅一年十月”，故附於此。

☐　令史扁視平。

☐走妃留。　富手。（8-1266　圖版・頁161）

☐□視平。

☐　富手。（8-1300　圖版・頁163）

按：這是一枚殘稟食簡。富，人名。本簡“富手”，又見於8-262、8-1266、8-1300、8-1621、8-1545，其中簡8-1545中的“富手”有明確紀年，時爲“卅一年十月”，身份爲倉之“佐”，與本簡中的“富”應爲同一人，故附於此。

☐【等】四人，積各廿九日，日半斗。

☐　富手。（8-1621　圖版・頁213）

☐史感、稟人援出稟大隸妾庇。

☐尚視平。　感手。（8-1177　圖版·頁151）

按：本簡上端殘斷處有火燒痕迹，爲一枚殘稟食簡。感、援、庇、尚，人名。本簡中“史感”、“稟人援”兩者的人名組合，又見於簡8-762、8-763、8-766、8-1580，均時爲卅一年；而“史感”、“稟人援”與“（令史）尚”三者的人名組合，則又見於簡8-1345+8-2245：“稻一石一斗八升。　卅一年五月乙卯，倉是、史感、稟人援出稟遷陵丞昌。·四月、五月食。　令史尚視平。　感手。”時爲“卅一年五月”。據之本簡年代亦應爲卅一年，故附於此。

☐□感、稟人援出稟隸妾忍、要、欬娍、粈譊、小女、窗、歐。

☐　令史尚視平。　感手。（8-1584　圖版·頁209）

按：由簡8-762、8-763、8-766、8-1580等可知，稟食簡中的“□感”當爲“史感”。“史感”、“稟人援”、“令史尚”三者的人名組合簡，時爲卅一年，據之本簡年代亦應爲卅一年，故附於此。忍、要、欬娍、粈譊、小女、窗、歐，人名。

☐史感、稟人堂出稟☐

☐令史悍視平。　☐（8-1037　圖版·頁140）

按：感、堂、悍，人名。本簡中“史感”、“稟人堂”二者的人名組合，又見於簡8-2249、8-800、8-1360+8-448、8-1540、8-1153+8-1342、8-211，均時爲卅一年；而“史感”、“稟人堂”與“令史悍”

三者的人名組合，又見於簡8-217："稻四斗八升少半半升。　卅一年八月壬寅，倉是、史感、稟人堂出稟隸臣嬰自〈兒〉槐庫。　令史悍平。　六月食。　感手。"時爲"卅一年八月"，據之本簡年代亦應爲卅一年，故附於此。

☐月庚戌，倉是、史感、稟人堂出稟庫佐處☐

☐　令史悍視平。　☐（8-1063　圖版・頁142）

按：是、感、堂、處、悍，人名。本簡"倉是"、"史感"、"稟人堂"與"令史悍"四者的人名組合，又見於簡8-217："稻四斗八升少半半升。　卅一年八月壬寅，倉是、史感、稟人堂出稟隸臣嬰自〈兒〉槐庫。　令史悍平。　六月食。　感手。"時爲"卅一年八月"。據之，本簡年代亦應爲卅一年，故附於此。

☐　倉是、佐蒲、稟人援出稟☐（8-1134　圖版・頁148）

按：是、蒲、援，人名。本簡"倉是"、"稟人援"二者的人名組合，又見於簡8-1345+8-2245，時爲卅一年八月；"佐蒲"，又見於簡8-1550，時爲卅一年七月。據之本簡年代亦應爲卅一年，故附於此。

☐□朔丁卯，司空守悍、佐得出以食☐

☐史犴視平。　☐（8-575　圖版・頁83）

按：本簡上、下端殘缺，由簡文內容可知當爲稟食簡。"朔"

前一字，從殘存字形看，疑爲“寅”；“☐史犴”，依文例，當爲“令史犴”。悍、得、犴，人名。“司空守悍”，僅見於本簡；“佐得”、“令史犴”的人名組合，又見於簡8-474+8-2075，簡8-474+8-2075中的“佐得”、“令史犴”時爲“卅一年正月”，據之本簡年代亦應爲卅一年，故附於此。

☐得出以食舂、小城旦□☐（8-337　圖版·頁59）

按：本簡上、下端殘缺，由簡文内容可知當爲稟食簡。得，人名；據簡8-474+8-2075、8-426+8-1632+8-212、8-525+8-351+8-216，身份爲“司空”官府之“佐”。簡8-525+8-351+8-216中的“佐得”，時爲“卅年九月”；簡8-474+8-2075、8-426+8-1632+8-212中的“佐得”，時爲“卅一年正月”，據之本簡編年應繫於卅一年，故附於此。

☐□七日，日四升六分升一。
☐　得手。（8-125　圖版·頁29）

按：本簡上端殘缺，由簡文内容可知當爲稟食簡。得，人名；得手，又見於紀年明確簡8-525+8-351+8-216、8-426+8-1632+8-212，身份爲“司空”官府之“佐”。簡8-525+8-351+8-216中的“得手”，時爲“卅年九月”；簡8-426+8-1632+8-212中的“得手”，時爲“卅一年正月”，據之本簡編年應繫於卅一年，故附於此。

☐　吾手。（8-1980　圖版・頁241）

按：吾，人名。簡8-1557、8-1335有“（貳春鄉）佐吾”，里耶秦簡中“某手”者，身份一般爲“佐”或者“史”，與某“手”爲同一人，故本簡中“吾手”之“吾”與簡8-1557、8-1335中“佐吾”之“吾”有可能爲同一人，簡8-1557、8-1335中的“佐吾”，時爲“卅一年四月”，故附於此。

☐官守敬、佐郤、稟人☐

☐　令史逐視平。☐（8-1406　圖版・頁172）

按：本簡上、下端殘缺，由簡文内容可知當爲稟食簡。本簡“官”前殘缺之字，應爲“田”，即“田官守敬”，“田官守敬”、“佐郤”、“令史逐”三者的人名組合，又見於簡8-1102+8-781：“☐卅一年六月壬午朔丁亥，田官守敬、佐郤、稟人娙出貣罰戍簪褭壞德中里悍。☐　令史逐視平。　郤手。”時爲“卅一年六月”，故附於此。

貳春鄉佐壬。　今田官佐。　☐（8-580　圖版・頁83）

按：壬，人名。“貳春鄉佐壬”，又見於簡8-1576（“貳春鄉守氏大、佐壬出粟米八升食春央芻等☐”），時爲“卅一年二月”。田官佐壬，又見於簡8-1566、8-764、8-1787+8-1574、8-2246等，時爲“卅年六月”（簡8-1566）、“卅一年正月”（簡8-764）、“卅一年七月”（簡8-1787+8-1574、8-2246）。“壬”的任職變化爲：“卅年六月”至“卅一年正月”，任職爲“田官佐”；“卅一年三月”任職爲“貳春鄉佐”，“卅一年七月”又任職爲“田官佐”。本簡内容是“壬”任職由“貳春鄉佐”到“田官佐”的轉變，故可以確定本簡年代當在“卅一年三月”任職“貳春鄉佐”之後，或至“卅一年七月”之間。

☐□佐居將徒捕爰。

☐□二、黑爰一。

☐百五十人。·皆食巴葵。（正）

☐□年。（背）（8-207　圖版·頁48）

按：將徒捕爰，簡8-1559作“將捕爰”。爰，讀爲“猨”；黑爰一，即指黑色猨一只。巴葵，巴，疑指巴郡或巴地；葵，《詩·豳風·七月》：“七月亨葵及菽。”《説文》：“葵，菜也。”。居，人名。佐居，又見於簡8-1559，從兩簡所記“將徒捕爰”内容看，本簡中的“佐居”與簡8-1559中的“佐居”應爲同一人，簡8-1559中的“佐居”，時爲“卅一年五月”，本簡中的“佐居”年代當與之相同或相近，故附於此。

☐四吾作徒薄。☐（第一欄）

九人與吏上事守府。　☐

一人除道澤務□☐

三人行廟。　☐（第二欄）（正）

☐＝下一，佐居以來。／☐（背）（8-681　圖版・頁97）

按：囚吾、居，人名。佐居，又見於簡8-1559，本簡中的“佐居”與簡8-1559中的“佐居”有可能爲同一人。簡8-1559中的“佐居”，時爲“卅一年五月”，本簡中的“佐居”年代當與之相同或相近，故附於此。

☐□十人。

☐□□□□官。

☐人守園：壴孫。

☐人牢司寇守：囚、嫭、負中。

☐二人付庫：快、擾。

☐人市工用：餽、亥。

☐□□□□（第一欄）

二人付田：㒟、嬰。

六人付司空：環☐

七人付少內：革、茝、□☐

五人作務：文、宜□☐

四人付畜官：□☐

三人行□□□☐（第二欄）（8-2101　圖版・頁255）

按：壴孫、囚、嫭、負中、快、擾、餽、亥、㒟、嬰、環、革、茝、文、宜，人名。其中，壴孫（“守園”）、囚、嫭（“牢司寇守”）、快、擾（“付庫”）、餽、亥（“市工用”）的人名組合，又見於與本簡性質相同的簡8-663，身份及其勞作事項完全一致，應爲同一人。簡8-663的年代，據考時爲卅一年五月，本簡年代當與之相同或相近，故附於此。

鄉守履貲十四甲。　|☐
鄉佐就貲一甲。　|☐
鄉佐□貲六甲。　|☐（8-300　圖版·頁56）

按：本簡頂端塗黑，下端殘斷處有三道豎直墨書筆畫。“鄉守履”，僅見於本簡。“鄉佐就”，與簡8-1550“啓陵鄉守帶、佐冣、稟人小出稟佐蒲、就七月各廿三日食”中“佐就”，兩者有可能爲同一人，時爲“卅一年七月”，故附於此。

☐【稟】令史端、德、繞、旌、尚。
☐　感手。（8-1066　圖版·頁142）

按：稟，據文例及殘存筆畫補釋。端、德、繞、旌、尚、感，人名。本簡中的“感手”，又見於簡8-766、8-1239+8-1334、8-2249、8-763、8-1345+8-2245、8-1540、8-1153+8-1342、8-217等紀年明確簡牘，時爲“卅一年十一月”（簡8-766）至“卅一年八月”（簡8-217）；里耶秦簡稟食文書中參與出稟的史、佐與某“手”爲同一人，而上述簡中“感手”的身份皆作“史感”，爲倉機構之史，與本簡中的“感”應爲同一人，故附於此。

☐平。　感手。（8-1192　圖版・頁152）

按：本簡上端殘缺，據文例，“平”前一字應爲“視”，當爲一稟食殘簡。本簡編年繫於卅一年，緣由同簡8-1066。

☐　令史犴視平。

☐忍樂陵宜。　感手。（8-1286　圖版・頁162）

按：本簡編年繫於卅一年，緣由同簡8-1066。

☐【士】五㝩文召豕。

☐　感手。（8-4　圖版・頁15）

按：㝩，據文例，爲縣名；里耶秦簡J1⑯52第二欄：“鄢到銷百八十四里，銷到江陵二百卌六里，江陵到孱陵百一十里，孱陵到㝩二百九十五里，㝩到臨沅六十里，臨沅到遷陵九百一十里。”（《里耶發掘報告》，彩版四十右上）㝩與江陵、孱陵、臨沅、遷陵等縣名并稱，亦證其爲縣名。㝩，讀同“索”，《漢書・地理志》“武陵郡”條下有“索”縣，地在今湖南常德市東北。文召，里名；豕，人名。本簡編年繫於卅一年，緣由同簡8-1066。

☐□隸臣滑人。

☐　感手。（8-48　圖版・頁19）

按：本簡編年繫於卅一年，緣由同簡8-1066。

☑【妾】宛。

☑　感手。（8-261　圖版・頁53）

按：妾，據圖版簡文殘筆補釋。本簡編年繫於卅一年，緣由同簡8-1066。

☑羅

☑　感手。（8-326　圖版・頁58）

按：本簡編年繫於卅一年，緣由同簡8-1066。

☑妾嬰兒益來。

☑　感手。（8-521　圖版・頁77）

按：本簡編年繫於卅一年，緣由同簡8-1066。

☑□史遬。

☑　感手。（8-1642　圖版・頁215）

按：本簡編年繫於卅一年，緣由同簡8-1066。

☑黠。

☑　感手。（8-1938　圖版・頁237）

按：本簡編年繫於卅一年，緣由同簡8-1066。

☑隸臣瘳。

☐　感手。（8-1247　圖版・頁159）

按：本簡編年繫於卅一年，緣由同簡8-1066。

☐□尉史如。

☐　感手。（8-1128　圖版・頁147）

按：本簡編年繫於卅一年，緣由同簡8-1066。

☐稟令史端四日□☐

☐史尚視平。　☐（8-1046　圖版・頁141）

按：本簡下端殘斷處有火燒痕迹，由簡文内容可知，爲一稟食簡，據文例，"☐史尚"即爲"令史尚"。令史尚，又見於8-525+8-351+8-216、8-760、8-1345+8-2245、8-45、8-1540、8-1336、8-7、8-211等紀年明確簡牘，時爲"卅年九月"（8-525+8-351+8-216）以及"卅一年三月"（簡8-760）至"卅一年九月"（簡8-7、8-211），與本簡"☐史尚"應爲同一人，故附於此。

☐□令史尚。

☐史逢。（8-1815　圖版・頁228）

按：本簡編年繫於卅一年，緣由同簡8-1046。

司空曹計録：

船計，

器計,(第一欄)

贖計,

貲責計,

☐計。(第二欄)

·凡五計。

史尚主。(第三欄)(8-480　圖版·頁71)

按:尚,人名。"史尚",又見於簡8-481"倉曹計録"。司空曹、倉曹屬縣廷列曹,縣廷之史稱令史,故此處"史尚"應爲"令史尚"省稱。另,簡8-138+8-522+8-174+8-523"令史釦"又作"史釦"、簡8-1463"令史華"又作"史華"亦可爲證。令史尚,見於8-525+8-351+8-216、8-760、8-1345+8-2245、8-45、8-1540、8-1336、8-7、8-211等紀年明確簡牘,時爲"卅年九月"(8-525+8-351+8-216)以及"卅一年三月"(簡8-760)至"卅一年九月"(簡8-7、8-211),與本簡"(令)史尚"應爲同一人,據之本簡編年應繫於卅一年,故附於此。

倉曹計録:

禾稼計,

貸計,

畜計,(第一欄)

器計,

錢計,

徒計，

畜官牛計，（第二欄）

馬計，

羊計，

田官計，

凡十計，

史尚主。（第三欄）（8-481　圖版·頁72）

按：本簡編年繫於卅一年，緣由同簡8-480。

☐尚發。　☐（8-2096　圖版·頁254）

按：尚，人名。尚發，又見於簡8-2034，時爲“卅一年後九月”，與本簡“尚”應爲同一人，身份爲遷陵縣廷令史，故附於此。

始皇帝三十二年

卅二年十月辛酉到遷陵☐（8-438　圖版・頁 65）

按：據書後附録二“秦朔閏表”，秦始皇卅二年十月己酉朔，十月辛酉日爲十月十三日。

卅二年十二月，恒☐（8-1592　圖版・頁 210）

按：本簡上端塗黑，下端殘斷。據書後附録二“秦朔閏表”，秦始皇卅二年十二月戊申朔。

☐二有柯。丨

☐□。丨（第一欄）

木反□四。

木長柧一。丨（第二欄）

木□□。丨

木長柯三。丨（第三欄）

盛錢木甲一。（第四欄）

木櫻□☐

木梯一，不見。（第五欄）

卅二年正月戊寅朔丙戌，少内守是受司空

色。　～　痤手。（8-478　圖版・頁71）

按：本簡上端殘斷，下端右角處略殘，簡文分欄書寫，現存五欄，“卅二年正月戊寅朔丙戌，少内守是受司空色。　～　痤手”字體稍小，分兩行書寫於第四、五欄之左空白處。柯，斧柄。《詩・豳風・伐柯》：“伐柯如何，匪斧不克。”毛傳：“柯，斧柄也。”《國語・晉語八》：“今若大其柯，去其枝葉，絶其本根，可以少閒。”韋昭注：“柯，斧柄，所操以伐木。”柧，《説文・木部》：“柧，棱也。”玄應《一切經音義》卷十八引漢服虔《通俗文》：“木四方爲棱，八棱爲柧。”此處疑指有棱之木。甲，讀爲“匣”，《書・禹貢》孔穎達疏：“匣是匱之别名，匱之小者。”此處言少内官府用來盛錢。椑，即“艘”字。是、色、痤，人名。卅二年正月戊寅朔，正月丙戌日爲正月九日。

卅二年正月戊寅朔甲午，啓陵鄉夫敢言之：成里典、啓陵郵人缺。除士五成里匄、成，成爲典，匄爲郵人，謁令尉以從事。敢言之。（正）

正月戊寅朔丁酉，遷陵丞昌卻之啓陵：廿七户已有一典，今有除成爲典，何律令應？尉已除成、匄爲啓陵郵人，其以律令。／氣手。／正月戊戌日中，守府快行。

正月丁酉旦食時，隸妾冉以來。／欣發。　壬手。（背）（8-157　圖

版·頁37）

按：卅二年正月戊寅朔，正月甲午日爲正月十七日，正月丁酉日爲正月二十日，正月戊戌日爲正月二十一日。夫、匄、成、昌、氣、快、冉、欣、壬，人名。

卅二年二月丁未……☐

貲一人……☐（正）

發　☐（背）（8-693　圖版·頁99）

按：本簡下端殘斷處有火燒痕迹。據簡8-159“卅二年二月丁未朔”，二月丁未日爲二月朔日，即二月一日。

二月辛未，都鄉守舍徒薄☐

受倉隸妾三人、司空城☐

凡六人。捕羽：宜、委、□☐（正）

二月辛未旦，佐初□☐（背）（8-142　圖版·頁32）

按：舍、宜、委、初，人名。佐初，遷陵縣都鄉屬官，又見於簡8-196+8-1521、8-2011、8-1455+8-1443等紀年明確簡，時爲“卅一年五月”（簡8-196+8-1521、8-2011）、“卅二年六月”（簡8-1455+8-1443）。據書後附録二“秦朔閏表”、簡8-159“卅二年二月丁未朔”，卅一年二月癸未朔，二月無辛未日；卅二年二月丁未朔，二月辛未日爲二月二十五日，本簡編年應繫於卅二年二月。

☐買爵。卅二年三月戊寅出。（8-1112　圖版・頁146）

按：“月”前一字，《里耶（壹）》《校釋（一）》均作“二”，但從簡文殘留筆迹來看，當爲“三”字。另據簡8-62“卅二年三月丁丑朔”，三月戊寅日爲三月二日；據簡8-159“卅二年二月丁未朔”，二月無戊寅日。

卅二年三月丁丑朔朔日，遷陵丞昌敢言之：令曰上葆繕牛車薄，恒會四月朔日泰守府。・問之，遷陵毋當令者。敢言之。（正）

三月丁丑水十一刻刻下二，都郵人廛行。　尚手。（背）（8-62　圖版・頁21）

按：卅二年三月丁丑朔，二月朔日即三月丁丑日，爲三月一日。葆繕，維修。睡虎地秦簡《秦律十八種・金布律》簡89：“傳車、大車輪，葆繕參邪，可毆（也）。韋革、紅器相不繕。取不可葆繕者，乃糞之。”恒會，張家山漢簡《二年律令・田律》簡256：“官各以二尺牒疏書一歲馬、牛它物用稾數，餘見芻稾數，上内史，恒會八月望。”《周禮・小宰》注：“月計曰要，歲計曰會。”都，或爲都鄉之省，簡8-1519中啓陵鄉省寫作“啓”、都鄉省寫作“都”、貳春鄉省寫作“貳”，可佐證；又，簡8-157有“啓陵郵人”之稱，本簡“都郵人”或亦即“都鄉郵人”之省。昌、廛、尚，人名。

粟米二斗泰半斗。　卅二年三月丁丑朔癸巳，貳☐（8-2194　圖版・頁261）

按：卅二年三月丁丑朔，三月癸巳日爲三月二十七日。

☑少半斗。　·卅二年三月丁　☑

☑　令佐尚視平。　☑（8-1793　圖版·頁227）

按：《里耶（壹）》本簡釋文後“説明”云：“左側刻齒爲‘四石四斗少半斗’。”

制書曰：舉事可爲恒程者上丞相。上洞庭絡帬書有□□□

卅二年二月丁未朔辛亥，御史丞去疾：丞相令曰舉事可爲恒

程者□上帬直。即應令，弗應，謹案致……

……庭□。/□手。（正）

三月丁丑朔壬辰，洞庭□□□□□□□□□□□□□

令□□□索、門淺、上衍、零陽□□□以次傳□□□□□

書到相報□□□□門淺、上衍、零陽言書到，署□□發。

□□□□一書以洞庭發弩印行事□□恒署。

酉陽報□□□署令發。/四月□丑水十一刻刻下五□□□□

遷陵□，酉陽署令發。

□□□□布令□　（背）（8-159　圖版·頁38）

按：制書，睡虎地秦簡《秦律十八種·行書》簡183：“行命書及書署急者，輒行之；不急者，日觱（畢），勿敢留。留者以律論之。”秦始皇統一後改命爲制，《史記·秦始皇本紀》：二十六年，臣等謹與博士議曰：“命爲‘制’，令爲‘詔’。”《漢書·高后紀》

“太后臨朝稱制”師古注曰：“天子之言一曰制書，二曰詔書。制書者，謂爲制度之命也，非皇后所得稱。今吕太后臨朝行天子事，斷決萬機，故稱制詔。”張家山漢簡《二年律令·行書律》簡265-266：“令郵人行制書、急書，復，勿令爲它事。”

御史丞，《漢書·百官公卿表》：“御史大夫，秦官，位上卿，銀印青綬，掌副丞相。有兩丞，秩千石。”《漢書·景十三王傳》：“天子遣大鴻臚、丞相長史、御史丞、廷尉正雜治鉅鹿詔獄。”去疾，人名。《史記·秦始皇本紀》：“三十七年十月癸丑，始皇出游，左丞相斯從，右丞相去疾守。……二世皇帝元年，……丞相臣斯、臣去疾、御史大夫臣德昧死言……。二年冬，……右丞相去疾、左丞相斯、將軍馮劫進諫曰……。下去疾、斯、劫吏，案責他罪。去疾、劫曰：‘將相不辱。’自殺。”《漢書·馮奉世傳》：“其先馮亭，……及秦滅六國，而馮亭之後馮毋擇、馮去疾、馮劫皆爲秦將相也。”秦始皇卅二年，馮去疾爲“御史丞”，不見於正史記載，本簡爲首見。

卅二年二月丁未朔，二月辛亥日爲二月五日；三月丁丑朔，三月壬辰日爲三月十六日；四月□丑，據書後附録二“秦朔閏表”，卅二年四月丙午朔，四月□丑日可能是“癸丑”（四月八日）或“乙丑”（四月二十日）中的一日。

四月丙午朔癸丑，遷陵守丞色下：少内謹案致之。書到言，署金布發，它如律令。/欣手。/四月癸丑水十一刻刻下五，守府快行少

内。（8-155　圖版·頁36）

按：四月丙午朔，據書後附録二“秦朔閏表”以及簡8-152“卅二年四月丙午朔”，合於秦始皇卅二年。秦始皇卅二年四月丙午朔，四月癸丑日爲四月八日。色、欣、快，人名。

卅二年四月丙午朔甲寅，少内守是敢言之：廷下御史書舉事可爲恒程者、洞庭上帬直，書到言。今書已到，敢言之。（正）

四月甲寅日中，佐處以來。/欣發。　處手。（背）（8-152　圖版·頁35）

按：卅二年四月丙午朔，四月甲寅日爲四月九日。廷，此處指縣廷。本簡“廷下御史書舉事可爲恒程者、洞庭上帬直，書到言”，應指簡8-159所書文書；遷陵縣廷在接到這份文書後，轉發給少内，見簡8-155；本簡是遷陵縣少内機構收到文書後的向縣廷的回復，即“書到言”、“今書已到”。御史，從簡8-152及簡8-159内容看，應指御史大夫，非爲郡監御史。是、處、欣，人名。

卅二年四月丙午朔甲寅，遷陵守丞色敢告酉陽丞主：令史下絡帬直書已到，敢告主。（正）

四月丙辰旦，守府快行旁。　欣手。（背）（8-158　圖版·頁37）

按：卅二年四月丙午朔，四月甲寅日爲四月九日，四月丙辰日爲四月十一日。本簡所言之“絡帬直書”，應即簡8-159所書的文書；簡8-159所書文書，以縣次由酉陽傳送至遷陵，遷陵縣廷一方面立即下發本縣少内，見簡8-155；另一方面，以文書形式向酉陽報告文書已收到，即本簡。色、快、欣，人名。

☐卅二年四月丙午□□□☐（8-1383　圖版・頁171）

☐卅二年四月丙午☐（8-2464　圖版・頁275）

☐□二年四月丙☐（8-2280　圖版・頁267）

按：據簡8-757“今遷陵廿五年爲縣”，簡文“□二年”，衹有可能爲秦始皇“卅二年”。據簡8-152、8-158“卅二年四月丙午朔”，簡文“四月丙”後殘缺之字當爲“午”。

城旦瑣以三月乙酉有遝。今隸妾益行書守府，因之令益治邸所處。謁令倉、司空薄瑣以三月乙酉不治邸。敢言之。/五月丙子朔甲午，遷陵守丞色告倉、司空主，以律令從事，傳書。/圂手。（8-1343+8-904　圖版・頁167、127）

按：簡8-1343與簡8-904的綴合，見於《校釋（一）》。據書後附録二“秦朔閏表”，以及簡8-1520+8-1434+8-1069“卅二年五月丙子朔”，本簡“五月丙子朔甲午”紀年，應屬於秦始皇卅二年。卅二年五月丙子朔，五月甲午日爲五月十九日。卅二年三月丁丑朔，三月乙酉日爲三月九日。治邸，刑徒勞作之一種。瑣、益、色、圂，人名。

卅二年五月丙子朔庚子，庫武作徒薄：受司空城旦九人、鬼薪一人、舂三人；受倉隸臣二人。·凡十五人。

其十二人爲輿：獎、慶忌、㲃、㲃、船、何、冣、交、頡、徐、娃、聚。

一人紱：竄。

二人捕羽：亥、羅。（正）

卅二年五月丙子朔庚子，庫武敢言之：疏書作徒日薄一牒。敢言之。／横手。

五月庚子日中時，佐横以來。／圂發。（背）（8-1520+8-1434+8-1069 圖版·頁194、175、143）

按：簡8-1520與簡8-1434、8-1069的綴合，見於《校釋（一）》。卅二年五月丙子朔，五月庚子日爲五月二十五日。輿，《里耶（壹）》釋；《校釋（一）》作“䡅”，稱“此處也許假爲‘輿’”。爲輿，製作車箱。《潛夫論·相列》：“巧匠因象，各有所授，曲者宜爲輪，直者宜爲輿。”紱，同織。《說文》：“紱，《樂浪挈令》‘織’”。爲輿、紱、捕羽，秦代刑徒勞作種類。武、獎、慶忌、㲃、㲃、船、何、冣、交、頡、徐、娃、聚、竄、亥、羅、横、圂，人名。

☐□年五月丙子朔癸卯☐（8-2489 圖版·頁277）

按：據書後附録二“秦朔閏表”，秦代紀年中“五月丙子朔”

祇有秦始皇卅二年相合；又，簡8-1520+8-1434+8-1069紀年作“卅二年五月丙子朔”，故本簡“年”前殘缺之字當爲“卅二”。卅二年五月丙子朔，五月癸卯日爲五月二十八日。

卅二年六月乙巳朔壬申，都鄉守武爰書：高里士五武自言以大奴幸、甘多、大婢言、子益等，牝馬一匹予子小男子產。 典私占。 初手。（正）

六月壬申，都鄉守武敢言：上。敢言之。／初手。

六月壬申旦，佐初以來。／欣發。 初手。（背）（8-1455+8-1443 圖版・頁181、178）

按：簡8-1455與簡8-1443綴合，見於《校釋（一）》。據文例，“上”前簡文脱一“之”字。典，簡8-157載啓陵鄉成里設有“典”，本簡中的“典”當即都鄉高里之典；私，據簡8-1537“典緰占”，應爲人名；占，登入簿籍。睡虎地秦簡《封診式・封守》簡7-12：“鄉某爰書：以某縣丞某書，封有鞫者某里士五（伍）甲家室、妻、子、臣妾、衣器、畜產。・甲室、人：一宇二内，各有户，内室皆瓦蓋，木大具，門桑十木。・妻曰某，亡，不會封。・子大女子某，未有夫。・子小男子某，高六尺五寸。・臣某，妾小女子某。・牡犬一。・幾訊典某某、甲伍公士某某：‘甲黨（倘）有【它】當封守而某等脱弗占書，且有罪。’某等皆言曰：‘甲封具此，毋（無）它當封者。’即以甲封付某等，與里人更守之，侍（待）令。”張家山漢簡《二年律令・置後律》簡390：“諸當摔（拜）爵後者，令典若正、伍里人毋下五人任占。”可參考。卅二年六月乙巳朔，六月壬申日爲六月二十八日。武（都鄉守）、武（高里士五）、幸、甘多、言、益、産、私、初、欣，人名。

粟米三石七斗少半斗。　卅二年八月乙巳朔壬戌，貳春鄉守福、佐敢、稟人杕出以稟隸臣周十月、六月廿六日食。　令史兼視平。敢手。（8-2247　圖版·頁265）

按：卅二年八月乙巳朔，八月壬戌日爲八月十八日。粟米三石七斗少半斗，《里耶（壹）》本簡釋文後“説明”云：“右側刻齒爲‘三石七斗少半斗’。”與之相合。福、敢、杕、周、兼，人名。

卅二年八月乙巳□☑

粟米四斗六升泰☑（8-1088　圖版·頁144）

按：據簡8-2247“卅二年八月乙巳朔”，本簡“乙巳”爲八月朔日。《里耶（壹）》本簡釋文後“説明”云：“左側刻齒爲‘四斗二升’，以下殘斷。”

卅二年九月甲戌朔朔日，遷陵守丞都敢☑

以朔日上所買徒隸數守府。·問☑

敢言之。　☑（正）

九月甲戌旦食時，郵人辰行。　☑（背）（8-664+8-2167+8-1053　圖版·頁93、259、141）

按：簡8-664與簡8-2167、8-1053的綴合，見於《校釋（一）》。卅二年九月甲戌朔，九月朔日即九月一日。守府，從“遷陵守丞都敢言之”、“上所買徒隸數”以及“郵人辰行”等簡文看，此處應指洞庭泰守府，省稱“守府”。官府購買徒隸，睡虎地秦簡《封診式·告臣》簡37-41：“爰書：某里士五（伍）甲縛詣男子丙，告曰：‘丙，甲臣，橋（驕）悍，不田作，不聽甲令。謁買（賣）公，斬以爲城旦，受賈（價）錢。’·訊丙，辭曰：‘甲臣，誠悍，不聽甲。甲未賞（嘗）身免丙。丙毋（無）病殹（也），毋（無）它坐罪。’令令史某診丙，不病。·令少内某、佐某以市正賈（價）賈丙丞某前，丙中人，賈（價）若干錢。·丞某告某鄉主：男子丙有鞫，辭曰：‘某里士五（伍）甲臣。’其定名事里，所坐論云可（何），可（何）罪赦，或覆問毋（無）有，甲賞（嘗）身免丙復臣之不殹（也）？以律封守之，到以書言。”可參考。都、辰，人名。

卅二年，司空徒☐（8-9　圖版·頁15）

按：本簡上端塗黑。卅二年，秦始皇三十二年。

卅二年，遷陵積户五萬五千五卅四。（8-552　圖版·頁81）

按：“卅四”前疑脱　“百”字。

卅二年日酉陽成里小男子☐（正）

唐廣□☐（背）（8-713　圖版·頁103）

按：“廣”前一字，《里耶（壹）》釋作“唐”；《校釋（一）》認爲：“第一字，‘廣’字書寫未完。”

卅二年，啓陵鄉守夫當坐。上造，居梓潼武昌。今徙（正）
爲臨沅司空嗇夫。時毋吏。（背）（8-1445　圖版·頁178）

按：夫，人名。啓陵鄉守夫，僅見於此簡。簡8-157有“啓陵鄉夫”，時爲“卅二年正月”，與本簡“啓陵鄉守夫”有可能爲同一人。梓潼，縣名，《漢書·地理志》屬廣漢郡，治今四川梓潼縣；武昌，里名。臨沅，縣名，《漢書·地理志》屬武陵郡，治今湖南常德市。睡虎地秦簡《法律答問》簡143：“法（廢）令、犯令，遝免、徙不遝？遝之。”張家山漢簡《二年律令·效律》簡350：“吏坐官當論者，毋遝免、徙。”本簡可參考。

卅二年，貳春鄉守福當坐。士五，居粢中華里。·今爲除道（正）
通食。（背）（8-2014　圖版·頁246）

按：福，人名。貳春鄉守福，又見於簡8-2247，時爲“卅二年八月”，與本簡當爲同一人。粢中，即資中，《漢書·地理志》屬犍爲郡，治今四川資陽市；華里，里名。除道，《史記·秦始皇本紀》：“三十五年，除道，道九原，抵雲陽，塹山堙谷，直通之。”通食，《校釋（一）》：“似指送飯。”當然，據簡8-1445文例，也不排除此處“除道”疑爲道名，《漢書·地理志》屬北地郡；張家山漢簡《二年律令·秩律》簡459：“方渠、除道、雕陰道。”通食，含義不明，似爲職官。

孱陵卅二年萬三千四百☐ ☐（8-1754 圖版·頁223）

按：孱陵，縣名，《漢書·地理志》屬武陵郡，治今湖北公安縣西。

卅二 ☐
年遷陵内史計。 ☐（8-1845 圖版·頁231）

按：《史記·秦本紀》有“内史廖”、《史記·秦始皇本紀》有“内史肆”、“内史騰”。《漢書·百官公卿表》：“内史，周官，秦因之，掌治京師。”

☐弦三，旌弦一，矢五十，枲韋一，竹籣一，凡百八。 卅二年☐
月壬辰，庫武、佐横
☐不更成父安平☐徒、上造庴武竈、簪褭魚陽☐。 ☐☐（正）
☐ ☐☐☐（背）（8-26+8-752 圖版·頁17、107）

按：簡8-26與簡8-752的綴合，見於《校釋（一）》。成父，即城父，縣名，《漢書·地理志》屬沛郡，治今安徽亳州市東南；安平，里名。庴武，疑爲“廣武”，縣名，《漢書·地理志》屬太原郡，治今山西代縣西南。魚陽，疑爲“漁陽”，縣名，《漢書·地理志》屬漁陽郡，治今北京密雲縣西南。武、横，人名。

卅二年☐

□☐（8-531　圖版·頁79）

按：本簡爲一殘文書楬，上端圓弧狀塗黑，鑽兩孔。卅二年，秦始皇三十二年。

附八

☐稟人廉出稟鄉夫七月食。

☐　卻手。（8-1238　圖版·頁158）

按：廉、夫、卻，人名。稟人廉，僅見於此簡。卻手，無明確紀年簡。鄉夫，又見於簡8-157“啓陵鄉夫”，時爲卅二年正月，與本簡“夫”有可能爲同一人，故附於此。

☐【鄉】夫、佐、稟人嫭出稟屯☐（8-1710　圖版·頁220）

按：“佐”後當脱一字，爲人名。夫、嫭，人名。稟人嫭，無明確紀年簡。本簡編年繫於卅二年，緣由同簡8-1238。

☐陵鄉成里户人士五成隸☐（8-1813　圖版·頁228）

按：成，人名。士五成，又見於簡8-157，時爲“卅二年正月”，與本簡所見“☐陵鄉成里户人士五成”應爲同一人，故附於此。據簡8-157，本簡“陵”前殘缺之字當爲“啓”。

☐□□所新繕。　横手。（8-2481　圖版・頁276）

按：横，人名。横手，又見於簡8-1520+8-1434+8-1069，時爲"卅二年五月"，身份爲庫佐（"佐横"）；庫佐横，又見於簡8-26+8-752，簡文作"庫武、佐横"，時爲"卅二年□月"，與本簡"横"皆應爲同一人，故附於此。

横手。（8-1226　圖版・頁156）

按：本簡編年繫於卅二年，緣由同簡8-2481。

☐人繕官府：羅。　☐

☐人爲司寇：愛。　☐（8-567　圖版・頁83）

按：羅、愛，人名。愛，僅見於此簡。羅，又見於簡8-1886，簡文作"隸臣羅以來"，時爲"卅年九月"；又見於8-1520+8-1434+8-1069，簡文作"二人捕羽：亥、羅"，時爲"卅二年五月"，本簡應爲一殘作徒簿，作徒"羅"（"繕官府"）有可能與上述兩簡中的"羅"爲同一人，故附於此。

【三人】□□□□□☐

二人繕官府：羅、㑄。　☐

……☐（8-569　圖版・頁83）

按：本簡編年繫於卅二年，緣由同簡8-567。

☐繆死。　卅二☐（8-786　圖版・頁116）

按：據簡8-39、8-938+8-1144文例，"卅二"極有可能指"卅二年"。

☐月乙亥朔壬□☐

☐□卅一年作務☐

☐□□□□言☐（正）

☐□旦，令佐恬行。☐（背）（6-21　圖版・頁11）

按：據書後附録二"秦朔閏表"，秦代紀年中"乙亥朔"出現在秦始皇"廿七年四月"、"廿七年六月"、"廿八年五月"、"卅二年七月"和秦二世"元年十月"；又，本簡中有"卅一年作務"字樣，故本簡紀年中的"乙亥朔"衹能合於秦始皇卅二年，故附於此。

☐□遷陵丞昌下鄉官曰：各別軍吏。・不當令鄉官別書軍吏，軍吏及鄉官弗當聽。

☐其問官下此書軍吏。弗下下，定當坐者名吏里、它坐、訾能入貲不能，遣詣廷。

☐□獄東。／義手。（正）

☐者。／萃手。／旦守府昌行廷。（背）（8-2013+8-198+8-213　圖版・頁246、46、49）

按：簡8-2013、8-198、8-213綴合，見於《校釋（一）》。昌（遷

陵丞）、義、萃、昌（守府），人名。遷陵丞昌，又見於簡8-62、8-71、8-140、8-157、8-1007、8-1246等紀年明確簡，時爲“廿九年正月”（簡8-1246）至“卅二年三月”（簡8-62）。本簡編年應繫於卅二年。

☐丞昌令史上主　☐（8-256　圖版·頁53）

按：昌、上，人名。丞昌，據簡文内容，結合里耶秦簡人名“昌”的職位，本簡“丞昌”或即“遷陵丞昌”。遷陵丞昌，又見於簡8-62、8-71、8-140、8-157、8-1007、8-1246等紀年明確簡，時爲“廿九年正月”（簡8-1246）至“卅二年三月”（簡8-62）。令史上，又見於簡8-1562，時爲“廿八年七月”。本簡編年應繫於卅二年。

☐遷陵丞昌☐（8-505　圖版·頁75）

按：本簡編年繫於卅二年，緣由同簡8-2013+8-198+8-213。

☐朔己卯，遷陵丞昌□☐

☐主户發。/槐☐（8-1925　圖版·頁237）

按：本簡編年繫於卅二年，緣由同簡8-2013+8-198+8-213。

少内守是。　☐（8-1341　圖版·頁167）

按：是，人名。少内守是，又見於簡8-152、8-478等紀年明確簡，時爲“卅二年正月”（簡8-478）、“卅二年四月”（簡8-152），與本簡“是”應爲同一人，故附於此。

☐□□□少內佐處錢三百，約☐（8-2490　圖版·頁277）

按：處，人名。（少內）佐處，又見於簡8-152，時爲“卅二年四月”，與本簡“處”應爲同一人，故附於此。

☐敢言之。/尚手。/☐

☐……☐（正）

☐□□□□□□☐

☐之。/二月癸丑，遷陵□☐（背）（8-722　圖版·頁104）

按：尚，人名。尚手，又見於8-62、8-166+8-485+8-75、8-190+8-130+8-193等紀年明確簡，時爲“廿八年十二月”（簡8-166+8-485+8-75）、“卅二年三月”（簡8-62）。本簡編年繫於卅二年。另，據書後附録二“秦朔閏表”以及簡8-159“卅二年二月丁未朔”，二月癸丑爲二月七日。

☐……卒□……□陽□……□君子子廢□

☐……時□……□署……□欣欣卅四

☐署遷陵□□已上□□……今未

☐府下……籍遷陵報署……以郵行（正）

☐　欣手。（背）（8-178　圖版·頁44）

按：欣，人名。欣手，又見於簡8-155、8-158、8-164+8-1475、8-1583+8-890等紀年明確簡，時爲“廿九年後九月”（簡8-164+8-

1475)、“卅二年四月”(簡8-155、8-158),與本簡所見“欣手”應爲同一人。本簡編年繫於卅二年。

☐佐敬以來。/圂發。(8-221　圖版·頁50)

按:圂、敬,人名。佐敬,無明確紀年簡。圂發,又見於紀年明確簡8-1520+8-1434+8-1069,時爲“卅二年五月”,身份爲縣廷令佐或令史,而本簡之人名“圂”據里耶秦簡文書格式,身份亦應爲縣廷令佐或令史,可以確定爲同一人,本簡編年繫於卅二年,故附於此。

始皇帝三十三年

卅三年十月甲辰朔庚申，啓陵☐

……倉敢□□☐

……□□□□☐（正）

城旦□……☐

十月……隸妾□以來☐（背）（8-2441　圖版・頁274）

按：卅三年十月甲辰朔，十月庚申日爲十月十七日。

粟米一石九斗少半斗。　卅三年十月甲辰朔壬戌，發弩繹、尉史過出貣罰戍士五醴陽同郭禄。　廿

令史兼視平。　過手。（8-761　圖版・頁110）

按：卅三年十月甲辰朔，十月壬戌日爲十月十九日。粟米一石九斗少半斗，《里耶（壹）》本簡釋文後“説明”云：“左側刻齒爲‘一石九斗少半斗’。”與之相合。醴陽，張家山漢簡《奏讞書》簡69有“醴陽令恢盜縣官米”之語，整理者注釋：“醴陽，縣名，不見於《漢書・地理志》，‘醴’疑爲‘澧’，縣當在澧水之陽，屬南郡。”同郭，應爲里名。本簡所記爲軍中發放糧食，睡虎地秦簡

《秦律十八種·倉律》簡45："有事軍及下縣者，齎食，毋以傳貣（貸）縣。"《秦律雜抄》簡11-15："不當稟軍中而稟者，皆貲二甲，法（廢）；非吏殹（也），戍二歲；徒食、敦（屯）長、僕射弗告，貲戍一歲；令、尉、士吏弗得，貲一甲。·軍人買（賣）稟稟所及過縣，貲戍二歲；同車食、敦（屯）長、僕射弗告，戍一歲；縣司空、司空佐史、士吏將者弗得，貲一甲；邦司空一盾。·軍人稟所、所過縣百姓買其稟，貲二甲，入粟公；吏部弗得，及令、丞貲各一甲。·稟卒兵，不完善（繕），丞、庫嗇夫、吏貲二甲，法（廢）。"可參考。令史兼視平，表明軍中發放糧食，所在縣廷同樣要派令史監督。繹、過、禄、兼，人名。

八月乙巳朔己未，門淺靚丞敢告臨沅丞主：騰真書，當騰騰，敢告主。／定手。　／（正）

十月丁卯水十一刻下九，都郵士五續以來。／謝發。　十四。（背）

（8-66+8-208　圖版·頁22、48）

按：簡8-66與簡8-208的綴合，見於《校釋（一）》。八月乙巳朔，據書後附録二"秦朔閏表"，秦代紀年中僅有秦始皇卅二年相合。卅二年八月乙巳朔，八月己未日爲八月十五日。秦以十月爲歲首，從本簡文書傳遞和收文記録反映的情況看，簡文中的"十月丁卯"應爲卅三年十月丁卯，據簡8-761"卅三年十月甲辰朔"，十月丁卯日爲十月二十四日。門淺靚丞，疑爲"門淺丞靚"倒文，門淺有"丞"，與"臨沅"并稱，可證"門淺"秦時爲縣無疑。臨沅，縣名,《漢書・地理志》屬武陵郡。都郵，疑爲簡8-62“都郵人”省稱；都，都鄉之省，簡8-1519中啓陵鄉省寫作“啓”、都鄉省寫作“都”、貳春鄉省寫作“貳”，可佐證；另，簡8-157記啓陵鄉設有郵，稱“啓陵郵人”，都鄉亦應設有郵，稱“都鄉郵人”，或省稱“都郵人”、“都郵”。水十一刻下九，依文例，釋文應作“水十一刻刻下九”，簡文“刻”字下應有重文符號，疑簡文脱。輗、定、續、謝，人名。

卅三年十月壬申日入，牢人同以☐（8-1971　圖版・頁240）

按：據簡8-761“卅三年十月甲辰朔”，十月壬申日爲十月二十九日。同，人名。

獄南書一封，丞印，詣洞庭尉府。卅三年十一月癸酉夕☐（8-1823　圖版・頁229）

按：獄南書，或爲“獄南曹書”省稱。據書後附録二“秦朔閏表”，卅三年十一月癸酉朔，十一月癸酉日爲十一月一日。

卅三年

十一月盡

正月，吏户

已事。（8-214　圖版・頁49）

按：本簡爲一文書楬，下端平直，上端圓弧塗黑，下鑽二孔，楬文四行書寫。事，《漢書・高帝紀下》：五年五月詔曰："軍吏卒會赦，其亡罪而亡爵及不滿大夫者，皆賜爵爲大夫。故大夫以上賜爵一級，其七大夫以上，皆令食邑，非七大夫以下，皆復其身及户，勿事。"師古曰："復其身及一户之内皆不徭賦也。"吏户，與之相對，表明秦或有吏、民（黔首）户之分，吏户同樣需要負擔徭役賦税。

啓陵津船人高里士五啓封當踐十二月更，□廿九日□☑

正月壬申，啓陵鄉守繞劾。　☑

卅三年正月壬申朔朔日，啓陵鄉守繞敢言之，上劾一牒☑（正）

正月庚辰旦，隸妾咎以來。/履發。　☑（背）（8-651　圖版・頁90）

按：卅三年正月壬申朔，朔日即正月壬申日，正月壬申日爲正月一日；正月庚辰日爲正月九日。津，渡口、水陸要隘，張家山漢簡有《津關令》。船人，指渡船的船夫。

踐十二月更，張家山漢簡《奏讞書》簡99-123"黥城旦講气（乞）鞫"案有"踐更咸陽，以十一月行"、"踐十一月更外樂，月不盡一日下總咸陽"之語，此案紀年"二年十月癸酉朔戊寅"，據張培瑜《根據新出曆日簡牘試論秦和漢初的曆法》表儿《秦王政元年（公元前246年）到秦亡（公元前207年）朔閏表》、李忠林《秦至漢初（前246至前104）曆法研究——以出土曆簡爲中心》附《秦至漢初（前246—前104）朔閏表》，合於秦始皇（秦王政）二年，可證秦時稱徭役爲“更”；又，睡虎地秦簡《秦律十八種・厩苑律》簡13-14：“以四月、七月、十月、正月膚田牛。卒歲，以正月大課之，最，賜田嗇夫壺酉（酒）束脯，爲早〈皂〉者除一更，賜牛長日三旬；殿者，誶田嗇夫，罰冗皂者二月。”這裏“一更”與“三旬”對稱，表明“一更”是一個固定的時間概念，除“一更”即免除“一更”徭役；再，本簡“啓陵津船人高里士五啓封當踐十二月更”與張家山漢簡《奏讞書》簡99-123“黥城旦講气（乞）鞫”案“踐更咸陽，以十一月行”、“踐十一月更外樂，月不盡一日下總咸陽”，亦説明秦時“一更”時間爲一月，親自前去服這種更役稱爲“踐更”，“踐十一月更”、“踐十二月更”就是指“講”在十一月、“啓封”在十二月服當年的每年一月的徭役。據書後附録二“秦朔閏表”，秦始皇三十三年十二月癸卯朔，結合本簡“卅三年正月壬申朔”紀年，秦始皇三十三年十二月小，二十九天，與本簡中的“廿九日”相合。

劾，《後漢書・周黄徐姜申屠列傳》“遂辭出，投劾而去”李賢注：“案罪曰劾。自投其劾狀而去。”《急就篇》顔師古注曰：“劾，舉案之也。”劾狀是處理有關犯罪官吏和平民時形成的重要司法文書。啓封、繞、咎、履，人名。

卅三年二月壬寅朔朔日，遷陵守丞都敢言之：令曰恒以朔日上所買徒隸數。·問之，毋當令者，敢言之。（正）

二月壬寅水十一刻刻下二，郵人得行。　圂手。（背）（8-154　圖

版・頁36）

按：卅三年二月壬寅朔，二月朔日即二月壬寅日，爲二月一日。本簡文書形式、内容、性質與簡8-664+8-2167+8-1053“卅二年九月甲戌朔朔日，遷陵守丞都敢☐（第一行）以朔日上所買徒隸數守府。・問☐（第二行）敢言之。☐（第三行）（正）九月甲戌旦食時，郵人辰行。☐（背）”相同，反映秦代這一制度規定得到認真貫徹與執行。都、得、圂，人名。

牝豚一。卅三年二月壬寅朔庚戌，少内守履付倉是。☐（8-561圖版・頁82）

按：卅三年二月壬寅朔，二月庚戌日爲二月九日。牝豚，指雌性小猪。《國語・越語》：“生丈夫，二壺酒，一犬；生女子，二壺酒，一豚。”牝豚一，《里耶（壹）》本簡釋文後“説明”云：“左側刻齒爲‘一’。”履、是，人名。

□月乙亥，司空□作□☐

□一人有逮　☐

□人□兵　☐

一人吏養□☐（正）

卅三年三月辛☐

□月乙亥旦□☐（背）（8-697　圖版・頁100）

按：本簡下端殘缺處有火燒痕迹，從殘存簡文内容看，爲一作徒簿及司空機構呈文。據簡8-1477“卅三年三月辛未朔”，□月乙亥疑即三月乙亥，爲三月五日。

卅三年三月辛未朔丙戌，尉廣敢言之：□☐

□言謁徙遷陵陽里，謁告襄城□☐（正）

三月丙戌旦，守府交以來。/履發。☐（背）（8-1477 圖版·頁185）

按：卅三年三月辛未朔，三月丙戌日爲三月十六日。尉，此處應指遷陵縣尉。襄城，縣名，《漢書·地理志》屬潁川郡，治今河南襄城縣。徙遷陵陽里，張家山漢簡《二年律令·户律》簡328-330：“恒以八月令鄉部嗇夫、吏、令史相襍案户籍，副臧其廷。有移徙者，輒移户及年籍爵細徙所，并封。留弗移、移不并封及實不徙數盈十日，皆罰金四兩；數在所正、典弗告，與同罪；鄉部嗇夫、吏主及案户者弗得，罰金各一兩。”可參考。廣、交、履，人名。

☐卅三年三月辛未朔己丑，司空色、佐午出以食□☐

☐ 令史圂視平。 ☐（8-1135 圖版·頁148）

按：卅三年三月辛未朔，三月己丑日爲三月十九日。《里耶（壹）》本簡釋文後“説明”云：“左側刻齒爲‘三百’，上殘斷。”色、午、圂，人名。

粟米二斗。 卅三年四月辛☐（8-956 圖版·頁131）

按:《里耶(壹)》本簡釋文後"説明"云:"左側刻齒爲'二斗'。"與之相合。據書後附録二"秦朔閏表",秦始皇三十三年四月辛丑朔。本簡下端削尖,"辛"字以下殘缺。

卅三年五月庚午朔己丑,貳鄉守吾作徒薄:受司空白粲一人,病。

☐(8-1255+8-1323+8-1207 圖版·頁160、165、154)

按:簡8-1255與簡8-1323、8-1207的綴合,見於《校釋(一)》,綴合後僅爲簡的上端,下端殘缺處有火燒痕迹。五,《里耶(壹)》《校釋(一)》作"正",據圖版簡文字形及簡8-1152"卅三年五月庚午朔",該字當應釋讀爲"五"。卅三年五月庚午朔,五月己丑日爲五月二十日。貳鄉守吾,又見於簡8-1742,應爲"貳春鄉守吾"省稱,簡8-1519中啓陵鄉省寫作"啓"、都鄉省寫作"都"、貳春鄉省寫作"貳",可證。

卅三年五月庚午朔庚寅,鄉守吾作徒薄:受司空白粲一人,病。

☐(8-1152+8-1340 圖版·頁149、167)

按:簡8-1152與簡8-1340,二簡字迹相同,茬口相近,内容相符,應爲一簡,綴合後僅爲簡的上端,下端殘缺處有火燒痕迹。鄉守吾,據簡8-1255+8-1323+8-1207、8-1742應爲"貳鄉守吾"之省。從簡8-1255+8-1323+8-1207内容和時間看,本簡亦爲作徒"日簿",卅三年五月庚午朔,五月庚寅日爲五月二十一日。

☐年六月庚子朔朔日☐

☐畜官當坐，時丞有、令佐圂主□☐（8-1267　圖版·頁161）

按：六月庚子朔，據書後附録二“秦朔閏表”，秦紀年中僅有秦始皇三十三年相合；又，簡8-768“卅三年六月庚子朔”，故本簡“年”前殘缺之字應爲“卅三”，六月朔日即六月庚子日，爲六月一日。有、圂，人名。

卅三年六月庚子朔丁未，遷陵守丞有敢言之：守府下四時獻者上吏缺式曰：放式上。今牒書應書者一牒上。敢言之。（正）

六月乙巳旦，守府即行。　履手。（背）（8-768　圖版·頁112）

按：卅三年六月庚子朔，六月丁未日爲六月八日，六月乙巳日爲六月六日（疑“乙巳”日干支有誤，里耶秦簡文書發送時間一般與文書形成時間同時或略晚）。四時獻，《史記·蘇秦列傳》：“臣請令山東之國奉四時之獻。”放，通“倣”。有、即、履，人名。

得歸不當……□守府敢辭☐

卅三年六月庚子朔壬子，田守武敢言之：上辭一□☐（8-274+8-2138　圖版·頁54、257）

按：簡8-274與簡8-2138的綴合，見於《校釋（一）》。卅三年六月庚子朔，六月壬子日爲六月十三日。辤，同辭。田守武，“田守嗇夫武”之省，田，遷陵縣機構名；武，人名。

卅三年七月己巳朔甲戌，都鄉守壬爰書：高里士五武自□☐

典絢占☐（8-1537　圖版・頁198）

按：卅三年七月己巳朔，七月甲戌日爲七月六日。本簡可與簡8-1455+8-1443正面簡文“卅二年六月乙巳朔壬申，都鄉守武爰書：高里士五武自言以大奴幸、甘多、大婢言、子益等，牝馬一匹予子小男子產。　典私占。　初手”互校對讀，典，應指里典；絢，人名；占，登記。《里耶（壹）》本簡釋文後“説明”云：“左側刻齒爲‘五千六百’，以下殘斷。”從圖版觀察，下端殘斷處有火燒痕迹。

卅三年七月己巳朔甲申，令佐☐

□□□□喜、成、典販皆☐（8-1800　圖版・頁227）

按：本簡下端殘斷處有火燒痕迹。卅三年七月己巳朔，七月甲申日爲七月十六日。典，應指里典。喜、成、販，人名。

錢二千七百。卅三年八月己亥朔丙寅，僑☐（8-1263　圖版・頁161）

按：卅三年八月己亥朔，八月丙寅日爲八月二十八日。錢二千七百，《里耶（壹）》本簡釋文後“説明”云：“右側刻齒爲‘七百三十’。刻齒上部殘斷，尾數‘三十’與簡文不合。”

粟米二石。卅三年九月戊辰乙酉，倉是、佐襄、稟人藍出貸更☐

☑　令☑（8-1660+8-1827　圖版・頁216、229）

按：簡8-1660與簡8-1827的綴合，見於《校釋（一）》。卅三年九月戊辰乙酉，據簡8-716"卅三年九月戊辰朔"，"戊辰乙酉"中間簡文脱一"朔"字，九月乙酉日爲九月十八日。粟米二石，《里耶（壹）》簡8-1660釋文後"説明"云："左側刻齒爲'二石'。"與之相合。是、襄、藍，人名。

☑□入貲校卅三年。（8-943　圖版・頁130）

按：貲校，或爲校券之一種，里耶秦簡8-63有"責校券"之稱，或可證。卅三年，秦始皇三十三年。

□三千三百九十五。卅三年☑（8-1307　圖版・頁164）

按：《里耶（壹）》《校釋（一）》本簡首字未釋，根據簡文殘存筆畫，疑爲"錢"字。《里耶（壹）》本簡釋文後"説明"云："右側刻齒爲'三千三百九十二'，以下殘斷。"卅三年，秦始皇三十三年。

錢萬八千三百六十四。□三百□□□……☑

卅三年……☑（8-1801　圖版・頁227）

按：《里耶（壹）》本簡釋文後"説明"云："左側刻齒爲'一萬八千一百'，以下殘斷。"卅三年，秦始皇三十三年。

附九

☐□下恒署書曰：事不參（正）

☐　謝手。（背）（8-1073　圖版·頁143）

按：恒署書，《嶽麓書院藏秦簡（伍）》簡108：“●恒署書皆以郵行。　·卒令丙二。”謝，人名；“謝手”之“謝”，與簡8-66+8-208“謝發”之“謝”有可能爲同一人，爲遷陵縣廷令史或令佐；簡8-66+8-208中的“謝發”，時爲卅三年十月，本簡“謝手”年代當與之相近或相同，故附於此。

少內守謝，士五，朐忍成都歸休。☐（正）

薾　☐（背）（8-1469　圖版·頁183）

按：謝，人名。少內守謝，僅見於此簡。秦時官嗇夫不在，縣廷多用令史爲其置官守嗇夫，本簡“少內守謝”與簡8-1073“謝手”、簡8-66+8-208“謝發”之“謝”有可能爲同一人，簡8-66+8-208“謝發”，據考證時爲卅三年“十月丁卯”，故本簡編年應繫於卅三年。朐忍，縣名；成都，里名。歸休，《嶽麓書院藏秦簡（伍）》簡134-135：“●令曰：吏歲歸休卌日，險道日行八十里，易〈易〉道百里。諸吏毋乘車者，日行八丨里，之官行五十里。吏告當行及擇（釋）歸居家，皆不用此令。　·卒令丙五十一。”張家山漢簡《二年律令·傳食律》簡237：“諸吏乘車以上及宦皇帝者，歸休若罷官而有傳者，縣舍食人、馬如令。”

遷陵獄佐士五朐忍成都謝，長七尺二寸，年廿八歲，白晳色。舍人令佐冣占。（8-988　圖版·頁135）

按：謝，人名；士五朐忍成都謝，又見於簡8-1469，簡文作“少内守謝，士五，朐忍成都歸休”，與本簡“遷陵獄佐士五朐忍成都謝”當爲同一人，據考證編年繫於卅三年。冣，人名；令佐冣，又見於簡8-489+8-149，無明確紀年。本簡編年應繫於卅三年，故附於此。

☐守觚出以稟發弩繹。　☐（8-1101　圖版·頁145）

按：觚，人名；“☐守觚”，又見於簡8-205“啓陵鄉守觚”，與本簡“☐守觚”應爲同一人，無明確紀年。繹，人名；發弩繹，又見於簡8-761，時爲“卅三年十月”，與本簡“發弩繹”很可能爲同一人，本簡編年應繫於卅三年，故附於此。

☐□□□視平。　過手。（8-2548　圖版·頁279）

按：本簡上端殘斷處有火燒痕迹。過，人名。過手，又見於簡8-761，身份爲“尉史”，時爲“卅三年十月”；另，從本簡殘存簡文内容看，與簡8-761性質亦同，皆屬稟食簡，可證兩者有可能爲同一人，故附於此。

☐　敢言之。爲士吏居（正）

☐　過手。（背）（8-2046　圖版・頁251）

按：過，人名。過手，又見於簡8-761，身份爲“尉史”，時爲“卅三年十月”；士吏，睡虎地秦簡《秦律雜抄・除史律》簡2-3：“・除士吏、發弩嗇夫不如律，及發弩射不中，尉貲二甲。・發弩嗇夫射不中，貲二甲，免，嗇夫任之。”《秦律雜抄》簡11-14：“不當稟軍中而稟者，皆貲二甲，法（廢）；非吏毆（也），戍二歲；徒食、敦（屯）長、僕射弗告，貲戍一歲；令、尉、士吏弗得，貲一甲。・軍人買（賣）稟稟所及過縣，貲戍二歲；同車食、敦（屯）長、僕射弗告，戍一歲；縣司空、司空佐史、士吏將者弗得，貲一甲；邦司空一盾。”《秦律雜抄》簡39：“●戍律曰：同居毋并行，縣嗇夫、尉及士吏行戍不以律，貲二甲。”據此可知，士吏是秦時一種軍官，地位應在縣尉之下，與發弩嗇夫、尉史等同屬縣尉屬官。本簡言及“爲士吏居”，表明“過手”職責與簡8-761“過手”的尉史身份相符，可證兩者有可能爲同一人，故附於此。

☐　過手。（8-2487　圖版・頁276）

按：本簡編年繫於卅三年，緣由或同簡8-2046、8-2548。

☐未朔丙戌，遷陵守丞有☐（正）

☐手。／三月壬辰日中時，守☐（背）（8-1439　圖版・頁177）

按：遷陵守丞有，又見於簡8-768，時爲“卅三年六月”，與本簡“遷陵守丞有”爲同一人；又，本簡“☐未朔丙戌”、“三月壬辰”，據簡8-1477“卅三年三月辛未朔丙戌”，三月丙戌日爲三月十六日，三月壬申日爲三月二十二日，合於秦始皇三十三年三月，本簡編年應繫於秦始皇三十三年，故附於此。

☑□癸□朔丁巳，尉守☑

☑□□□物色，恒☑

☑□　☑（正）

☑□□□□赤色□☑

☑□遷陵守丞都敢告□☑

☑……☑（背）（8-85　圖版·頁25）

按：都，人名；遷陵守丞都，又見於簡8-154、簡8-1053+8-664+8-2167，時爲“卅二年九月”（簡8-1053+8-664+8-2167）、“卅三年二月”（簡8-154）。本簡編年應繫於卅三年，故附於此。

☑□付少内守履☑（8-1856　圖版·頁232）

按：履，人名。少内守履，又見於簡8-561，時爲“卅三年二月”，與本簡“少内守履”應爲同一人，故附於此。

☑司空色敢言之。☑

☑□月朔日問之☑

☑……☑（8-47　圖版·頁18）

按：色，人名。司空色，又見於簡8-1135，時爲“卅三年三月”，與本簡“司空色”應爲同一人，故附於此。

☐司空色□□　☐（8-1726　圖版·頁221）

按：本簡編年緣由同簡8-47。

☐司空色背☐（8-2294　圖版·頁268）

按：本簡編年緣由同簡8-47。

☐□敢言之：令曰上見輼輬軺乘車及
☐守府，今上當令者一牒，它毋（正）
☐□恒會正月、七月朔日廷。
☐佐午行。　午手。（背）（8-175　圖版·頁43）

按：午，人名；佐午，又見於簡8-1135，爲司空之佐（“司空色、佐午出以食□☐”），時爲“卅三年三月”，與本簡“佐午”（既是文書書寫者——“午手”，同時亦是文書傳送者——“佐午行”）有可能爲同一人，故附於此。

輼輬，《史記·李斯列傳》：“置始皇居輼輬車中，百官奏事上食如故，宦者輒從輼輬車中可諸奏事。”《漢書·霍光傳》：“載光尸柩以輼輬車，黄屋左纛，發材官輕車北軍五校士軍陳至茂陵，以送其葬。”師古曰：“輼輬本安車也，可以卧息。後因載喪，飾以柳翣，故遂爲喪車耳。輼者密閉，輬者旁開窗牖，各別一乘，隨事爲名。後人既專以載喪，又去其一，總爲藩飾，而合二名呼之耳。”

軺，《説文》云："小車也。"《史記·平準書》："異時算軺車賈人緡錢皆有差，請算如故。"《索隱》曰："《傅子》云：'漢代賤乘軺，今則貴之。'言算軺車者，有軺車使出税一算二算也。"

乘車，張家山漢簡《二年律令·傳食律》簡237："諸吏乘車以上及宦皇帝者歸休若罷官而有傳者，縣舍食人馬如令。"《二年律令·秩律》簡470："都官之稗官及馬苑有乘車者，秩各百六十石，有秩毋乘車者，各百廿石。"簡471-472："縣道傳馬、候、厩有乘車者，秩各百六十石；毋乘車者，及倉、庫、少内、校長、髳長、發弩、衛將軍、衛尉士吏，都市亭厨有秩者及毋乘車之鄉部，秩各百廿石。"可參考。

尉廣貲四甲。　校長舍四甲。　☑

佐犴四甲。貲已歸。　☑（8-565　圖版·頁82）

按：廣、舍、犴，人名。尉廣，又見於簡8-1477，時爲"卅三年三月"，與本簡所見"尉廣"應爲同一人。另，據書後附録一《〈里耶（壹）〉人名統計表》，簡中其他人名"校長舍"、"佐犴"無紀年明確簡，本簡編年應繫於卅三年，故附於此。

☑□貳鄉守吾作徒薄：受司空白粲一人，病。　☑（8-1742+8-1956　圖版·頁222、239）

按：簡8-1742與簡8-1956的綴合，見於《校釋（一）》。簡8-1742上端殘斷處有火燒痕迹。貳鄉守吾，又見於簡8-1255+8-1323+8-1207，時爲"卅三年五月"，與本簡"貳鄉守吾"爲同一人，故附於此。

☐☐受倉是☐（8-2343　圖版・頁270）

按：是，人名。倉是，又見於簡8-45、8-211、8-217、8-736等，時爲“卅一年四月”（簡8-736）至“卅一年九月”（簡8-211）；又見於簡8-561、8-1660+8-1827等，時爲“卅三年二月”（簡8-561）、“卅三年九月”（簡8-1660+8-1827），與本簡“倉是”很可能爲同一人，本簡編年應繫於卅三年，故附於此。

☐倉佐襄。

☐　感手。（8-184　圖版・頁44）

按：襄、感，人名。倉佐襄，又見於簡8-1660+8-1827（“倉是、佐襄、稟人藍出貸”），時爲“卅三年九月”，與本簡“倉佐襄”應爲同一人，故附於此。

☐令史圂視。　敬手。（8-880　圖版・頁125）

按：圂、敬，人名。敬手，又見於紀年明確簡8-770，時爲“卅五年五月”，身份爲縣廷令佐或令史，而本簡之人名“敬”據里耶秦簡文書格式，應爲縣廷諸官之佐或史，不確定爲同一人，故不能將本簡編年繫於秦始皇三十五年。令史圂，又見於紀年明確簡8-1135，時爲“卅三年三月”，簡文作“令史圂視平”，里耶秦簡文書中“視平”，又有省作“視”或“平”的，因此與本簡“令史圂”應爲同一人，故附於此。

始皇帝三十四年

卅四年十月戊戌朔辛丑，遷陵守丞説敢言之：上卅三年黔首息秏八牒。敢言之。（正）

壬手。（背）（8-290+8-183+8-530　圖版·頁56、44、78）

按：簡8-290與簡8-183、8-530的綴合，見於《校釋（一）》。卅四年十月戊戌朔，十月辛丑日爲十月四日。黔首，《史記·秦始皇本紀》：二十六年，“更名民曰‘黔首’。”息、秏，荆州博物館編著《荆州重要考古發現》荆州紀南松柏一號漢墓木牘《西鄉二年户口簿》：“·二年西鄉户口簿　户千一百九十六　息户七十　秏户三十五　相除定息四十五户　大男九百九十一人　小男千四十五人　大女千六百九十五人　小女六百四十二人（第一欄）息口八十六人　秏口四十三人　相除定息口四十三　·凡口四千三百七十三人（第二欄）。”可見，遷陵縣每年年初十月是要上報本縣前一年度黔首户、口等增長與減少的情況的。説、壬，人名。

卅三年九月戊辰朔甲☑（正）

十月壬子旦食□☐（背）（8-716　圖版・頁104）

按：卅三年九月戊辰朔，天干“甲”後殘缺地支有可能爲“戌”、“申”、“午”中的一個，九月甲戌、甲申、甲午日分别爲九月七日、十七日和二十七日。背面“月”前一字，《里耶（壹）》《校釋（一）》釋文作“七”，據簡8-1537、8-1800“卅三年七月己巳朔”，卅三年七月無壬子日；秦漢簡牘中“七”與“十”有時不易區分，此處“月”前一字簡文應爲“十”字，秦以十月爲歲首，九月即爲歲末，故此處“十月”應爲卅四年十月，據書後附録二“秦朔閏表”以及簡8-290+8-183+8-530“卅四年十月戊戌朔”，十月壬子日爲十月十五日。

竹笥三合。　卅四年十一月丁卯朔庚寅，少内守□☐（8-1220　圖版・頁155）

按：卅四年十一月丁卯朔，十一月庚寅日爲十一月二十四日。《里耶（壹）》本簡釋文後“説明”云：“右側刻齒爲‘三合’。”與之相合。

尉曹卅四年正月□事　☐（8-253　圖版・頁53）

按：木簡上端頂部塗黑。尉曹，據簡9-3228“廷尉曹發”，應指遷陵縣廷尉曹。“事”前未釋之字，據簡8-282“五月已事束”文例，有可能爲“已”字。本簡性質與作用猶如文書楬。

☐卅四年正月☐（8-2453　圖版·頁275）

卅四年正月丁卯朔辛未，遷陵守丞配敢言之：遷陵黔首☐
佐均史佐日有泰抵已備歸，居吏被繇使及☐
前後書，至今未得其代，居吏少，不足以給事□☐
吏。謁報，署主吏發。敢言之。　☐
二月丙申朔庚戌，遷陵守丞配敢言之：寫上□☐
旦，令佐信行。　☐（正）
報别臧。　☐
正月辛未旦，居貲枳壽陵左行。　☐（背）（8-197　圖版·頁46）

按：卅四年正月丁卯朔，正月辛未日爲正月五日；卅四年二月丙申朔，二月庚戌日爲二月十五日。準此，背面最左一行“正月辛未旦，居貲枳壽陵左行”，應是正面第一至四行即“卅四年正月丁卯朔辛未”遷陵守丞配所撰文書的發文記録；正面第五行“二月丙申朔庚戌，遷陵守丞配敢言之：寫上☐”之語，表明正面第一至四行的文書，爲本次撰制文書時的重新抄寫，故文字書寫風格完全一致，顯然爲一人一次書寫而成，又本簡主要爲留存歸檔，故在背面最左一行，將正面第一至四行文書的發文記録同樣也抄寫了下來；正面第六行“旦，令佐信行”，是正面第一至五行文書的發文記録，字體與第一至五行文書有别，應是文書發出時所書寫，時間與第五行“二月丙申朔庚戌，遷陵守丞配敢言之：寫上☐”一般爲同一天，或稍晚幾日；背面最右一行“報别臧”字體較大，顯然爲後來所寫，意即所回復的文書，要另外存放。本簡文書對於里耶秦簡的文書學、檔案學研究具有重要價值和意義。

佐均史佐日有泰牴已備歸，據簡8-1013“令史眂日備歸”，“佐均”之均、“史佐”之佐，疑爲人名；泰抵，讀作大抵，大概、大都之意。居吏，睡虎地秦簡《秦律十八種·效》簡162-163：“實官佐、史柀免、徙，官嗇夫必與去者效代者。節（即）官嗇夫免而效，不備，代者與居吏坐之。故吏弗效，新吏居之未盈歲，去者與居吏坐之，新吏弗坐；其盈歲，雖弗效，新吏與居吏坐之，去者弗坐，它如律。”柀，謂一部分，《秦律十八種·司空》簡138：“其日未備而柀入錢者，許之。”整理小組注：“柀入錢，一部分繳錢。”《法律答問》簡26：“或直（值）廿錢，而柀盜之，不盡一具，及盜不直（置）者，以律論。”整理小組注：“柀盜，盜取其一部分。”繇，讀爲徭，徭使，張家山漢簡《二年律令·津關令》簡514：“節（即）歸休、繇（徭）使，郎中爲傳出津關，馬死，死所縣道官診上。”簡500：“相國、御史請關外人宦爲吏若繇（徭）使，有事關中。”給事，《漢書·張湯傳》“用善書給事尚書”注曰：“於尚書中給事也。給，供也。”謁報，署主吏發：張家山漢簡《奏讞書》文書末的“敢讞之”一語後多見“謁報，署獄史曹發”（簡7）、“謁報，署如廥發”（簡15）、“謁報，署獄如廥發”（簡47）；謁，《爾雅·釋詁》：“請也。”發，拆封，睡虎地秦簡《法律答問》：“有投書，勿發。”即要求回復的文書具體寫明接受和拆閱的機構或人員。枳，縣名，屬巴郡；壽陵，里名。叚、信、左，人名。

竹筥二合。　卅四年二月丙申朔癸丑，少內守☐（8-932　圖版·頁129）

按：卅四年二月丙申朔，二月癸丑日爲二月十八日。筥，圓形的盛物竹器。《詩·召南·采蘋》："於以盛之，維筐及筥。"毛傳："方曰筐，圓曰筥。"《吴越春秋·王僚使公子光傳》："發其簞筥，飯其盎漿。"

二月丙申朔乙丑，遷陵守丞配告□☐

以律令從事，傳書。／忠☐

丑日入，隸妾孫行。　☐（8-1538　圖版·頁198）

按：據簡8-932"卅四年二月丙申朔"，二月乙丑日爲二月三十日。配、忠、孫，人名。

☐袤長三丈四尺。　卅四年二月丙申朔☐（8-916　圖版·頁128）

按：袤，長，一般指縱長。《墨子·雜守》："三十步一弩廬，廬廣十尺，袤丈二尺。"《文選·張衡〈西京賦〉》："於是量徑輪，考廣袤。"李善注引《説文》："南北曰袤，東西曰廣。"

☐卅四年三月丙寅朔戊辰☐（8-1889　圖版·頁234）

按：卅四年三月丙寅朔，三月戊辰日爲三月三日。

卅四年五月乙丑，令☐（8-287　圖版・頁55）

按：據簡8-1482“卅四年五月乙丑朔”，五月乙丑日爲五月一日。

卅四年五月乙丑朔☐

□卒□□□☐

□□……告☐（正）

五月庚午旦，□自受☐（背）（8-1482　圖版・頁186）

按：卅四年五月乙丑朔，五月庚午日爲五月六日。

枲參絇緘衺三丈三。（第一欄）

卅四年六月甲午朔己未，□□☐（第二欄）（8-1784+8-2224　圖版・頁226、263）

按：簡8-1784與簡8-2224的綴合，見於《校釋（一）》。卅四年六月甲午朔，六月己未日爲六月二十六日。枲參絇緘衺三丈三，又簡8-913有“枲參絇緘衺三丈四”；枲，《説文》：“麻也。”《書・禹貢》：“荆河惟豫州……厥貢漆、枲、絺、紵。”絇，《説文》：“纑繩也。”緘，《説文》：“束篋也。”《漢書・外戚傳下・孝成趙皇后》：“帝與昭儀坐，使客子解篋緘。”顔師古注：“緘，束篋之繩也。”大意似指三股麻綫搓成的繩索。

卅四年六月甲午朔□☐（8-1724　圖版・頁221）

按：《里耶（壹）》本簡釋文後“説明”云：“右側刻齒爲

‘二百’。”

繭十。　卅四年七月甲子朔己巳，少內□□□□□□□☐

自受券。　☐（8-1353　圖版・頁168）

按：卅四年七月甲子朔，七月己巳日爲七月六日。繭。《說文》：“蠶衣也。”《禮記・月令》：“（季春之月）蠶事即登，分繭稱絲，效功以共郊廟之服。”繭十，《里耶（壹）》本簡釋文後“説明”云：“左側刻齒爲‘十’。”與之相合。

卅四年六月甲午朔乙卯，洞庭守禮謂遷陵丞：丞言徒隸不田，奏曰：司空厭等當坐，皆有它罪，（正）（8-755　圖版・頁109）

耐爲司寇。有書，書壬手。令曰：吏僕、養、走、工、組織、守府門、削匠及它急事不可令田，六人予田徒（8-756　圖版・頁109）

四人。徒少及毋徒，薄移治虜御史，御史以均予。今遷陵廿五年爲縣，廿九年田廿六年盡廿八年當田，司空厭等（8-757　圖版・頁109）

失弗令田。弗令田即有徒而弗令田且徒少不傳于奏。及蒼梧爲郡九歲乃往歲田。厭失，當坐論，即（8-758　圖版・頁109）

如前書律令。／七月甲子朔癸酉，洞庭叚守繹追遷陵。／歇手。・以沅陽印行事。（8-759　圖版・頁110）

歇手。（背）（8-755　圖版・頁109）

按：簡8-755、8-756、8-757、8-758、8-759，五簡編連，《里耶

（壹）》釋文後“説明”已指出。卅四年六月甲午朔，六月乙卯日爲六月二十二日；七月甲子朔，七月癸酉日爲七月十日。禮、厭、壬、繹、歇，人名。

徒隸不田，睡虎地秦簡《秦律十八種·倉律》簡51：“隸臣田者，以二月月稟二石半石，到九月盡而止其半石。”《秦律十八種·司空》簡51：“居貲贖責者歸田農，種時、治苗時各二旬。”可參考。里耶秦簡作徒簿文書表明，徒隸歸倉、司空官府管理，其他官府需要徒隸勞作，需由倉、司空官府提供派遣，文書用語用“付”，其他官府接受徒隸，文書用語用“受司空”、“受倉”。

吏僕、養、走、工、組織、守府門、削匠：僕、養，睡虎地秦簡《秦律十八種·金布律》簡72-74：“都官有秩吏及離官嗇夫，養各一人，其佐、史與共養；十人，車牛一兩（輛），見牛者一人。都官之佐、史冗者，十人，養一人；十五人，車牛一兩（輛），見牛者一人；不盈十人者，各與其官長共養、車牛，都官佐、史不盈十五人者，七人以上鼠（予）車牛、僕，不盈七人者，三人以上鼠（予）養一人；小官毋（無）嗇夫者，以此鼠（予）僕、車牛。”工，手工業勞動者，《秦律十八種·均工》簡113：“隸臣有巧可以爲工者，勿以爲人僕、養。”組織，《秦律十八種·工人程》簡110：“隸妾及女子用箴（針）爲緡綉它物，女子一人當男子一人。”睡虎地秦簡《秦律雜抄》簡17-18：“省殿，貲工師一甲，丞及曹長一盾，徒絡組廿給。省三歲比殿，貲工師二甲，丞、曹長一甲，徒絡組五十給。”守府門，《秦律十八種·司空》簡150：“司寇勿以爲僕、養、守官府及除有爲毆（也）。”勖，簡文從肖從力，或如“勮”從刀作“劇”，即“削”字；削匠，或指官府從事製作簡牘的工匠。《論衡・量知篇》：“夫竹生於山，木長於林，未知所入。截竹爲筒，破以爲牒，加筆墨之迹，乃成文字，大者爲經，小者爲傳記。斷木爲槧，析之爲板，力加刮削，乃成奏牘。”是爲簡牘製作工序稱“削”；《周禮・考工記・築氏》：“築氏爲削，長尺，博寸，合六而成規。”鄭玄注：“今之書刃。”賈公彥疏：“鄭云‘今之書刃’者，漢時蔡倫造紙，蒙恬造筆，古者未有紙筆，則以削刻字，至漢雖有紙筆，仍有書刃，是古之遺法也。”《禮記・少儀》：“刀卻刃授穎，削授拊。”孔穎達疏：“削，謂曲刀。”《漢書・禮樂志》“筆則筆，削則削”顏師古注：“削者，謂有所刪去，以刀削簡牘也。”是爲校改簡牘上的錯字的工作和工具稱“削”；《後漢書・蘇竟傳》：“走昔以摩研編削之才，與國師公從事出入，校定秘書。”李賢注：“削，謂簡也。”《全上古三代秦漢三國六朝文》王褒“僮約”：“治舍蓋屋，書削代牘。”是謂簡札爲“削”。

丗四年七月甲子朔甲戌，牢人更戍士五城☐（8-1401　圖版・頁172）

按：丗四年七月甲子朔，七月甲戌日爲七月十一日。更戍，《漢書・昭帝紀》“三年以前逋更賦未入者，皆勿收”注引如淳曰：“更有三品，有卒更，有踐更，有過更。古者正卒無常人，皆當迭爲之，一月一更，是謂卒更也。貧者欲得顧更錢者，次直者出錢顧之，月二千，是謂踐更也。天下人皆直戍邊三日，亦名爲更，律所謂繇戍也。雖丞相子亦在戍邊之調。不可人人自行三日戍，又行者當自戍三日，不可往便還，因使住一歲一更。諸不行者，出錢三百入官，官以給戍者，是爲過更也。律説，卒踐更者，居也，居更縣中五月乃更也。後從尉律，卒踐更一月，休十一月也。《食貨志》曰：'月爲更卒，已復爲正，一歲屯戍，一歲力役，三十倍於古。'此漢初因秦法而行之也。後遂改易，有謫乃戍邊一歲耳。逋，未出更錢者也。”可參考。

卅四年七月甲子朔癸酉，啓陵鄉守意敢言之：廷下倉守慶書言令佐贛載粟啓陵鄉。今已載粟六十二石，爲付券一上。謁令倉守。敢言之。·七月甲子朔乙亥，遷陵守丞配告倉主：下券，以律令從事。/壬手。/七月乙亥旦，守府印行。（正）

七月乙亥旦，□□以來。/壬發。　恬手。（背）（8-1525　圖版·頁195）

按：卅四年七月甲子朔，七月癸酉日爲七月十日，七月乙亥日爲七月十二日。載粟，張家山漢簡《二年律令·徭律》簡413：“節（即）載粟，乃發公大夫以下子、未傅年十五以上者。”付券，“令佐贛載粟啓陵鄉”言指從啓陵鄉運出糧食，故從啓陵鄉方面言，這種行爲就是“付”，製作的券當然稱作“付券”，而倉機構作爲“受”的一方，或要製作“受券”，因爲既有“付券”，對應的就應有“受券”，簡8-1353“繭十。　卅四年七月甲子朔己巳，少内

□□□□□□□☐（第一行） 自受券。 ☐（第二行）”亦可證“受券”的存在。下券，或指“遷陵守丞巸”下發啓陵鄉製作的“付券”給倉機構。本簡文書正面第一至三行文書爲“啓陵鄉守意”發出的文書，文書書寫者爲背面左下角“恬手”中的“恬”，背面最左一行“七月乙亥旦，□□以來。/壬發”則是遷陵縣廷收到文書的記録；正面第三至四行的“·七月甲子朔乙亥，遷陵守丞巸告倉主：下券，以律令從事。/壬手。/七月乙亥旦，守府印行”，爲“遷陵守丞巸”發出的文書，以及書寫者（“壬”）和發送的記録。以上諸部分字迹及書寫風格判然有别，應爲文書正本原件，遷陵縣廷在收到文書後，抄録了縣廷的處理意見即“遷陵守丞巸”下發給“倉”的文書後，便歸存留檔。意、慶、贛、巸、壬、印、恬，人名。

☐卅四年七月甲子朔丁亥，少内守☐（8-841 圖版·頁122）

按：卅四年七月甲子朔，七月丁亥日爲七月二十四日。

卅四年八月癸巳朔丙申，貳春鄉守平敢言之：貳春鄉樹枝枸，卅四年不實。敢言之。（正）

平手。（背）（8-1527 圖版·頁196）

按：卅四年八月癸巳朔，八月丙申日爲八月四日。枝枸，又見於簡8-455“貳春鄉枝枸志”，當讀爲“枳枸”，簡8-855即作“枳枸”，《詩·小雅·南山有台》“南山有枸”毛傳：“枸，枳枸。”“枳枸”是“獻”物的一種，簡8-855“下臨沅請定獻枳枸程，程　已”可資爲證，同時亦説明遷陵縣貳春鄉所種之“枳枸”，亦爲獻物。不實，當指不結果實。《論語·子罕》：“苗而不秀者有矣夫，秀而不實者有矣夫。”簡文中的“貳春鄉守平”與“平手”當爲一人。

錢十七。卅四年八月癸巳朔丙申，倉□、佐卻出買白翰羽九□長
□□□□之□十七分□□陽里小女子胡傷
□。　令佐敬監□□□□。　卻手。（8-1549　圖版·頁200）

按：卅四年八月癸巳朔，八月丙申日爲八月四日。錢十七，《里耶（壹）》本簡釋文後“説明”云：“左側刻齒爲‘十七。’”與之相合。“手”前一字，《里耶（壹）》未釋，《校釋（一）》作“配”，據文例和殘存筆畫，應爲“卻”，即倉“佐卻”。卻、胡傷、敬，人名。

卅四年八月癸巳朔癸卯，户曹令史雗疏書廿八年以盡卅三年見户數牘北、移獄具集上，如請史書。/雗手。（正）
廿八年見百九十一户。
廿九年見百六十六户。
卅年見百五十五户。
卅一年見百五十九户。（第一栏）
卅二年見百六十一户。
卅三年見百六十三户。（第二栏）（背）（8-2004+8-487　圖版·頁

243、72）

按：簡8-2004與簡8-487的綴合，見於《校釋（一）》。卅四年八月癸巳朔，八月癸卯日爲八月十一日。見，張家山漢簡《二年律令·金布律》簡429-430：“租、質、户賦、園池入錢縣道官，勿敢擅用，三月壹上見金、錢數二千石官，二千石官上丞相、御史。”本簡“見户數”，含義用法當如上述“見金、錢數”文例。獄具集，疑爲具獄案卷彙編。雗，人名。

☐已以卅四年八月甲辰（8-1372　圖版·頁170）

按：據簡8-1527“卅四年八月癸巳朔”，八月甲辰日爲八月十二日。

粟米三石。　卅四年八月癸巳朔乙巳，司空守茲☐（8-1635　圖版·頁215）

按：卅四年八月癸巳朔，八月乙巳日爲八月十三日。茲，人名。

☐□笘一合。　卅四年九月癸亥朔甲子，少内守狐付牢人順☐（8-2078+8-1170+8-1179　圖版·頁253、151、151）

按：簡8-2078與簡8-1170、8-1179的綴合，見於《校釋（一）》。卅四年九月癸亥朔，九月甲子日爲九月二日。狐、順，人名。

七月甲子朔庚寅，洞庭守繹追遷陵亟言。／歇手。·以沅陽印行事。／八月癸巳朔癸卯，洞庭叚（正）

守繹追遷陵亟，日夜上勿留。／卯手。·以沅陽印行事。／九月乙丑旦，郵人曼以來。／翥發。（背）（8-1523　圖版·頁194）

按：七月甲子朔，據簡8-1525“卅四年七月甲子朔”，七月庚寅日爲七月二十七日；據簡8-1527“卅四年八月癸巳朔”，八月癸卯日爲八月十一日；九月乙丑，據簡8-806“卅四年九月癸亥朔”，九月乙丑日爲九月三日。

洞庭守繹、洞庭叚守繹，與簡8-759“洞庭叚守繹”應爲一人；其中，本簡“洞庭守繹”中疑脱一“叚”字。簡8-759云“七月甲子朔癸酉，洞庭叚守繹追遷陵。／歇手。·以沅陽印行事”，所言與本簡“七月甲子朔庚寅，洞庭守繹追遷陵亟言。／歇手。·以沅陽印行事”有關聯，是繼8-759“七月甲子朔癸酉”（七月癸酉日爲七月十日）後的第二次“追”書（七月庚寅日爲七月二十七日）；第三次“追”書，即本簡所記“八月癸巳朔癸卯，洞庭叚守繹追遷陵亟，日夜上勿留。／卯手。·以沅陽印行事”。“·以沅陽印行事”是文書用印情況的記録，據文例和文意，“沅陽”秦時應爲縣名，屬洞庭郡，《漢書·地理志》無此縣，地望待考。本簡的“九月乙丑旦，郵人曼以來。／翥發”，從書寫字迹看，則應爲遷陵縣廷在“追”書上所作的收文記録。繹、歇、卯、曼、翥，人名。

☐　卅四年九月癸亥朔庚辰，守府賢受少内守狐☐（8-806　圖

版·頁 118）

按：卅四年九月癸亥朔，九月庚辰日爲九月十八日。賢、狐，人名。

☐　卅四年九月癸亥朔辛巳，少内☐（8-1816　圖版·頁 228）

按：卅四年九月癸亥朔，九月辛巳日爲九月十九日。

粟米一斗。　卅四年九□☐（8-955　圖版·頁 131）

按：據文例，本簡“九”下一字當爲“月”字。粟米一斗，《里耶（壹）》本簡釋文後“説明”云：“左側刻齒爲‘一斗’。”與之相合。

□□□……☐

之。/後九月壬辰朔甲午，遷陵守丞☐（正）

履手。　☐（背）（8-1561　圖版·頁 205）

按：後九月壬辰朔，據書後附録二“秦朔閏表”，秦代紀年中僅有“卅四年”與之相合。另，簡 8-73、8-838、8-1240 等有“卅四年後九月壬辰朔”，亦爲佐證。卅四年後九月壬辰朔，後九月甲午日爲後九月三日。履，人名。

錢二千六百八十八。　☐

卅四年後九月壬辰朔丁酉，□☐（8-838　圖版·頁 121）

按：卅四年後九月壬辰朔，後九月丁酉日爲後九月六日。錢二千六百八十八，《里耶（壹）》本簡釋文後"説明"云："左側刻齒爲'二千六百一十'，以下殘斷。"

卅四年後九月壬辰朔壬寅，司空☐

載粟，謁告啓陵☐

……☐（正）

……☐（背）（8-73　圖版・頁24）

按：卅四年後九月壬辰朔，後九月壬寅日爲後九月十一日。本簡司空"載粟，謁告啓陵"，簡8-1525又見倉機構"載粟啓陵鄉"，可資參考。

☐六。　卅四年後九月壬辰朔丁巳，少内守☐（8-1240　圖版・頁158）

按：卅四年後九月壬辰朔，後九月丁巳日爲後九月二十六日。

貳春鄉枝枸志。

枝枸三木。

☐下廣一畝，（第一欄）

格廣半畝，高丈二尺。

去鄉七里。

卅四年不實。（第二欄）（8-455　圖版・頁67）

按：志，記録。《嶽麓書院藏秦簡（肆）》簡350："上計冣（最）、志、郡〈群〉課、徒隸員簿，會十月望。"廣，《墨子·雜守》："三十步一弩廬，廬廣十尺，袤丈二尺。"《文選·張衡〈西京賦〉》："於是量徑輪，考廣袤。"李善注引《說文》："南北曰袤，東西曰廣。"格，《說文》："格，木長皃。"徐鍇《繫傳》："亦謂樹高長枝爲格。"本簡所載與簡8-1527貳春鄉文書有關聯。

卅四年啓陵鄉見戸、當出戸賦者志：　☐

見戸廿八戸，當出繭十斤八兩。　☐（8-518　圖版·頁76）

按：戸賦，《嶽麓書院藏秦簡（肆）》簡118-120："●金布律曰：出戸賦者，自泰庶長以下，十月戸出芻一石十五斤；五月戸出十六錢，其欲出布者，許之。十月戸賦，以十二月朔日入之，五月戸賦，以六月望日入之，歲輸泰守。十月戸賦不入芻而入錢者，入十六錢。吏先爲（？）印，斂，毋令典、老挾戸賦錢。"張家山漢簡《二年律令·金布律》簡429-430："租、質、戸賦、園池入錢縣道官，勿敢擅用，三月壹上見金、錢數二千石官，二千石官上丞相、御史。"本簡言"卅四年啓陵鄉見戸"所出戸賦爲"繭"，二十八戸共出繭十斤八兩（1斤=16兩，10斤8兩總計168兩），平均一戸六兩。

卅四年

遷陵課

笥。（8-906　圖版・頁127）

按：本簡爲一文書楬，下端平直，上端圓弧塗黑，下鑽二孔。

☐大夫彊下妻田京，癘，卅四年。（8-585+8-238　圖版・頁84、51）

按：簡8-238與8-585的綴合，見何有祖《里耶秦簡牘綴合（五）》。田京，何有祖認爲“田京”爲人名。癘，《左傳・哀公元年》“天有菑癘”杜預注：“癘，疾疫也。”睡虎地秦簡《法律答問》簡121：“癘者有罪，定殺。”卅四年，秦始皇三十四年。

護圂，圂未得，卅四年益☐（8-1692　圖版・頁219）

按：圂，人名。

☐卅四□月中未賞敢寄爲（8-1883　圖版・頁234）

按：據文意及文例，“卅四”當指“卅四年”。

☐遷陵已以卅四（8-1172　圖版・頁151）

按：據簡8-1372“已以卅四年八月甲辰”文例，“卅四”後爲“年”可能性更大一些，故本簡編年繫於卅四年。

附十

☐丁卯少内守狐□☐（8-1508　圖版・頁189）

按：狐，人名；少內守狐，又見於簡8-806、8-2078+8-1170+8-1179，時爲“卅四年九月”，與本簡“少內守狐”應爲同一人，故附於此。另，《里耶（壹）》本簡釋文後“説明”云：“左側刻齒爲‘六’，以上殘斷。”可知爲一券書。

☐遷陵司空守兹付洞庭都☐（8-29　圖版·頁17）

按：兹，人名。司空守兹，又見於簡8-525+8-351+8-216、8-1635、8-1647，時爲“卅年六月”（簡8-1647）、“卅年九月”（簡8-525+8-351+8-216）、“卅四年八月”（簡8-1635），與本簡“司空守兹”應爲同一人，故附於此。

☐感受司空守兹。　☐（8-951　圖版·頁131）

按：本簡編年緣由同簡8-29。

☐□【貳】【春】【鄉】□□□□□【貳】【春】【鄉】☐

☐□寇將詣貳春鄉，如前書。敢☐（正）

☐守丞兹下司空，以律令【從】☐

☐……☐（背）（8-1456　圖版·頁181）

按：兹，人名。☐守丞兹，據簡8-1449+8-1484，應爲“遷陵守丞兹”。簡8-1449+8-1484“遷陵守丞兹”，時爲“卅四年後九月”，與本簡“☐守丞兹”應爲同一人，故附於此。

☑【守】丞配敢謁。(正)

☑發。(背)(8-730　圖版・頁105)

按：配，人名；☑守丞配，據簡8-197、8-1525、8-1538，即"遷陵守丞配"。簡8-197、8-1525、8-1538"遷陵守丞配"，分别時爲"卅四年正月"(簡8-197)、"(卅四年)二月"(簡8-1538)、"卅四年七月"(簡8-1525)，與本簡"☑守丞配"應爲同一人，故附於此。

守丞配，上造，居競陵陽處，免歸。☑(8-896　圖版・頁126)

按：本簡編年緣由同簡8-730。

☑遷遷遷陵□守丞配(8-912　圖版・頁128)

按：本簡編年緣由同簡8-730。疑爲習字簡。

☑□寫上，敢言之。/忠【手】。☑

☑□發　☑(正)

☑……　☑

☑　一人病☑(背)(8-72　圖版・頁24)

按：忠，人名。忠手，又見於簡8-1538"忠☑"(依文例應爲"忠手")，時爲"卅四年二月"，與本簡"忠"應爲同一人，故附於此。

☑未朔己未，巴叚守丞敢告洞庭守主：卒人可令縣論☑

卒人，卒人已論，它如令。敢告主。不疑手。・以江州印行事。

六月丙午，洞庭守禮謂遷陵嗇夫：□署遷陵亟論言夬，署中曹發，它
如律令。/和手。(正)
☐佐惜以來。/欣發。(背)(8-61+8-2012+8-293　圖版·頁20、246、56)

按：簡8-61與簡8-2012、8-293的綴合，見於《校釋(一)》。丞、不疑、禮、和、惜、欣，人名。洞庭守禮，又見於簡8-657、8-755+8-756+8-757+8-758+8-759，時爲廿八年六月”(簡8-657)、“卅四年六月”(簡8-755+8-756+8-757+8-758+8-759)，與本簡“洞庭守禮”應爲同一人。欣發，又見於簡8-152、8-157、8-1455+8-1443、8-196+8-1521，時爲“卅一年五月”(簡8-196+8-1521)、“卅二年六月”(簡8-1455+8-1443)，與本簡“欣發”應爲同一人。本簡編年應繫於卅四年，故附於此。

巴，郡名，《漢書·地理志》：“秦置，屬益州。……縣十一：江州……”卒人，《論衡·謝短》：“兩郡移書曰‘敢告卒人’，兩縣不言，何解?”睡虎地秦簡《秦律十八種·傳食律》簡179-180：“御史、卒人使者，食粺米半斗，醬駟(四)分升一，采(菜)羹，給之韭葱。其有爵者，自官士大夫以上，爵食之。使者之從者，食糲米半斗；僕，少半斗。”陳偉《秦簡牘校讀及所見制度考察》“‘令史可’與‘卒人可’”：“‘卒人’，或許是秦郡長官在稱‘守’‘泰(太)守’之前的稱述。在‘守’‘泰(太)守’流行以後，‘卒人’作爲文書用語保留下來，繼續指稱郡級長官，并流傳

到漢代。”

☐庭守禮謂縣嗇夫：上見禾【稼】☐

☐□令縣上，會十二月朔日，疑縣☐

☐上，以郵行，勿留，各□書☐（正）

☐已上☐

☐下九郵人慶以來。/綽手。☐（背）（8-2159+8-740　圖版·頁258、106）

按：簡8-2159與簡8-740綴合，兩者字迹相近，茬口吻合，當可綴合；蔣偉男《里耶秦簡文字編》附録“里耶秦簡釋文”亦將兩簡綴合。“綽”下一字，簡文作“手”，依文例，應爲“半”，疑爲書寫之誤。禮，人名。“☐庭守禮”，即爲“洞庭守禮”。本簡編年繫於卅四年，緣由同簡8-61+8-2012+8-293。

☐敢告倉主。

☐未定薄。（正）

☐　恬手。（背）（8-2022　圖版·頁247）

按：恬，人名。恬手，又見於簡8-1525，時爲“卅四年七月”，與本簡“恬手”爲同一人，故附於此。

始皇帝三十五年

卅五年十月壬□☑

徒卒及徒☑（正）

見禾稼□□☑

度卅五年縣官☑

食當食者☑（背）（8-734　圖版·頁105）

按：據書後附録二“秦朔閏表”，秦始皇卅五年十月壬戌朔，本簡“壬”下所殘缺之字可能爲“戌”、“申”、“午”中的一個，十月壬戌日爲十月一日、十月壬申日爲十月十一日、十月壬午日爲十月二十一日，本簡編年當爲卅五年十月一日、十一日或者二十一日中的一日。

卅四年後九月壬戌朔辛酉，遷陵守丞兹敢言之：遷陵道里毋蠻更者。敢言之。（正）

十月己卯旦，令佐平行。　平手。（背）（8-1449+8-1484　圖版·頁179、186）

按：簡8-1449與簡8-1484的綴合，見於《校釋（一）》。據簡

8-73、8-838“卅四年後九月壬辰朔”，本簡作“卅四年後九月壬戌朔”中的“戌”應爲“辰”字書寫之誤。卅四年後九月壬辰朔辛酉，爲後九月三丨日。丨月己卯，應即卅五年十月己卯，據書後附録二“秦朔閏表”，秦始皇卅五年十月壬戌朔，十月己卯日爲十月十八日。兹、平，人名。

道里，指道路、路途。《史記・周本紀》：“成王在豐，使召公復營洛邑，如武王之意。周公復卜申視，卒營築，居九鼎焉。曰：‘此天下之中，四方入貢道里均。’”《漢書・西域傳》：“自宣、元後，單于稱藩臣，西域服從。其土地山川、王侯户數、道里遠近，翔實矣。”《嶽麓書院藏秦簡（伍）》簡323-324：“郡守及縣官各以其事難昜〈易〉、道里遠近，善爲期。有失期及竊去其事者，自一日以到七日，貲二甲；過七日贖耐；過三月耐爲隸臣。”蠻，疑爲“變”字之誤。

卅四年九月癸亥朔乙酉，畜□☐

蓋侍食贏病馬無小，謁令官遣☐

病者無小，今止行書徒更戍城父柘□☐

之。/卅五年十一月辛卯朔朔日，遷陵□☐（正）

如律令。/履手。/十　月【丁】☐

十一月辛卯旦，史穫以來。/☐（背）（8-143　圖版・頁33）

按：卅四年九月癸亥朔，九月乙酉日爲九月二十三日。卅五年十一月辛卯朔，朔日爲十一月一日；十一月辛卯日爲十一月一日。

“十一月壬⍁”，當爲卅五年十一月壬寅（十一月二日）、壬子（十一月十二日）、壬戌（十一月二十二日）中的一日。城父，縣名，《漢書·地理志》屬沛郡，故秦泗水郡，治今安徽亳州市東南。履、穫，人名。

卅五年十一月辛卯朔辛□⍁（正）

敢　⍁（背）（8-2032　圖版·頁249）

按：卅五年十一月辛卯朔，“辛□”日有可能爲“辛卯”（十一月一日）、“辛丑”（十一月十一日）、“辛亥”（十一月二十一日）中的某一日，但從殘存筆畫看，爲“辛亥”日的可能性大一些。

⍁十一月辛卯朔⍁（8-2340　圖版·頁270）

按：十一月辛卯朔，據書後附録二“秦朔閏表”，秦紀年中僅有秦始皇三十五年與之相合，本簡編年應繫於卅五年十一月。

卅五年十二月辛酉，遷陵守（右側）

卅五年十二月辛酉。（左側）（8-1587　圖版·頁210）

按：《里耶（壹）》本簡釋文後“説明”云：“正背均無字，書於兩側。”卅五年十二月辛酉朔，十二月辛酉日爲十二月一日。

⍁枳鄉守□敢□□：遷陵移佐士五枳□里居坐謀□

⍁署其犯灋【爲】非年月日，不可以定課，今寫論報

☐書謁告【遷】陵，具署居犯灋爲非日爲報，

☐主户發。敢言之。六月己酉，枳鄉守糾敢言之，謁

☐五年十二月辛酉朔庚午，枳鄉守定（讧）

☐敢言之。/□☐

☐朔壬申□丞□……☐

☐……□發

☐……（背）（8-746+8-1588　圖版・頁107、210）

按：簡8-746與簡8-1588的綴合，見於《校釋（一）》。十二月辛酉朔，據書後附録二“秦朔閏表”，秦代紀年中僅有秦始皇三十五年與之相合，故簡文“☐五年十二月辛酉朔”中“五”前殘缺之字當爲“卅”；秦始皇卅五年十二月辛酉朔，十二月庚午日爲十二月十日。簡文中的“六月己酉”，當在“卅五年十二月”之前，又秦以十月爲歲首，故極有可能爲“卅四年”，秦始皇卅四年六月甲午朔，六月己酉日爲六月十六日。灋，同法。犯法爲非，《漢書・王莽傳》：“惟貧困飢寒，犯法爲非，大者群盜，小者偷穴，不過二科，今乃結謀連黨以千百數，是逆亂之大者，豈飢寒之謂邪？”《史記・秦始皇本紀》：“趙高説二世曰：‘先帝臨制天下久，故群臣不敢爲非，進邪説。’”枳，鄉名，屬縣不明；□里，里名。居、糾、定，人名。

卅五年十二月☐

稟人隸妾□☐

□□□□□☐（正）

十二月戊□水□☐（背）（8-2219　圖版·頁263）

按：據書後附録二"秦朔閏表"，秦始皇卅五年十二月辛酉朔，"十二月戊□"應爲"戊辰"（十二月八日）、"戊寅"（十二月十八日）、"戊子"（十二月二十八日）中的某一日。但從殘存筆畫看，爲"戊子"日的可能性大一些。

☐　卅五年正月庚寅朔朔日，倉守擇、佐骨、傒人中☐

☐　令史就視平　☐（8-901+8-926+8-839　圖版·頁127、129、121）

按：簡8-901與簡8-926、簡8-839綴合，見於《校釋（一）》。卅五年正月庚寅朔，正月朔日爲正月一日。傒，同稟。擇、骨、中、就，人名。

卅五年正月庚寅朔癸巳，□☐

□□□□☐（8-259　圖版·頁53）

按：卅五年正月庚寅朔，正月癸巳日爲正月四日。

卅五年正月庚寅朔辛亥，校長☐（8-1738　圖版·頁222）

按：卅五年正月庚寅朔，正月辛亥日爲正月二十二日。《里耶（壹）》本簡釋文後"説明"云："左側刻齒爲'四百四十'。"

卅五年正月庚寅朔甲寅，遷陵少内壬付内官☑（正）

翰羽二當一者百五十八鍭，·五當一者四百七十九鍭，·八當一者□☑

三當一者三百八十六鍭，·六當一者三百卅六鍭，·十五當一者☑（背）（8-1457+8-1458　圖版·頁181、181）

按：簡8-1457與簡8-1458的綴合，見於《里耶（壹）》附“簡牘綴合表”。卅五年正月庚寅朔，正月甲寅日爲正月二十五日。

内官，秦官名。《嶽麓書院藏秦簡（肆）》簡007-009：“佐弋隸臣、湯家臣，免爲士五（伍），屬佐弋而亡者，論之，比寺車府。内官、中官隸臣妾、白粲以巧及勞免爲士五（伍）、庶人、工、工隸隱官而復屬内官、中官者，其或亡☑……□□論之，比寺車府。”張家山漢簡《二年律令·具律》簡119：“有罪當府（腐）者，移内官，内官府（腐）之。”《二年律令·置吏律》簡217：“吏及宦皇帝者、中從騎，歲予告六十日；它内官，卌日。”《二年律令·秩律》簡462-464：“長信私官，内者，長信永巷，永巷詹事丞，詹事將行，長秋謁者令，右厩，靈州，樂府，寺車府，内官，……秩各六百石，有丞、尉者半之。”《史記·孝景本紀》：“以大内爲二千石，置左右内官，屬大内。”韋昭注：“大内，京師府藏。”

鍭，《説文》：“矢金鏃翦羽謂之鍭。”《方言》卷九：“箭，自關而東謂之矢，江淮之間謂之鍭，關西曰箭。”製作鍭矢需要動物羽毛，因此要求各地政府徵收、購買這些羽毛，《後漢書·南蠻西南夷列傳》：“及秦惠王并巴中，以巴氏爲蠻夷君長，世尚秦女，其民爵比不更，有罪得以爵除。其君長歲出賦二千一十六錢，三歲一出義賦千八百錢。其民户出幏布八丈二尺，雞羽三十鍭。漢興，南郡太守靳彊請一依秦時故事。”翰，赤羽的山雞，又稱錦雞，亦泛指禽鳥。《逸周書・王會》：“蜀人以文翰；文翰者，若皋雞。”孔晁注：“鳥有文彩者。”亦指鳥羽，羽翼。《山海經・西山經》：“鳥多白翰赤鷩。”翰羽，里耶秦簡中又有“白翰羽”。壬，人名。

卅五年二月庚申朔戊寅，倉□擇敢言之：隸□饋爲獄行辟書彭陽，食盡二月，謁告過所縣鄉以次牘食。節不能投宿齎。遷陵田能自食。未入關縣鄉，當成齍，以律令成齍。來復傳。敢言之。☑（正）

☑　擇手。（背）（8-407+8-233+8-416+8-1185+8-169　圖版・頁63、51、63、152、41）

按：簡8-407與8-416的綴合，見於《里耶（壹）》附“簡牘綴合表”；簡8-407、8-416與簡8-233、8-1185、8-169的綴合，見於《校釋（一）》。“倉”下一字，簡文殘缺，依簡8-901+8-926+8-839“倉守擇”文例，缺字應爲“守”。牘，應爲“續”字書寫之誤；續食，見於里耶秦簡5-1：“食盡甲寅，謁告過所縣鄉以次續食。”張家山漢簡《二年律令・傳食律》簡235：“縣各署食盡日，前縣以誰（推）續食。”本簡言“食盡二月”，是説稟食至二月底。辟書，《二年律令・行書律》簡276：“諸獄辟書五百里以上，及郡縣官相付受財物當校計者書，皆以郵行。”彭陽，縣名，《漢書・地理志》屬安定郡，治今甘肅鎮原縣東。倉守擇於“卅五年二月庚申朔戊寅”撰制本簡文書，卅五年二月庚申朔，二月戊寅日爲二月十九日。

☑年二月庚寅朔朔日，倉守擇付庫建。　車曹。　☑（8-1820+8-562 圖版·頁228、82）

按：簡8-1820與簡8-562的綴合，見於《校釋（一）》。二月庚寅朔，據書後附録二“秦朔閏表”，秦代紀年中無二月以“庚寅”爲朔日的年代，而本簡中“倉守擇”、“庫建”的已知所有明確紀年簡的年代均爲卅五年，同時卅五年正月、三月的朔日均爲庚寅，故本簡中的“二月庚寅朔”疑爲“三月”的誤寫，當然也不排除“二月庚寅朔”疑爲“庚申朔”的誤寫（簡8-407“卅五年二月庚申朔”）。擇、建，人名。

丞主移捕罪人及徙故囚符左四。符到爲報，署主符、令若丞

發。它如律令，敢告主。内官丞印行事。☑

卅五年三月庚子，泰山木功右材守丞觔追。/☑（正）

……□□□□□□……　/□發。（背）（8-685+8-462　圖版·頁98、70）

按：簡8-685與簡8-462的綴合，見於《校釋（一）》。據書後附録二“秦朔閏表”以及簡8-433“卅五年三月庚寅朔”，三月庚子日爲三月十一日。觔，人名。

符，《説文》：“符，信也。漢制：以竹長六寸，分而相合。從

竹付聲。”《史記·秦始皇本紀》：“數以六爲紀，符、法冠皆六寸。”符分左、右，《居延新簡》EPT44·21：“第廿三候長迹符左。”EPT44·22：“第廿三候長迹符右。”漢制以左符留存，如《居延漢簡釋文合校》65·7：“始元七年閏月甲辰，居延與金關爲出入六寸符券，齒百，從第一至千，左居官，右移金關，符合以從事。”秦制當以右符留存，杜虎符銘：“兵甲之符，右才（在）君，左才（在）杜。”新郪虎符銘：“甲兵之符，右才（在）王，左才（在）新郪。”秦陽陵虎符銘：“甲兵之符，右才（在）皇帝，左才（在）陽陵。”《漢書·文帝紀》：“（二年九月）初與郡守銅虎符、竹使符。”師古注：“與郡守爲符者，謂各分其半，右留京師，左以與之。”本簡“移捕罪人及徙故囚符左四”與秦制相合。

内官丞，秦“内官”機構之“丞”。張家山漢簡《二年律令·秩律》簡462-464：“長信私官，内者，長信永巷，永巷詹事丞，詹事將行，長秋謁者令，右厩，靈州，樂府，寺車府，内官，……秩各六百石，有丞、尉者半之。”據《嶽麓書院藏秦簡（肆）》簡007-009：“内官、中官隸臣妾、白粲以巧及勞免爲士五（伍）、庶人、工、工隸隱官而復屬内官、中官者，其或亡☐……☐☐論之，比寺車府。”張家山漢簡《二年律令·具律》簡119：“有罪當府（腐）者，移内官，内官府（腐）之。”内官機構中管理和使用有徒隸、士五、庶人、工以及罪犯等各類人員，本簡所載“移捕罪人及徙故囚符左四”正與上述記載相合。

泰山，郡名，《嶽麓書院藏秦簡（伍）》簡073有“泰山守”，治所在今山東泰安市東；木功右材，官署名，設有丞。右材守丞，又見於里耶秦簡8-192。

守府以恒恒賦遷陵券☐

三月甲辰，令佐華劾奏□☐

卅五年三月庚寅朔☐（8-433　圖版·頁65）

按：卅五年三月庚寅朔，三月甲辰日爲三月十五日。華，人名。

卅四年九月癸亥犴，癸酉三。

卅四月八月丁未犴。

蔓柏丞□廷卅四年八月丙申下。（正）

卅五年。

正月甲辰夫。

二月壬午夫。

三月辛丑卻、癸卯卻。

正月甲辰乙、丙午乙、戊申乙。（第一欄）

三月朔日卻、壬辰卻、壬寅卻。（第二欄）（背）（8-765　圖版·頁111）

按：正面簡文“卅四月八月丁未犴”中“八”前一字“月”，應係“年”字之誤；“蔓柏丞□廷卅四年八月丙申下”，書寫順序與其他簡文相反，“丞”下一字，《里耶（壹）》作“屆”，《校釋

（一）》認爲其從“尸”從“首”，不識；蔓柏丞□廷，依文例，“蔓柏”應爲縣名，或即《漢書·地理志》“五原郡”屬縣“曼柏”，治今内蒙古準格爾旗西北，“□廷”應係人名。

背面簡文“三月辛丑卻、癸卯卻”中“月”前一字，《里耶（壹）》釋文作“二”，《校釋（一）》亦同，檢核圖版，該字上部分似有筆畫，疑爲“三”；又據書後附録二“秦朔閏表”及里耶秦簡所載朔日干支，卅五年二月庚申朔，該月無辛丑日和癸卯日，而卅五年三月庚寅朔，辛丑日爲該月十二日，癸卯日爲該月十四日，因此可斷定該字爲“三”字無疑。

據書後附録二“秦朔閏表”，卅四年九月癸亥朔，九月癸亥日爲九月一日，九月癸酉日爲九月十一日；卅四年八月癸巳朔，八月丙申日爲八月四日，八月丁未日爲八月十五日；卅五年正月庚寅朔，正月甲辰日爲正月十五日、正月丙午日爲正月十七日、正月戊申日爲正月十九日；卅五年二月庚申朔，二月壬午日爲二月二十三日；卅五年三月庚寅朔，三月朔日爲三月一日、三月壬辰日爲三月三日、三月壬寅日爲三月十三日、三月辛丑日爲三月十二日、三月癸卯日爲三月十四日。犴、三、夫、卻、乙，人名。

卅五年三月庚寅朔辛亥，倉銜敢言之：疏書吏、徒上事尉府者牘北，食皆盡三月，遷陵田能自食。謁告過所縣，以縣鄉次續食如律。雨留不能投宿齎。當騰騰。來復傳。敢言之。（正）

令佐温。

更戍士五城父陽翟執。

更戍士五城父西中痤。

臀手。（背）（8-1517　圖版・頁192）

按：卅五年三月庚寅朔，三月辛亥日爲三月二十二日。尉府，此處應指洞庭郡尉府，省稱"尉府"。傳，通行憑證。睡虎地秦簡《秦律十八種・倉律》簡45："有事軍及下縣者，齎食，毋以傳貣（貸）縣。"城父，縣名，《漢書・地理志》屬沛郡，治今安徽亳州市東南。陽翟、西中，依文例，應爲里名。銜、温、執、痤、臀，人名。

☑庚寅朔辛亥，【倉】☑

☑【食】皆盡三月，遷【陵】☑

食如律。雨留不能【投宿齎】。☑

三月庚寅朔辛亥，遷☑（正）

令佐温。　☑

□戍□□□陽翟□☑

更□士□□□中痤☑（背）（8-110+8-669　圖版・頁28、94）

按：簡8-110與簡8-669的綴合，見於《校釋（一）》。倉、食、陵、投宿齎，據簡5-1、8-1517文例及本簡簡文殘筆補。三月庚寅朔辛亥，據書後附録二"秦朔閏表"，秦代紀年中三月庚寅朔的年代僅有秦始皇三十五年，三月辛亥日爲三月二十二日。

☐八十四。　卅五年三月□☐（8-367　圖版・頁61）

一牘書，图以智□子居益陽者。（正）

卅五年三月。（背）（8-1494　圖版・頁187）

按：图，人名。益陽，縣名，《漢書・地理志》屬長沙國，治今湖南益陽市東。

☐廿八鍭。・卅五年四月己未□☐

☐百七十三鍭。・凡成鍭四百□☐（8-1260　圖版・頁160）

按：據簡8-998、8-1097、8-1167+8-1392"卅五年四月己未朔"，四月己未日爲四月一日。成，《説文》："成，就也。"成鍭，應指鍭的成品。

粟米十三石八斗。　卅五年四月己未朔庚申，倉銜、佐☐

三月、四月食。　令☐（8-1167+8-1392　圖版・頁150、171）

按：簡8-1167與簡8-1392的綴合，見於《校釋（一）》。卅五年四月己未朔，四月庚申日爲四月二日。粟米十三石八斗，《里耶（壹）》簡8-1167釋文後"説明"云："左側刻齒爲'十三石七斗'，以下殘斷。"銜，人名。

絲三斤。　卅五年四月己未朔己巳，少☐（8-1097　圖版・頁145）

按：卅五年四月己未朔，四月己巳日爲四月十一日。絲三斤，

《里耶（壹）》本簡釋文後“説明”云:“左側刻齒爲‘三斤’。”與之相合。

☐□年四月己未朔丙子，成都受遷☐（6-8　圖版·頁10）

按：四月己未朔，據書後附録二“秦朔閏表”，秦代紀年中僅有秦始皇三十五年與之相合，故本簡“年”前殘缺之字當爲“卅五”；卅五年四月己未朔，又見於簡8-1097、8-998、8-1167+8-1392，四月丙子日爲四月十八日。《里耶（壹）》本簡釋文後“説明”云：“右側刻齒爲‘四千一百六十九’。”成都，縣名，《漢書·地理志》屬蜀郡，治今四川省成都市。

幏布四丈七尺。　卅五年四月己未朔乙酉，少□☐（8-998　圖版·頁136）

按：卅五年四月己未朔，四月乙酉日爲四月二十七日。幏，簡文從巾從豖，即“幏”字，《説文》：“幏，南郡蠻夷賨布也。”幏布，古代西南地區少數民族所織的布名。《後漢書·南蠻西南夷列傳》：“其民户出幏布八丈二尺，雞羽三十鍭。”

卅五年二月庚寅朔丁酉，貳【春】鄉茲敢言之：佐詘自言：士五，居泥陽

益固里，故廢戍，署女陰。令毋☐

四歲。謁告泥陽令□□☐

前書畏其不☐（正）

四月壬戌日入，戍卒寄以來。／瞫發。　詘手（背）（8-1459+8-1293+8-1466　圖版・頁181、163、183）

按：簡8-1459與簡8-1293、8-1466的綴合，見於蔣偉男《里耶秦簡文字編》附録"里耶秦簡釋文"。卅五年三月庚寅朔，三月丁酉日爲三月八日。卅五年四月己未朔，四月壬戌日爲四月四日。泥陽，縣名，《漢書・地理志》屬北地郡，治今甘肅寧縣東。女陰，即汝陰，縣名，《漢書・地理志》屬汝南郡，治今安徽阜陽市。兹、詘、寄、瞫，人名。

卅五年五月己丑朔庚子，遷陵守丞律告啓陵鄉嗇夫：鄉守恬有論事，以旦食遣自致，它有律令。（正）

五月庚子，□守恬□□。　敬手。（背）（8-770　圖版・頁113）

按：卅五年五月己丑朔，五月庚子日爲五月十二日。自致，《後漢書・張禹傳》："功曹史戴閏，故太尉掾也，權動郡内。有小譴，禹令自致徐獄，然後正其法。自長史以下，莫不震肅。"律、恬、敬，人名。

☐粟米四石九斗少半。　卅五年五月己丑朔乙巳☐（8-909　圖版・頁128）

按：卅五年五月己丑朔，五月乙巳日爲五月十七日。粟米四石九斗少半，《里耶（壹）》本簡釋文後"説明"云："右側刻齒爲

‘四石九斗少半’。”與之相合。

陽里户人大夫刀。卅五年五月己丑朔癸☐（8-834+8-1609　圖版・頁121、212）

按：簡8-834與簡8-1609的綴合，見於《校釋（一）》。卅五年五月己丑朔，五月癸☐應爲“癸巳”（五月五日）、“癸卯”（五月十五日）、“癸亥”（五月二十五日）中的某一日。刀，人名。

蘭六兩。　卅五年五月己丑朔甲□☐（8-447　圖版・頁66）

按：卅五年五月己丑朔，五月甲□應爲“甲午”（五月六日）、“甲辰”（五月十六日）、“甲寅”（五月二十六日）中的某一日。蘭六兩，《里耶（壹）》本簡釋文後“説明”云：“左側刻齒爲‘六兩’。”與之相合。

卅五年五月己丑朔　☐（8-2104　圖版・頁255）

粟米五石三斗泰半。　卅五年五月己☐（6-12　圖版・頁10）

按：粟米五石三斗泰半，《里耶（壹）》本簡釋文後“説明”云：“右側刻齒爲‘五石三斗’，以下殘斷。”

卅五年六月辛酉□　拙　詘　之。　☐（正）

　－－－－－－－－－　四升　見　☐

□　史□☐（背）（8-172　圖版·頁42）

按：據書後附録二“秦朔閏表”以及簡8-96“卅五年六月戊午朔”，六月辛酉日爲六月四日。本簡除“卅五年六月辛酉□”等簡文外，其他爲習字。

書一封。·遷陵丞印，詣啓陵【鄉】。

卅五年六月甲子，隸妾孫行。（8-475+8-610　圖版·頁71、85）

按：簡8-475與簡8-610的綴合，見於《校釋（一）》。據簡8-96“卅五年六月戊午朔”，六月甲子日爲六月七日。本簡爲一發文記録，下端被削成尖錐形。孫，人名。

繭六兩。　卅五年六月戊午朔丁卯，少内守☐（8-96　圖版·頁26）

按：卅五年六月戊午朔，六月丁卯日爲六月十日。繭六兩，《里耶（壹）》本簡釋文後“説明”云：“右側刻齒爲‘六兩六’。”

卅五年六月戊午朔己巳，庫建、佐般出賣【祠】☐

衛之，斗二錢。☐（8-845　圖版·頁122）

按：卅五年六月戊午朔，六月己巳日爲六月十二日。祠，祭祀。睡虎地秦簡《法律答問》簡25-26：“‘公祠未闋，盜其具，當貲以下耐爲隸臣。’今或益〈盜〉一腎，益〈盜〉一腎臧〈贓〉不盈一錢，可（何）論？祠固用心腎及它支（肢）物，皆各爲一具，一具之臧（贓）不盈一錢，盜之當耐。或直（值）廿錢，而柀盜之，不盡一具，及盜不直（置）者，以律論。”簡161：“‘擅興奇祠，貲二甲。’可（何）如爲‘奇’？王室所當祠固有矣，擅有鬼立（位）殹（也），爲‘奇’，它不爲。”《里耶（壹）》本簡釋文後“説明”云：“左側刻齒爲‘六’，上下殘斷。”衛，衛，同“率”。建、般，人名。

卅五年六月戊午朔己巳，庫建、佐般出賣祠窨□☐

令史歓監。☐（8-993　圖版·頁136）

按：卅五年六月戊午朔，六月己巳日爲六月十二日。《里耶（壹）》本簡釋文後“説明”云：“左側刻齒爲‘一’。”建、般、歓，人名。

卅五年六月戊午朔己巳，庫建、佐般出賣祠窨□□□一朐于隸臣徐所，取錢一。

令史歓監。　般手。（8-1091+8-1002　圖版·頁144、136）

按：簡8-1091與簡8-1002的綴合，見於《校釋（一）》。殘斷處簡文“窨”與“一朐”之間，據簡8-1579+8-1055，應缺“餘徹脯”三字。一朐，《吕氏春秋·慎人覽》：“宣孟與脯一朐，拜受而弗敢食也。”《儀禮·士虞禮》鄭玄注：“朐，脯及乾肉之屈也。”《里耶（壹）》簡8-1091釋文後“説明”云：“左側刻齒爲‘十’。”卅五年六月戊午朔，六月己巳爲六月十二日。建、般、徐、歓，人名。

卅五年六月戊午朔己巳，庫建、佐☑

□☑（8-1289　圖版·頁162）

按：卅五年六月戊午朔，六月己巳日爲六月十二日。《里耶（壹）》本簡釋文後“説明”云：“左側刻齒爲‘五’。”

卅五年六月戊午朔己巳，庫建、佐般出賣祠窨餘徹酒二斗八升于□☑

衛之，斗二錢。　令史歊監。　☑（8-923+8-907+8-1422　圖版·頁129、127、173）

按：簡8-923與簡8-907、8-1422的綴合，見於《校釋（一）》。卅五年六月戊午朔，六月己巳日爲六月十二日。餘，多餘、剩餘。徹，撤除、撤去，《儀禮·鄉射禮》“乃徹豐與觶”鄭玄注：“徹，猶除也。”《里耶（壹）》簡8-923釋文後“説明”云：“左側刻齒爲‘六’。”

卅五年六月戊午朔己巳，庫建、佐般出賣祠窨餘徹脯一朐于□□□所，取錢一。

令史歊監。　般手。（8-1579+8-1055　圖版·頁208、141）

按：簡8-1579與簡8-1005的綴合，見於《校釋（一）》。卅五年六月戊午朔，六月己巳日爲六月十二日。《里耶（壹）》簡8-1579釋文後“説明”云：“左側刻齒爲‘一’。”

☐己巳，庫建、佐般出賣祠☐

☐　令史歡☐（8-847　圖版·頁122）

按：建、般、歡，人名。其中，庫建、佐般的人名組合，見於簡8-845，時爲“卅五年六月戊午朔己巳”；庫建、佐般與令史歡三者的人名組合，又見於簡8-993、8-1091+8-1002、8-1055+8-1579，時均爲“卅五年六月戊午朔己巳”，據簡文内容分析，本簡亦與上述諸簡中的庫建、佐般出賣祭品一事相類，與本簡“庫建”、“佐般”、“令史歡”等應爲同一人。另本簡所載的“己巳”干支日表明，本簡完整紀年文字亦應與上述諸簡“卅五年六月戊午朔己巳”相同，本簡編年應繫於卅五年六月己巳，即卅五年六月十二日。

《里耶（壹）》本簡釋文後“説明”云：“左側刻齒爲‘六’，上下殘斷。”

卅五年六月庚午，南郡段守☐（8-974　圖版·頁133）

按：卅五年六月戊午朔，六月庚午日爲六月十三日。

錢二千一百五十二。　卅五年六月戊午朔丙子，少内沈受市工用段少内唐。

瘳手。（8-2202+8-888+8-936　圖版·頁262、126、130）

按：簡8-2202與簡8-888、8-936的綴合，見於《校釋（一）》。卅五年六月戊午朔，六月丙子日爲六月十九日。錢二千一百五十二,《里耶(壹)》簡8-2202釋文後“説明”云:“右側刻齒爲‘二千一百四十’”;簡8-888釋文後“説明”云:“右側刻齒爲‘十二’”。沈、唐、瘳,人名。

令佐華自言:故爲尉史,養大隸臣豎負華補錢五百,有約券。豎捕戍卒□□事贖耐罪賜,購千百五十二。華謁出五百以自償。

卅五年六月戊午朔戊寅,遷陵守丞銜告少内問:如辤,次豎購當出畀華,及告豎令智之。/華手。(正)

華☐(背)(8-1532+8-1008+8-1461　圖版·頁197、137、182)

按:簡8-1532與簡8-1008、8-1461的綴合,見於《校釋(一)》。卅五年六月戊午朔,六月戊寅日爲六月二十一日。負,虧欠、拖欠。償,償還。購,獎賞。華、豎、銜、問,人名。

六月都鄉不上乙丑作徒薄□☐

卅五年六月戊午朔癸未令□☐

六月戊午朔【癸】☐(8-1425　圖版·頁173)

按:卅五年六月戊午朔,六月癸未日爲六月二十六日,六月乙丑日爲六月八日。乙丑作徒薄,即指六月乙丑日的作徒簿,里耶秦簡8-1520+8-1434+8-1069有“作徒日簿”可證。

䖵六兩。　卅五年六月戊午朔乙☐(8-889　圖版·頁126)

按:卅五年六月戊午朔,“六月乙☐”應爲“乙丑”(六月八日)、“乙亥”(六月十八日)、“乙酉”(六月二十八日)中的某一日。繭六兩,《里耶(壹)》本簡釋文後“説明”云:“右側刻齒爲‘六’。”與之相合。

卅五年六月丁□☐(正)

父女□□☐(背)(8-696　圖版·頁100)

按:卅五年六月戊午朔,六月丁□應爲“丁卯”(六月十日)、“丁丑”(六月二十日)、“丁亥”(六月三十日)中的某一日。

卅五年六月戊午朔□□☐

□□□□□□□□□□□☐(正)

□月□□旦□☐(背)(8-191　圖版·頁45)

卅五年六月戊午朔☐(8-1393　圖版·頁171)

按:卅五年六月戊午朔,簡文“戊午朔”中的“戊”當爲“戊”字的誤寫。

卅五年七月戊子朔癸巳,貳春鄉茲徒薄。　·凡一人。□小畜□☐

受倉隸妾一人。　☐(8-962+8-1087　圖版·頁131、144)

按:簡8-962與簡8-1087的綴合,見於《校釋(一)》。卅五年七月戊子朔,七月癸巳日爲七月六日。茲,人名。

粟廿九石。　卅五年七月戊子朔乙未，倉守☐（8-836+8-1779　圖版·頁121、226）

按：簡8-836與簡8-1779的綴合，見於《校釋（一）》。卅五年七月戊子朔，七月乙未日爲七月八日。粟廿九石，《里耶（壹）》簡8-836釋文後“説明”云：“左側刻齒爲‘廿八石’，以下殘斷。”

卅五年七月戊子朔壬辰，貳春☐

書毋徒捕羽，謁令官亟☐

之。/七月戊子朔丙申，遷陵守☐（正）

遣報之傳書。/歍手。/☐

七月乙未日失時，東成□上造□以來。☐（背）（8-2002+8-673　圖版·頁243、95）

按：簡8-2002與簡8-673的綴合，見於《校釋（一）》。卅五年七月戊子朔，七月壬辰日爲七月五日，七月乙未日爲七月八日，七月丙申日爲七月九日。日失，即日昳，時稱名稱。歍，人名。

☐御史聞代人多坐從以毄，其御史往行，□其名□所坐以毄☐

縣□奏軍初□□到使者至，其當於秦下令毄者衛署其所坐☐

令且解盜戒。卅五年七月戊戌，御史大夫綰下將軍下□叚御史謷往行☐

☐下書都吏治從人者，□大□□□下校尉主軍□都吏治從☐

☐書從事各二牒，故何邦人爵死越□從及有以當制秦☐（正）

☐書亟言求代盜書都吏治從人者所毋當令者☐

☐□留曰騎行書留。/□手。　☐（背）（8-532+8-674+8-528　圖版・頁79、95、78）

按：簡8-532與簡8-674、8-528的綴合，《里耶（壹）》“簡牘綴合表”已指出。卅五年七月戊戌，據簡8-1554“卅五年七月戊子朔”，七月戊戌日爲七月十一日。御史大夫綰，即王綰，《史記・秦始皇本紀》二十六年作“丞相綰”，二十八年作“丞相王綰”，本簡卅五年七月作“御史大夫綰”，補史籍記載之缺。代，郡名，《漢書・地理志》：“代郡，秦置。”謷，人名。本簡言“代人多坐從以毄（繫）”、“亟言求代盜”、“御史往行”，反映了秦始皇三十五年代郡“盜多”的情形。

粟米三斗。　卅五年七月戊子朔乙巳，倉守言、【佐】□□☐（8-1268　圖版・頁161）

按：卅五年七月戊子朔，七月乙巳日爲七月十八日。粟米三斗，《里耶（壹）》本簡釋文後“説明”云：“左側刻齒爲‘三斗’。”言，人名。

卅五年七月戊子朔己酉，都鄉守沈爰書：高里士五廣自言：謁以大奴良、完，小奴嚋、饒，大婢闌、頗、多、□，禾稼、衣器、錢六萬，盡以予子大女子陽里胡，凡十一物，同券齒。

典弘占。（正）

七月戊子朔己酉，都鄉守沈敢言之：上。敢言之。/□手。

【七】月己酉日入，沈以來。/□發。　沈手。（背）（8-1554　圖版 · 頁202）

按：卅五年七月戊子朔，七月己酉日爲七月二十二日。錢六萬，《里耶（壹）》本簡釋文後“説明”云：“左側刻齒爲‘六萬’。”與之相合。典，里典。占，登記。日入，時稱名稱。沈、廣、良、完、嚋、饒、闌、願、多、胡、弘，人名。

粟米六十四石。　卅五年七月戊子朔丙辰，□☐（8-937+8-257　圖版 · 頁130、53）

按：簡8-937與簡8-257的綴合，見於《校釋（一）》。卅五年七月戊子朔，七月丙辰日爲七月二十九日。

粟米五斗。　卅五年七月戊☐（8-924　圖版 · 頁129）

按：粟米五斗，《里耶（壹）》本簡釋文後“説明”云：“右側刻齒爲‘五斗’。”與之相合。

卅五年七月戊☐

受倉隸☐（8-991　圖版 · 頁135）

粟米一石九斗少半斗。　卅五年七月戊☐（8-1748　圖版 · 頁223）

按：粟米一石九斗少半斗，《里耶（壹）》本簡釋文後“説明”

云："左側刻齒爲'一石九斗'。"

☒巳朔朔日，啓陵鄉守狐出貸適戍□☒（8-1029　圖版·頁139）

按：狐，人名。啓陵鄉守狐，又見於紀年明確簡8-769，時爲"卅五年八月"，與本簡"啓陵鄉守狐"應爲同一人；另，簡首"☒巳朔朔日"，據簡8-769"卅五年八月丁巳朔"，亦與卅五年八月丁巳朔相合，八月朔日即八月一日。

卅五年八月丁巳朔己未，啓陵鄉守狐敢言之：廷下令書曰取鮫魚與山今盧魚獻之。問津吏徒莫智。·問智此魚者具署物色，以書言。·問之啓陵鄉吏、黔首、官徒，莫智。敢言之。·戶（正）曹。

八月□□□郵人□以來。／□發。　狐手。（背）（8-769　圖版·頁113）

按：卅五年八月丁巳朔，八月己未日爲八月三日。鮫魚，《淮南子·説山訓》："一淵不兩鮫。"高誘注："魚二千斤爲鮫。"《史記·秦始皇本紀》："方士徐市等入海求神藥，數歲不得，費多恐譴，乃詐曰：'蓬萊藥可得，然常爲大鮫魚苦，故不得至，願請善射與俱，見則以連弩射之。'"盧魚，即鱸魚，《後漢書·方術列傳·左慈》："左慈字元放，廬江人也。少有神道。嘗在司空曹操坐，操從容顧衆賓曰：'今日高會，珍羞略備，所少吴松江鱸魚耳。'放於下坐應曰：'此可得也。'因求銅盤貯水，以竹竿餌釣於盤中，須臾引一鱸魚出。操大拊掌笑，會者皆驚。操曰：‘一魚不周坐席，可更得乎？’放乃更餌鈎沈之，須臾復引出，皆長三尺餘，生鮮可愛。操使目前鱠之，周浹會者。”《荆楚歲時記》九月九日事中稱“菰菜地菌之流，作羹甚美。鱸魚作鱠白和玉，一時之珍。”物色，張家山漢簡《二年律令・津關令》簡498：“御史請諸出入津關者，皆入傳，書郡、縣、里、年、長、物色、疵瑕見外者及馬職（識）物關舍人占者，津關謹閱，出入之。”據文意，當與本簡“物色”表達意義相通。狐，人名。

筥九合。　卅五年八月丁巳朔庚申，田官壬☑（8-900　圖版・頁127）

按：卅五年八月丁巳朔，八月庚申日爲八月四日。筥九合，《里耶（壹）》本簡釋文後“説明”云：“右側刻齒爲‘九’。”與之相合。壬，人名。

粟米十二石二斗少半斗。卅五年八月丁巳朔辛酉，倉守擇付司空守俱。臂手。（8-1544　圖版・頁199）

按：卅五年八月丁巳朔，八月辛酉日爲八月五日。粟米十二石二斗少半斗，《里耶（壹）》本簡釋文後“説明”云：“左側刻齒爲‘十二石二斗少半斗’。”與之相合。臂手，《里耶（壹）》未釋，作“□”處理，檢核圖版，該處當爲兩字，與簡8-865、8-902、8-1771等簡中的“臂手”兩字字形相近，當屬簡端末尾空白部分不夠，兩字書寫擁擠所致。擇、俱、臂，人名。

錢三百五十。　卅五年八月丁巳朔癸亥，少內沈出以購吏養城父士五得。得告戍卒贖耐罪惡。

令史華監。　瘳手。（8-1572+8-811　圖版·頁207、119）

按：簡8-1572與簡8-811的綴合，見於《校釋（一）》。卅五年八月丁巳朔，八月癸亥日爲八月七日。錢三百五十，《里耶（壹）》簡8-1572釋文後“説明”云：“左側刻齒爲‘三百五十’。”與之相合。沈、得、惡、華、瘳，人名。

購，獎賞。睡虎地秦簡《法律答問》簡134：“甲告乙賊傷人，問乙賊殺人，非傷殹（也），甲當購，購幾可（何）？當購二兩。”簡136：“夫、妻、子五人共盜，皆當刑城旦，今中〈甲〉盡捕告之，問甲當購○幾可（何）？人購二兩。”簡141：“或捕告人奴妾盜百一十錢，問主購之且公購？公購之。”本簡所記“錢三百五十”由少內官府“出以購吏養城父士五得”，當屬“公購”。秦的“公購”是有一定標準條件的，如簡140：“‘盜出朱（珠）玉邦關及買（賣）於客者，上朱（珠）玉內史，內史材鼠（予）購。’·可（何）以購之？其耐罪以上，購如捕它罪人；貲罪，不購。”簡138：“甲捕乙，告盜書丞印以亡，問亡二日，它如甲，已論耐乙，問甲當購不當？不當。”可見被捕告者在“耐罪以上”的，捕告者才能獲得獎賞。

耐，刑罰的一種，即剃去鬚鬢，古書或作耏。《史記·淮南衡山列傳》："徙郡國豪桀任俠及有耐罪以上，赦令除其罪。"裴駰《集解》引蘇林曰："一歲刑爲罰作，二歲刑已上爲耐。"《漢書・高帝紀》："令郎中有罪耐以上，請之。"師古注引應劭云："輕罪不至於髡，完其耏鬢，故曰耏。古耐字從彡，髮膚之意也。"《前漢紀・孝文皇帝紀上》："於是出布帛米肉之賜。其肉刑耐罪以上不用此令。"《禮記・禮運》正義："古者犯罪以髡其鬢，謂之耐罪。"秦律中有"耐"刑，睡虎地秦簡《法律答問》簡83："或鬭，嚙斷人鼻若耳若指若脣，論各可（何）毆（也）？議皆當耐。"簡80："律曰：'鬭夬（決）人耳，耐。'今夬（決）耳故不穿，所夬（決）非珥所入毆（也），可（何）論？律所謂，非必珥所入乃爲夬（決），夬（決）裂男若女耳，皆當耐。"《秦律雜抄》簡38："・捕盜律曰：捕人相移以受爵者，耐。"

贖，繳納財物去贖死刑或肉刑等罪，張家山漢簡《二年律令・賊律》簡39"父母毆笞子及奴婢，子及奴婢以毆笞辜死，令贖死。"又有"居贖"，睡虎地秦簡《秦律十八種・司空》簡134："公士以下居贖刑罪、死罪者，居於城旦舂，毋赤其衣。"或又有"爵贖"，張家山漢簡《二年律令・賊律》簡38："賊殺傷父母，牧父母，歐（毆）詈父母，父母告子不孝，其妻子爲收者，皆錮，令毋得以爵償、免除及贖。"

贖耐，贖刑罪、死罪中的一種。張家山漢簡《二年律令・具律》簡92-98："鞫獄故縱、不直，及診、報、辟故弗窮審者……贖死、贖城旦舂、鬼薪白粲、贖斬宮、贖劓黥、戍不盈四歲，繫不盈六歲，及罰金一斤以上罪，罰金二兩。繫不盈三歲，贖耐、贖遷、及不盈一斤以下罪，購、没入、負償、償日作縣官罪，罰金一兩。”

絲十八斤四兩。　卅五年八月丁巳朔甲子，少内【沈】☑（8-914+8-1113　圖版・頁128、146）

按：簡8-914與簡8-1113的綴合，見於《校釋（一）》。卅五年八月丁巳朔，八月甲子日爲八月八日。絲十八斤四兩，《里耶（壹）》簡8-914釋文後“説明”云：“左側刻齒爲‘十八斤四兩’。”與之相合。

☑　作七月八月丁巳朔甲子，臨沅（正）

……卅卅五年八月丁巳……☑（背）（8-1460　圖版・頁182）

按：據書後附録二“秦朔閏表”及簡8-660“卅五年八月丁巳朔”，本簡背面簡文提到的“卅五年八月丁巳”以及正面的“八月丁巳朔甲子”，合於秦紀年中的秦始皇三十五年，卅五年八月丁巳朔，八月甲子日爲八月八日。《里耶（壹）》本簡釋文後“説明”云：“正背面書寫順序相反。”

錢百六十。　卅五年八月丁巳朔戊寅，少内沈出以稟□☑（8-1214　圖版・頁154）

按：卅五年八月丁巳朔，八月戊寅日爲八月二十二日。

卅五年八月丁巳朔辛巳，少内守☐
少内敢辤。☐（8-2086　圖版 · 頁 253）

按：卅五年八月丁巳朔，八月辛巳日爲八月二十五日。敢，人名。

卅五年八月丁巳朔甲申，遷陵丞遷下辤少内☐（8-514+8-378　圖版 · 頁 76、61）

按：簡 8-514 與簡 8-378 的綴合，見於《校釋（一）》。卅五年八月丁巳朔，八月甲申日爲八月二十八日。遷，人名。

卅五年八月丁巳朔乙酉，司空守俱、佐稱入徒所爲☐（8-2180+8-2093　圖版 · 頁 259、254）

按：簡 8-2180 與簡 8-2093 的綴合，見於《校釋（一）》。卅五年八月丁巳朔，八月乙酉日爲八月二十九日。俱、稱，人名。

☐半斗。　卅五年八月丁巳朔丙戌，倉兹、司空守俱。（8-824+8-1974　圖版 · 頁 120、240）

按：簡 8-824 與 8-1974 的綴合，見於《校釋（一）》。卅五年八月丁巳朔，八月丙戌日爲八月三十日。☐半斗，因簡殘而數額不明，《里耶（壹）》簡 8-824 釋文後 "説明" 云："左側刻齒爲 '五十石七斗半斗。'" 或補本簡殘缺數字。兹、俱，人名。

粟米十石。　卅五年八月丁巳朔☐（8-596　圖版・頁85）

出莞席十。　卅五年八月丁巳☐☐

其貲責計☐（8-1686　圖版・頁219）

按：莞席，《詩・小雅・斯干》：“下莞上簟，乃安斯寢。”鄭玄注：“莞，小蒲之席也。竹葦曰簟。”《三國志・吴書三・三嗣主傳》：“吏叩頭曰：‘嘗從某求宫中莞席，宫席有數，不敢與。’”出莞席十，《里耶（壹）》本簡釋文後“説明”云：“左側刻齒爲‘十’。”與之相合。貲責計，計文書之一種。

☐　卅五年八月☐（8-2187　圖版・頁259）

按：《里耶（壹）》本簡釋文後“説明”云：“右側刻齒爲‘六十六’。”

卅五年八月丁巳朔　　貳春鄉茲敢言之：受酉陽盈夷鄉户隸計大女子一人。・今上其校一牒，謁以從事。敢言之。（正）

如意手。（背）（8-1565　圖版・頁206）

按：“朔”字後日期原簡文未書，“朔”後留有空間，疑爲文書起草、定槁後再行填寫。户隸計，計文書之一種。茲、如意，人名。

遷陵已計卅四年餘見弩臂百六十九。　☐

・凡百六十九。 ☑

出弩臂四輸益陽。 ☑

出弩臂三輸臨沅。 ☑

・凡出七。 ☑

今八月見弩臂百六十二。 ☑（8-151　圖版・頁35）

按：據簡文“遷陵已計卅四年餘見弩臂百六十九”，可知本簡統計數字和文書最有可能發生的時間爲卅五年；又，簡文中出現的“今八月見弩臂百六十二”等内容，當爲卅五年八月的統計和數字，故本簡編年繫於卅五年八月。餘見，現剩。張家山漢簡《二年律令・田律》簡256：“官各以二尺牒疏書一歲馬、牛它物用稾數，餘見芻稾數，上内史，恒會八月望。”

錦繒一丈五尺八寸。 卅五年九月丁亥朔朔日，少内守繞出以爲【獻】☑

令佐俱監。 ☑（8-1751+8-2207　圖版・頁223、262）

按：簡8-1751與簡8-2207的綴合，見於《校釋（一）》。卅五年九月丁亥朔，九月朔日爲九月一日。錦繒一丈五尺八寸，《里耶（壹）》簡8-1751釋文後“説明”云：“左側刻齒爲‘一丈五尺八寸’。”與之相合。獻，本簡與簡8-2204+8-891+8-933内容相同，據文例及殘存筆畫補。錦，指有彩色花紋的絲織品。繒，古代絲織品的總稱，《漢書・灌嬰傳》：“灌嬰，睢陽販繒者也。”師古注曰：“繒者，帛之總名。”錦繒，即指一種帶彩色花紋的繒。繞、俱，人名。

錦繒一丈五尺八寸。　卅五年九月丁……□守繞出以爲獻☑

令佐俱監。　☑（8-2204+8-891+8-933　圖版・頁262、126、129）

按：簡8-2204與簡8-891、8-933的綴合，見於《校釋（一）》。本簡與簡8-1751+8-2207内容相同，殘缺之字可補“亥朔朔日，少内”等字。《里耶（壹）》簡8-891釋文後“説明”云：“左側刻齒爲‘十七’。”

卅五年八月丁巳朔丙戌，都鄉守☑

士五兔詣少内受【購】。・今□☑（正）

九月丁亥日垂入，鄉守蜀以來。／瘳☑（背）（8-660　圖版・頁92）

按：卅五年八月丁巳朔，八月丙戌日爲八月三十日；九月丁亥，據簡8-1751+8-2207“卅五年九月丁亥朔”，九月朔日爲丁亥，九月丁亥日爲九月一日。購，《里耶（壹）》未釋，檢核圖版，該字左邊從貝，右邊字迹漫漶，結合簡8-992、8-1018，該字字形與“購”字相近，疑爲“購”字。日垂入，記時名稱，疑即“日入”。兔、蜀、瘳，人名。

☑□□斗。　卅五年九月丁亥朔庚寅，少☑（8-934　圖版・頁129）

按：卅五年九月丁亥朔，九月庚寅日爲九月四日。《里耶（壹）》本簡釋文後“説明”云：“左側刻齒爲‘二’。”

木薪一石五斗。　卅五年九☐（正）

【九】月丁亥朔庚寅，少內沈☐（背）（8-2193　圖版・頁261）

按："月"前一字，《里耶（壹）》未釋，《校釋》作"九"，檢核圖版，該字字迹漫漶不識，據正面簡文"卅五年九☐"及簡8-934"卅五年九月丁亥朔庚寅"紀年文字，"月"前不識之字應爲"九"，今補。卅五年九月丁亥朔，九月庚寅日爲九月四日。薪，《漢書・揚雄傳》師古注曰："樵，木薪也。"沈，人名。

☐年九月丁亥朔甲午，酈□☐（8-316　圖版・頁58）

按：九月丁亥朔，據書後附録二"秦朔閏表"，秦代紀年中僅有秦始皇三十五年與之相合。卅五年九月丁亥朔，九月甲午日爲九月八日。《里耶（壹）》本簡釋文後"説明"云："右側刻齒爲'五百二十'。"酈，疑爲縣名，《漢書・地理志》屬南陽郡，治今河南南陽市西北。

☐……食一石，凡三石。卅五年九月丁亥朔丙申，倉兹受司空守□（8-2248　圖版・頁265）

按：卅五年九月丁亥朔，九月丙申日爲九月十日。兹，人名。

卅五年九月丁亥朔乙卯，貳春鄉守辨敢言之：上不更以下繇計二牒。敢言之。（8-1539　圖版・頁198）

按：卅五年九月丁亥朔，九月乙卯爲九月二十九日。不更，秦爵的第四級爵。繇（徭）計，計文書之一種。辨，人名。

粟米二石。　卅五年九月☐

令史☐（8-1159　圖版・頁150）

按：粟米二石，《里耶（壹）》本簡釋文後"説明"云："左側刻齒爲'二石'。"與之相合。

石。　卅五年九月乙丑朔。（8-27　圖版・頁17）

按：據書後附録二"秦朔閏表"及簡8-934"卅五年九月丁亥朔"，秦紀年中卅五年九月朔日當爲丁亥日，而非簡文中的"乙丑朔"，卅五年九月亦無乙丑日。

☐□　卅五年

☐【罪】當【購】錢（正）

☐□□□□□（背）（8-79　圖版・頁25）

按：罪，據殘筆畫補釋。購，簡文左邊明顯從貝，右邊字迹漫漶，結合簡8-992、8-1018，該字字形與"購"字相近，疑爲"購"字，今補。

南里小女子苗，卅五年徙爲陽里户人大女子嬰隸。（8-1546　圖版・頁200）

按：南里、陽里，里名。苗、嬰，人名。本簡内容或與簡8-1565中所言之“户隸計”相類。

南里小女子苗，卅五年徙爲陽里户人大女嬰隸。（8-1504+8-863　圖版·頁189、123）

按：簡8-1504與簡8-863的綴合，見於《校釋（一）》。簡8-1504與簡8-863綴合處可釋出一“苗”字。本簡内容與簡8-1546基本相同，據簡8-1546文例，疑本簡“大女”與“嬰”之間簡文脱書一“子”字。

☐　卅五年☐（8-901　圖版·頁127）

☐人庸作志☐（正）

☐　卅五年☐（背）（8-949　圖版·頁130）

按：庸作，《漢書·匡衡傳》：“匡衡字稚圭，東海承人也。父世農夫，至衡好學，家貧，庸作以供資用，尤精力過絶人。”師古曰：“庸作，言賣功庸爲人作役而受顧也。”庸作志，秦代官府文書的一種。

金印一。　卅五年☐（8-1104　圖版·頁145）

户芻錢六十四。　卅五年。　☐（8-1165　圖版·頁150）

按：户芻錢，張家山漢簡《二年律令·田律》簡255："卿以下，五月户出賦十六錢，十月户出芻一石，足其縣用，餘以入頃芻律入錢。"簡240-241："入頃芻稾，頃入芻三石；上郡地惡，頃入二石；稾皆二石。令各入其歲所有，毋入陳，不從令者罰黄金四兩。收入芻稾，縣各度一歲用芻稾，足其縣用，其餘令頃入五十五錢以當芻稾。芻一石當十五錢，稾一石當五錢。"可參考。

卅五年☐

者牘☐（8-1203　圖版·頁154）

卅五年都。（8-1273　圖版·頁161）

卅五年遷陵□☐

□□□□□☐（8-1920　圖版·頁236）

高里公士印。　卅五年産女□☐（8-1410　圖版·頁172）

按：印，人名。産，誕生。

粟米十二石三斗。　卅五年☐（8-1762　圖版·頁224）

按：粟米十二石三斗，《里耶（壹）》本簡釋文後"説明"云："左側刻齒爲'丨二石三斗'。"與之相合。

獄東書一封，丞印，詣競陵。/卅五年☑（正）

人饋以來。 ☑（背）（8-1467 圖版·頁183）

按：據文例，本簡“東”與“書”之間，簡文應脱一“曹”字。饋，人名。

卅五年遷陵貳春鄉積户二萬一千三百☑

毋將陽闌亡乏户。 ☑（8-1716 圖版·頁221）

按：積户，統計文書用語，指累計户數，與“見户”相對。將陽，睡虎地秦簡《封診式·亡自出》簡96-98：“鄉某爰書：男子甲自詣，辭曰：‘士五（伍），居某里，以迺二月不識日去亡，毋（無）它坐，今來自出。’·問之□名事定，以二月丙子將陽亡，三月中逋築宫廿日，四年三月丁未籍一亡五月十日，毋（無）它坐，莫覆問。以甲獻典乙相診，今令乙將之詣論，敢言之。”《法律答問》簡163：“‘不會，治（笞）；未盈卒歲得，以將陽有（又）行治（笞）。’今士五（伍）甲不會，治（笞）五十；未卒歲而得，治（笞）當駕（加）不當？當。”整理小組注：“將陽，見《尚書大傳》，係叠韵連語，在此意爲游蕩。”闌亡，睡虎地秦簡《法律答問》簡139：“有秩吏捕闌亡者，以畀乙，令詣，約分購，問吏及乙論可（何）殹（也）？當貲各二甲，勿購。”簡48：“告人曰邦亡，未出徼闌亡，告不審，論可（何）殹（也）？爲告黥城旦不審。”簡167：“女子甲去夫亡，男子乙亦闌亡，相夫妻，甲弗告請（情），居二歲，生子，乃告請（情），乙即弗棄，而得，論可（何）殹

（也）？當黥城旦舂。”《漢書·汲黯傳》注：“無符傳出入爲闌也。”乏户，含義不明，待考。

充獄失守府毋計籍☐（正）

卅八　卅五年　☐（背）（8-1624　圖版·頁213）

按：本簡正面頂端塗黑。充，縣名；獄，機構名。

☐、妻曰備，以户䙴廬江，卅五年☐（8-1873　圖版·頁233）

按：䙴，《漢書·郊祀志》“欲䙴夏社”師古注：“䙴，古遷字。”遷，刑罰的一種，即流放遷居邊境。《漢書·高帝紀》注引如淳云：“秦法，有罪遷，徙至於蜀漢。”睡虎地秦簡《秦律十八種·司空》簡151-152：“·或贖䙴（遷），欲入錢者，日八錢。”《秦律十八種·軍爵律》簡153-154：“從軍當以勞論及賜，未拜而死，有罪法耐䙴（遷）其後；及法耐䙴（遷）者，皆不得受其爵及賜。其已拜，賜未受而死及法耐䙴（遷）者，鼠（予）賜。”睡虎地秦簡《秦律雜抄》簡10-11：“吏自佐、史以上負從馬、守書私卒，令市取錢焉，皆䙴（遷）。”秦時罪人流放時其家屬應隨往流放的地點，如睡虎地秦簡《法律答問》簡60：“廷行事有罪當䙴（遷），已斷已令，未行而死若亡，其所包當詣䙴（遷）所。”《法律答問》簡61：“嗇夫不以官爲事，以奸爲事，論可（何）殹（也）？當䙴（遷）。䙴（遷）者妻當包不當？不當包。”《法律答問》簡62：“當䙴（遷），其妻先自告，當包。”睡虎地秦簡《封診式·䙴（遷）

子》簡46-49："爰書：某里士五（伍）甲告曰：'謁鋈親子同里士五（伍）丙足，䙴（遷）蜀邊縣，令終身毋得去䙴（遷）所，敢告。'告法（廢）丘主：士五（伍）咸陽才（在）某里曰丙，坐父甲謁鋈其足，䙴（遷）蜀邊縣，令終身毋得去䙴（遷）所論之，䙴（遷）丙如甲告，以律包。今鋈丙足，令吏徒將傳及恒書一封詣令史，可受代吏徒，以縣次傳詣成都，成都上恒書太守處，以律食。法（廢）丘已傳，爲報，敢告主。"可參考。備，人名。

廬江，郡名，《漢書·地理志》屬揚州刺史部。周振鶴《漢書地理志彙釋》"廬江郡"條下"編者按"云："《漢志》所載行政區劃乃反映西漢末年情勢，與初年迥異，尤其諸侯王國部分。廬江郡在漢初，全境位於江南。至武帝元狩二年，撤銷江南廬江郡，以其東部四縣屬鄣郡，亦改鄣郡爲丹陽，以其餘各縣入豫章郡。同時，又於江北設立廬江新郡，以衡山郡東部與九江郡南部數縣置。志上廬江郡即江北之新郡。"

遷陵卅五年貇田輿五十二頃九十五畝，税田四頃□□

户百五十二，租六百七十七石。衛之，畝一石五；

户嬰四石四斗五升，奇不衛六斗。（正）

啓田九頃十畝，租九十七石六斗。

都田十七頃五十一畝，租二百卅一石。

貳田廿六頃卅四畝，租三百卅九石三。

凡田七十頃卌二畝。　·租凡九百一十。（第一欄）

六百七十七石。（第二欄）（背）（8-1519　圖版・頁193）

按：第一行“税田”下一字，《里耶（壹）》未釋，《校釋（一）》作“四”，檢核圖版，該字字形漫漶，據《校釋（一）》推算，當爲“四”字，今從。張家山汉簡《二年律令・田律》簡243：“縣道已豤田，上其數二千石官，以户數嬰之，毋出五月望。”可參考。

☐計，卅五年少内　☐（8-1111　圖版・頁146）

船一㮴名曰□□☐

卅五年□□……☐（8-1195　圖版・頁152）

卅五年☐（8-306　圖版・頁57）

按：本簡頂端塗黑，“年”字以下殘缺。

出粟一石九斗少半斗。　卅五☐（8-941　圖版・頁130）

按：據文例，“卅五”應指卅五年，故本簡編年繫於卅五年。

☐竹筥二合。　卅五☐（8-1074　圖版・頁143）

按：據文例，“卅五”應指卅五年，故本簡編年繫於卅五年。

錢四萬九千四百六十九。　卅五☐（8-1814　圖版・頁228）

按：據文例，“卅五”應指卅五年。錢四萬九千四百六十九，《里耶（壹）》本簡釋文後“説明”云：“右側刻齒爲‘四萬七千’，以下殘斷。”

附十一

☐□庭所，取錢六，衛之各三。·令佐平監。（8-967　圖版·頁132）

按：平，人名。令佐平，又見於簡8-1449+8-1484，時爲“卅五年十月”，與本簡“令佐平”應爲同一人，本簡編年繫於卅五年，故附於此。

令佐平監，雙行小字書於“·”之下，右“令佐”，左“平監”，疑因本簡下端書寫空間不足所致。

☐與令佐平（8-1745　圖版·頁223）

按：本簡編年繫於卅五，緣由同簡8-967。

☐　平手。（8-2077　圖版·頁253）

按：平手，又見於簡8-1527，身份爲“貳春鄉守”，時爲“卅四年八月”；簡8-1449+8-1484，身份爲“令佐”，時爲“卅五年十月”，與本簡“平”有可能爲同一人，疑係同一人在不同時期的職務變化，本簡編年應繫於卅五年，故附於此。

□　☑（正）

……☑

……告主□□□☑

十二月己□□佐臀以來。／□☑（背）（8-690　圖版・頁99）

按：臀，人名。佐臀，又見於8-901+8-926+8-839，時爲“卅五年正月”，身份爲倉佐，與本簡“佐臀”有可能爲同一人，故附於此。

☑　臀手。（8-348　圖版・頁60）

按：臀，人名。臀手，又見於紀年明確簡8-1517、8-1544等，分别時爲“卅五年三月”、“卅五年八月”，與本簡“臀”應爲同一人；另據簡8-901+8-926+8-839，“臀”身份爲倉佐。本簡編年繫於卅五年，故附於此。

☑　臀手。（8-865　圖版・頁123）

按：本簡編年繫於卅五年，緣由同簡8-348。

☑　臀手。☑（8-2269　圖版・頁267）

按：本簡編年繫於卅五年，緣由同簡8-348。

☑夫三月、四月食。

☐　臂手。（8-1809　圖版·頁228）

按：本簡編年繫於卅五年，緣由同簡8-348。另據簡文“三月、四月食”以及簡8-1345+8-2245“稻一石一斗八升。　卅一年五月乙卯，倉是、史感、稟人援出稟遷陵丞昌。·四月、五月食。　令史尚視平。　感手”文例，本簡編年或應繫於“卅五年五月”。

☐當計。

☐已付都鄉。臂手。（8-1973　圖版·頁240）

按：本簡上端殘缺處有火燒痕迹，編年緣由同簡8-348。

☐　父西中痤九月食。

☐　令史歡視平。　臂手。（8-902　圖版·頁127）

按：痤、歡、臂，人名。“西中痤”、“臂手”的人名組合，又見於簡8-1517，時爲“卅五年三月”，與糧倉稟食有關，臂的身份爲倉“佐”，“臂手”與其“佐”的職務有關。令史歡，又見於簡8-993、8-1091+8-1002等，時爲“卅五年六月”，因與糧倉稟食有關，里耶秦簡中多使用“視平”文書用語。以上諸簡中的“痤”、“歡”、“臂”與本簡“痤”、“歡”、“臂”應爲同一人，本簡編年繫於卅五年，故附於此。

☐□付市段少内唐。

☐　臂手。（8-1771　圖版·頁225）

按：唐、臂，人名。市叚少内唐，又見於簡8-2202+8-888+8-936，作“市工用叚少内唐”，時爲“卅五年六月”；臂手，又見於紀年明確簡8-1517、8-1544等，分别時爲“卅五年三月”、“卅五年八月”，另據簡8-901+8-926+8-839，“臂”的身份爲倉佐，與本簡“市叚少内唐”、“臂”應爲同一人，本簡編年繫於卅五年，故附於此。

☐辤曰：誠與倉銜（8-1354　圖版・頁168）

按：銜，人名。倉銜，又見於簡8-1517、8-1167+8-1392，分别時爲“卅五年三月”（簡8-1517）、“卅五年四月”（簡8-1167+8-1392），與本簡“倉銜”應爲同一人，本簡編年繫於卅五年，故附於此。

遷陵買羽，倉銜故☐（8-1755　圖版・頁223）

按：本簡編年繫於卅五年，緣由同簡8-1354。

☐般出賣祠窨餘徹食☐（8-1162　圖版・頁150）

按：般，人名，又見於簡8-845、8-923+8-907+8-1422、8-1579+8-1055等，時均爲“卅五年六月”；另據簡文内容分析，本簡亦與上述諸簡的卅五年六月庫建、佐般出賣祭品一事相類，與本簡“般”應爲同一人，身份爲庫佐，故附於此。

☑□于隸臣䵫所，取錢十二。

☑　般手。（8-827　圖版·頁120）

按：䵫、般，人名。般手，又見於簡8-1579+8-1055、8-1091+8-1002，時爲"卅五年六月"；另據簡文内容分析，本簡與上述諸簡的卅五年六月庫建、佐般出賣祭品一事相類，與本簡之"般"，兩者應爲同一人，身份爲庫佐，故附於此。

☑　般手。（8-1211　圖版·頁154）

按：本簡編年繫於卅五年，緣由同簡8-827。

☑　般手。（8-1706　圖版·頁220）

按：本簡編年繫於卅五年，緣由同簡8-827。

☑□　般手。（8-2053　圖版·頁252）

按：本簡編年繫於卅五年，緣由同簡8-827。

☑□四斗半斗于隸臣徐所，取錢五。（8-1709　圖版·頁220）

按：徐，人名。隸臣徐，又見於簡8-1091+8-1002，時爲"卅五年六月"；另據簡文内容分析，本簡與卅五年六月庫建、佐般出賣祭品一事相類，該類事件所見簡之年代皆在"卅五年六月"，故本簡編年亦應繫於卅五年。

☑　令史歓監☑（8-814　圖版・頁119）

按：歓，人名。令史歓，又見於簡8-993、8-1091+8-1002等，時爲"卅五年六月"，與本簡"令史歓"應爲同一人，負責監督庫建、佐般卅五年六月出賣祭品之事，故附於此。

☑辛酉，倉守擇付庫建、車曹佐般受券。
☑　臂手。（8-405　圖版・頁63）

按：擇、建、般、臂，人名。倉守擇、臂手的人名組合，又見於紀年明確簡8-901+8-926+8-839、8-1544，分别時爲"卅五年正月"（簡8-901+8-926+8-839）、"卅五年八月"（簡8-1544）；庫建、佐般的人名組合，又見於紀年明確簡8-993、8-1091+8-1002、8-1055+8-1579等，時均爲"卅五年六月"；而倉守擇與庫建的人名組合，則見於簡8-1820+8-562，時爲卅五年二月。以上諸簡與本簡的"倉守擇"、"臂手"、"庫建"、"佐般"等應爲同一人，本簡編年應繫於卅五年，故附於此。

☑倉守擇付司空守得、佐忌行。　☑（8-854　圖版・頁122）

按：擇、得、忌行，人名。司空守得、佐忌行，僅見於此簡。倉守擇，又見於紀年明確簡8-901+8-926+8-839、8-1544，分别時爲"卅五年正月"（簡8-901+8-926+8-839）、"卅五年八月"（簡8-1544），與本簡"倉守擇"應爲同一人，本簡編年繫於卅五年，故附於此。

☑倉守擇受啓陵鄉☑（8-1078　圖版·頁143）

按：本簡編年繫於卅五年，緣由同簡8-854。

☑□巳，啓鄉守恬敢言之：廷【令】☑
☑渚即【宜】之及其□☑
☑□履發。☑（8-1797　圖版·頁227）

按：恬、履，人名。啓鄉守恬，即“啓陵鄉守恬”之省稱，又見於簡8-770，時爲“卅五年五月”，與本簡“啓鄉守恬”爲同一人，本簡編年應繫於卅五年，故附於此。

☑陵鄉守恬□☑
☑□可以癸☑（8-2243　圖版·頁264）

按：恬，人名。“☑陵鄉守恬”，即“啓陵鄉守恬”，又可省稱作“啓鄉守恬”（簡8-1797）。本簡編年應繫於卅五年，緣由同簡8-1797。

☑守恬敢言之☑（8-2170　圖版·頁259）

按：恬，人名。據“恬”所擔任過的職務及“☑守恬”文例，本簡中的“恬”應即簡8-1797中之“啓鄉守恬”、簡8-2243中之“☑陵鄉守恬”。本簡編年應繫於卅五年，緣由同簡8-1797。

☐朔壬戌，少内沈受司空佐友。（8-1352　圖版・頁168）

按：沈、友，人名。少内沈，又見於簡8-2202+8-888+8-936、8-1214、8-1572+8-811、8-2193，分别時爲“卅五年六月”（簡8-2202+8-888+8-936）、“卅五年八月”（簡8-1214、8-1572+8-811）、“卅五年九月”（簡8-2193），與本簡“少内沈”應爲同一人，本簡編年繫於卅五年，故附於此。《里耶（壹）》本簡釋文後“説明”云：“右側刻齒爲‘四百八十二’，以上殘斷。”

☐□朔甲午，少内沈付鄜☐（8-1512+8-1233　圖版・頁190、157）

按：簡8-1512與簡8-1233的綴合，見於《校釋（一）》。《里耶（壹）》簡8-1512釋文後“説明”云：“左側刻齒爲‘六十’。”簡8-1233釋文後“説明”云：“左側刻齒爲‘四’，上下殘斷。”簡8-1233下端殘斷處有火燒痕迹。本簡編年繫於卅五年，緣由同簡8-1352。

☐□□子，少内沈、佐瘳效☐（8-1398　圖版・頁172）

按：沈、瘳，人名。沈、瘳人名組合，又見於簡8-2202+8-888+8-936，時爲“卅五年六月”，與本簡沈、瘳應爲同一人，本簡編年繫於卅五年，故附於此。

☐□言付都鄉守沈。　强手。（8-1824　圖版・頁229）

按：沈、强，人名。强手，僅見於本簡。都鄉守沈，又見於簡8-1554，時爲“卅五年七月”，與本簡“都鄉守沈”應爲同一人，本簡編年繫於卅五年，故附於此。

☑校長援□，丙子盡丙戌十一日，不□□☑
☑□丁亥朔戊子，尉守建、尉史午劾 ☑（正）
☑□戊子，【尉】守建敢言之：寫上。謁☑（背）（8-2163+8-671+8-721 圖版·頁258、94、104）

按：簡8-2163與簡8-671、8-721的綴合，見於《校釋（一）》。丁亥朔戊子，據書後附録二“秦朔閏表”，秦代紀年中丁亥朔戊子日出現的月份有秦始皇廿五年五月、卅年六月和卅五年九月，而已知簡中無“校長援”、“尉守建”、“尉史午”的明確活動時間，故本簡編年繫於卅五年。

令佐華視事卅七日。 ☑（8-460 圖版·頁67）

按：華，人名。令佐華，又見於簡8-433、8-1532+8-1008+8-1461，時爲“卅五年三月”（簡8-433）、“卅五年六月”（簡8-1532+8-1008+8-1461），與本簡“令佐華”應爲同一人，本簡編年繫於卅五年，故附於此。

☑ 令佐華視平。（8-1030 圖版·頁139）

按：本簡編年緣由同簡8-460。

來賦不當環☐

□□□令佐華☐（8-2179　圖版・頁259）

按：本簡編年緣由同簡8-460。

☐佐歓、華雜訊旁，辤曰：士五☐（8-1298　圖版・頁163）

按：歓、華、旁，人名。簡文“佐歓、華”，結合其他已知簡中人名“歓”、“華”的職務，可知本簡中“華”的身份最有可能爲“令佐”，“歓”也有已知爲“令佐”的職務，見於簡8-917，但紀年不明；旁，又見於簡8-1764，紀年不明。本簡編年緣由同簡8-460。

☐佐歓、華訊于，于告旁☐（8-1764　圖版・頁224）

按：“訊”下一字，《里耶（壹）》作“干”，《校釋（一）》改釋作“于”，可從，該字下有重文符號，釋文直接釋出。歓、華、于、旁，人名。本簡編年緣由同簡8-1298。

☐隸。　錢八。

☐　令佐歓監。　□（8-917　圖版・頁128）

按：本簡編年緣由同簡8-1298。

☐□問當論，論言夬☐

☐敢言之。/歓☐（8-1405　圖版・頁172）

按：歓☐，依文例，殘斷處簡文原應有一“手”字。歓手，又見於簡8-2002+8-673，時爲“卅五年七月”，身份爲遷陵縣廷之令佐或令史，與本簡“歓”應爲同一人，故附於此。

☐守歓爰書：陽里士五☐（8-2127　圖版·頁256）

按：☐守歓，依文例，“守”前殘缺簡文應爲遷陵縣諸官中的某一機構或下屬諸鄉中某一鄉名，睡虎地秦簡《秦律十八種·置吏律》簡161：“官嗇夫節（即）不存，令君子毋（無）害者若令史守官，毋令官佐、史守。”歓，據簡8-993，身份爲遷陵縣廷之令史，時爲“卅五年六月”，與本簡“歓”或爲同一人，屬於不同時期的職務變化，故附於此。

☐丁丑，倉茲付司空守俱。（8-452　圖版·頁66）

按：茲、俱，人名。倉茲，又見於簡8-824+8-1974、8-2248，分別時爲“卅五年八月”（簡8-824+8-1974）、“卅五年九月”（簡8-2248）；而“倉茲”與“司空守俱”的人名組合，又見於簡8-824+8-1974，時爲“卅五年八月”，本簡編年應繫於卅五年，故附於此。

☐甲辰，倉茲、稟人☐

☐視平。　☐（8-1059　圖版·頁142）

按：《里耶（壹）》本簡釋文後“説明”云：“右側刻齒可見者爲一斜道，意爲‘半’，上下殘斷。”本簡編年緣由同簡8-452。

☐至乙亥，凡十一日。　☐

☐□劾奏。遷陵守丞銜曰：移□☐

☐□敢言之：寫上，謁以臨夬☐（8-1060　圖版・頁142）

按：銜，人名；遷陵守丞銜，又見於8-1532+8-1008+8-1461，時爲“卅五年六月”，與本簡“遷陵守丞銜”應爲同一人，本簡編年繫於卅五年，故附於此。

☐遷陵守丞銜☐

☐言之：寫上，謁以臨☐（8-2130　圖版・頁256）

按：本簡編年緣由同簡8-1060。

☐遷陵守丞銜告尉：故令佐

☐□＝□今□□□□□□□□□（正）

☐　履手。（背）（8-2001　圖版・頁243）

按：本簡編年緣由同簡8-1060。

☐陵守丞銜☐

☐守府・□☐（8-359　圖版・頁60）

按：本簡中的“☐陵守丞銜”，當爲“遷陵守丞銜”。本簡編年緣由同簡8-1060。

☐□□□……☐

☐　有秩、衔不當□☐

☐衔當補有秩不當☐（8-2135　圖版·頁257）

按：衔，人名。已知其他簡中所見有“遷陵守丞衔”、“倉衔”等，“遷陵守丞衔”，紀年明確簡爲簡8-1532+8-1008+8-1461，時爲“卅五年六月”；“倉衔”，紀年明確簡爲簡8-1517、8-1167+8-1392，分別時爲“卅五年三月”、“卅五年四月”。有秩，尹灣漢簡《東海郡吏員簿》（YM_6D_2）：“海西吏員百七人：令一人秩千石，丞一人秩四百石，尉二人秩四百石，官有秩一人，鄉有秩四人，令史四人，獄史三人，官嗇夫三人，鄉嗇夫十人，游徼四人，牢監一人，尉史三人，官佐七人，鄉佐九人，亭長五十四人，凡百七人。”本簡中的“衔當補有秩不當”一語表明，“衔”雖具體職官不明，但當爲遷陵縣一名吏員則應無疑，考慮到上引尹灣漢簡《東海郡吏員簿》“有秩”官品、禄秩在“令、丞、尉”與“令史、獄史、官嗇夫，鄉嗇夫”之間的記載，簡8-1517、8-1167+8-1392中“倉衔”（“倉嗇夫衔”，屬“官嗇夫”類）和簡8-1532+8-1008+8-1461中“遷陵守丞衔”，與本簡中的“衔”有可能爲同一人，“倉衔”、“遷陵守丞衔”時在卅五年三至六月，“衔”之“補有秩”當在爲“倉嗇夫”與“守丞”之間，本簡編年應繫於卅五年，故附於此。

☐□遷陵□□☐

☐遷陵有以令除冗佐日備者爲

☐□謁爲史，以銜不當補有秩，當（8-2106　圖版・頁255）

按：本簡編年緣由同簡8-2135。

☐如加即□☐

☐銜獄佐☐（正）

☐獄佐□☐（背）（8-1522　圖版・頁194）

按：本簡編年緣由同簡8-2135。

☐□援歸休，未來。窯、銜有它辠，窯爲（正）

☐　堪手。（背）（8-2030　圖版・頁249）

按：援、窯、銜、堪，人名。據書後附録一“《里耶（壹）》人名統計表”，“銜”的活動年代比援、窯、堪等晚。本簡編年緣由同簡8-2135。

☐凡□□畜封□給官。（正）

☐　如意手。（背）（8-2190　圖版・頁260）

按：如意，人名。如意手，又見於簡8-1565，時爲“卅五年八月”，與本簡“如意”應爲同一人，本簡編年繫於卅五年，故附於此。

☐如意手。（8-2084　圖版・頁253）

按：本簡編年緣由同簡8-2190。

☐如意當坐，士五，居□陽益☐（8-2113　圖版·頁255）

按：本簡人名“如意”，與簡8-1565、8-2084、8-2190中人名“如意”有可能爲同一人，本簡編年繫於卅五年，故附於此。

☐朔己未，貳春鄉茲☐

☐□爲南里典庠，謁☐

☐□下書尉，尉傳都□☐（正）

☐貳春鄉治□☐（背）（8-661　圖版·頁92）

按：茲，人名。貳春鄉茲，又見於紀年明確簡8-962+8-1087、8-1565，分别時爲“卅五年七月”（簡8-962+8-1087）、“卅五年八月”（簡8-1565），與本簡“貳春鄉茲”應爲同一人，本簡編年繫於卅五年，故附於此。

☐貳春鄉茲敢言☐

☐今問之：邛上造☐

☐□□□□□☐（8-2121　圖版·頁256）

按：本簡編年緣由同簡8-661。

☐春鄉茲敢言之□☐

☐文□、□□□□☐（正）

☐卒寄以來。/☐（背）（8-1293　圖版·頁163）

按：兹、寄，人名。☐春鄉兹，已知其他簡中所見有“貳春鄉兹”，故本簡中的“☐春鄉兹”，當爲“貳春鄉兹”。本簡編年緣由同簡8-661。

☐□朔戊午，遷陵丞遷告畜官僕足，令

☐□毋書史，畜官課有未上，書到亟日

☐□守府事已，復視官事如故，而子弗（正）

☐事，以其故不上，且致劾論子，它承

☐　就手。（背）（8-137　圖版・頁31）

按：本簡上端殘斷處有火燒痕迹。遷、僕足、就，人名。畜官僕足，僅見於此簡；就手，不見於紀年明確簡；遷陵丞遷，又見於簡8-514+8-378，時爲“卅五年八月”；又，據簡8-514+8-378“卅五年八月丁巳朔”，本簡中的日干支“戊午”爲八月二日，亦合於卅五年八月，本簡編年繫於卅五年，故附於此。

丞遷大夫居雒陽城中能入貲在廷。（8-232　圖版・頁51）

按：丞遷，結合人名“遷”所見職位有“遷陵丞遷”，可知本簡中的“丞遷”極有可能即爲“遷陵丞遷”。本簡編年緣由同簡8-137。

☐甲辰，倉守言付司空守俱，俱受券及行。

☐　胥手。（8-898+8-972　圖版・頁126、132）

按：簡8-898與簡8-972的綴合，見於《校釋（一）》。“俱”前一字“守”，《里耶（壹）》《校釋（一）》漏釋，今據《里耶（壹）》圖版補釋。言、俱、臂，人名。倉守言，又見於紀年明確簡8-1268，時爲“卅五年七月”；司空守俱，又見於紀年明確簡8-1544、8-2180+8-2093、8-824+8-1974，時爲“卅五年八月”；臂手，又見於紀年明確簡8-1517、8-1544，分別時爲“卅五年三月”、“卅五年八月”，與本簡言、俱、臂等應爲同一人，本簡編年繫於卅五年，故附於此。

☐佐俱監。　☐（8-1802　圖版·頁227）

按：《里耶（壹）》本簡釋文後“説明”云：“左側刻齒爲‘六十’”。俱，人名，已知其他簡中見有“司空守俱”、“令佐俱”，則本簡中的“☐佐俱”當爲“令佐俱”。令佐俱，又見於紀年明確簡8-1751+8-2207、8-2204+8-891+8-933等，時爲“卅五年九月”，與本簡“令佐俱”應爲同一人，本簡編年繫於卅五年，故附於此。

☐産子狡狡子女嬰曰女巳。令史華監。　瘳手。（8-984　圖版·頁134）

按：狡、女巳、華、瘳，人名。狡、女巳，僅見於此簡。“令史華”與“瘳手”的人名組合，又見於紀年明確簡8-1572+8-811，時爲“卅五年八月”，本簡編年繫於卅五年，故附於此。

⍁【沈】出錢千一百五十二購隸臣于捕戍卒不從⍁

⍁　令史華監。　⍁（8-992　圖版・頁135）

按：本簡“出”前一字，據簡文殘存筆畫，以及簡8-1572+8-811文例、内容，可補一“沈”字，身份即“少内沈”。“少内沈”與“令史華”的人名組合，又見於紀年明確簡8-1572+8-811，時爲“卅五年八月”，本簡編年繫於卅五年，故附於此。

⍁【隸臣于】□⍁

⍁　令史華監。　⍁（8-2143　圖版・頁257）

按：隸臣于，據簡文殘存筆畫補。令史華，又見於紀年明確簡8-1463、8 1572+8 811，分别時爲“廿八年九月”（簡8-1463）、“卅五年八月”（簡8-1572+8-811），本簡編年繫於卅五年，故附於此。

⍁不備，直錢四百九十。少内段、佐卻分負各二百卌五。

⍁　瘳手。（8-785　圖版・頁116）

按：段、卻、瘳，人名。少内段、佐卻，僅見於此簡。瘳手，又見於紀年明確簡8-2202+8-888+8-936、8-1572+8-811，分别時爲“卅五年六月”、“卅五年八月”，與本簡“瘳”皆爲少内屬官，應爲同一人，故本簡編年繫於卅五年，故附於此。

⍁少内守卻。　瘳手。（8-790　圖版・頁117）

按：卻、瘳，人名。本簡編年緣由同簡8-785。

☑守卻付庫建。　瘳手。（8-783　圖版·頁116）

按：卻、建、瘳，人名。已知“瘳手”的最晚明確年代比簡中“☑守卻”、“庫建”的年代晚。本簡編年緣由同簡8-785。

☑……需米百卅六。　瘳手。（8-1361　圖版·頁169）

按：本簡編年緣由同簡8-785。

☑□□□瘳手。（8-1678　圖版·頁218）

按：本簡編年緣由同簡8-785。

☑□建。　瘳手。（8-1933　圖版·頁237）

按：本簡編年緣由同簡8-785。

☑□□服弓弩裛二，袤各七尺，有殿入。

☑　瘳手。（8-2186　圖版·頁259）

按：服，通“箙”。《周禮·夏官·司弓矢》：“中秋獻矢箙。”鄭玄注：“箙，盛矢器也。”裛，《説文》：“裛，書囊也。”這裏言指裝箙、弓、弩的囊袋。《里耶（壹）》本簡釋文後“説明”云：“與8-2200爲正副券。”本簡編年緣由同簡8-785。

☑□服弓弩裛二，袤各七尺，有殿入。

☐　瘳手。（8-2200　圖版・頁262）

按：《里耶（壹）》本簡釋文後“説明”云：“與8-2186爲正副券。”各，《里耶（壹）》《校釋（一）》漏釋，今據《里耶（壹）》圖版補釋。本簡編年緣由同簡8-785。

☐夫、佐卻當坐□☐（8-867　圖版・頁123）

按：卻，人名。佐卻，又見於簡8-1549，時爲“卅四年八月”，身份爲倉之佐；又見於簡8-785，身份爲少内之佐，據同簡“瘳手”紀年明確簡8-2202+8-888+8-936、8-1572+8-811考證，該簡編年繫於卅五年；上述諸簡與本簡中的“卻”有可能爲同一人，或爲同一人不同時期的職務變化。本簡編年應繫於卅五年，故附於此。

☐隸臣□□□□

☐　卻手。（8-1947　圖版・頁238）

按：本簡編年緣由同簡8-867。

☐□平付倉守履。

☐　卻手。（8-843　圖版・頁122）

按：本簡編年緣由同簡8-867。

留兹、乙各十四日，莊十二日。（8-236　圖版・頁51）

按：兹、乙、莊，人名。乙，又見於簡8-765，時爲“卅五年正月”，與本簡“乙”有可能爲同一人，本簡編年繫於卅五年，故附於此。

令莊定，敢言之。（8-1612　圖版·頁212）

按：莊，人名，又見於簡8-236。根據簡8-236“莊”與“乙”的人名組合關係，“莊”的活動年代範圍應與“乙”大致相當，本簡編年繫於卅五年，故附於此。

☐佐莊。（8-37　圖版·頁18）

按：本簡編年繫於卅五年，緣由同簡8-1612。

☐敢辤。（正）

☐　就手。（背）（8-1453　圖版·頁181）

按：就，人名。里耶秦簡文書中，署“手”的人員諸官中多爲官佐、史，縣廷多爲令史、令佐，“就”的紀年明確簡中，簡8-1550時爲“卅一年七月”，身份爲“佐”；簡8-901+8-926+8-839時爲“卅五年正月”，身份爲“令史就”，與本簡“就手”中的“就”有可能爲同一人。本簡編年繫於卅五年，故附於此。

☐　就手。（8-2466　圖版·頁275）

按：本簡編年繫於卅五年，緣由同簡8-1453。

☐癸卯，少内守就叚令史郚，郚以市。（8-802　圖版・頁118）

按：就、郚，人名。少内守就、令史郚，僅見於本簡。睡虎地秦簡《秦律十八種・置吏律》簡161："官嗇夫節（即）不存，令君子毋（無）害者若令史守官，毋令官佐、史守。"簡8-901+8-926+8-839有"令史就"，時爲"卅五年正月"，與本簡"少内守就"有可能爲同一人，且已知簡中人名"就"的明確紀年比"郚"年代爲晚。本簡編年繫於卅五年，故附於此。

☐□就告曰：置錢☐（8-1271　圖版・頁161）

按：就，人名，據本簡"置錢"一語，其身份或即簡8-802"少内守就"。本簡編年繫於卅五年，緣由同簡8 802。

☐□温與養隸臣獲偕之蓬傳，及告畜官遣之書季有□（正）

☐急封此。（背）（8-1558　圖版・頁203）

按：温，人名；簡8-110+8-669、8-1517有"令佐温"，時爲"卅五年三月"，簡文内容相類，與本簡"温"有可能爲同一人，故附於此。

☐都鄉被不以五月斂之，不應律。都鄉守节謝曰：鄉徵斂之，黔首未肯入

☐□史。

☐之：寫上。敢言之。/華手。（正）

☐　華手。（背）（8-1629+8-1454　圖版・頁214、181）

按：簡8-1629與簡8-1454的綴合，見於《校釋（一）》。華、芇，人名。都鄉守芇，僅見於此簡。華手，又見於簡8-1532+8-1008+8-1461，身份爲令佐，時爲"卅五年六月"。本簡人名"華"，依里耶秦簡文書格式，身份應爲遷陵縣廷屬吏，或爲令佐、令史，與簡8-1532+8-1008+8-1461"令佐華"有可能爲同一人，故附於此。

☐令。/華手。（8-820　圖版・頁119）

按：本簡編年繫於卅五年，緣由同簡8-1629+8-1454。

☐啓陵鄉守恬付少内守華。（8-58　圖版・頁19）

按：恬、華，人名。啓陵鄉守恬，又見於簡8-770，時爲"卅五年五月"，與本簡"恬"應爲同一人，故附於此。

☐擇付少内華。（8-1833　圖版・頁229）

按：擇、華，人名。擇，因簡殘斷簡文缺損而職務不明，疑即簡8-901+8-926+8-839、8-407+8-233+8-416+8-1185+8-169、8-1820+8-562中之"倉守擇"，時爲秦始皇三十五年，與本簡"擇"應爲同一人，故附於此。

涪陵來以買鹽急，谻即道下，以券與谻，靡千錢。除少内，□谻、道下操養錢來視。華購而出之。（正）

應多問華得毋爲事繇。華爲應問，適以前日所分養錢者以寄遺應，即酉陽□□。（背）（8-650+8-1462　圖版・頁89、182）

按：簡8-650與簡8-1462的綴合，見於《校釋（一）》。依簡文内容，華、卻均應屬少内機構官吏，本簡編年繫於卅五年，緣由參見簡8-58、8-1833、8-785等。

☐華令佐利訊市人，市人不到二、三☐

☐六人，它如前☐（6-14　圖版・頁11）

按：本簡編年繫於卅五年，緣由同簡8-650+8-1462。

謂令佐唐叚爲畜官☐（8-919　圖版・頁128）

按：唐，人名。簡8-2202+8-888+8-936有“市工用叚少内唐”，時爲“卅五年六月”；又簡8-1771有“市叚少内唐”，據該簡人名“臀”，編年繫於秦始皇卅五年。本簡“令佐唐叚爲畜官”，反映“唐”作爲“令佐”，可以“叚爲畜官☐”，如此則簡8-2202+8-888+8-936“市工用叚少内唐”、簡8-1771“市叚少内唐”，亦應作如是觀，即或由“令佐”而“叚少内唐”，與本簡“令佐唐”有可能爲同一人，故附於此。

欲令蚉華治獄，可不可？報圂□☐（正）

公☐（背）（8-1470　圖版・頁184）

按：蚉華、圂，人名。蚉華，僅見於此簡。圂，依本簡文意，身份應爲遷陵官員，又見於簡8-1494，時爲“卅五年三月”，簡文作“圂以智□子居益陽者”，與本簡人名“圂”有可能爲同一人，故附於此。

始皇帝三十六年

卅六年十一月丙戌，都鄉守樺令史牒書吏當受嘉平遷，皆不守金錢。巴蜀蜀蜀蜀歡歡

爲沈沈□□□沈邦刻□□□□遷陵□帮城成蜀　蜀守今　今今今

（8-1043+8-1041　圖版・頁140、140）

按：簡8-1043與簡8-1041的綴合，《里耶（壹）》“簡牘綴合表”已指出，從第一行下部及第二行所書文字的内容看，本簡應爲習字簡。

嘉平，《史記・秦始皇本紀》：“三十一年十二月，更名臘曰‘嘉平’。”《史記・秦本紀》：“（惠文君）十二年，初臘。”《正義》：“十二月臘日也。秦惠文王始效中國爲之，故云初臘。獵禽兽以歲終祭先祖，因立此日也。”《關沮秦漢墓簡牘》周家臺三〇號秦墓秦二世元年木牘曆譜，正面分兩欄列有全年十二個月朔日干支和月大小，卜、卜二、二、四、六、八月小，十一、端、二、五、七、九月大；背面牘文有“以十二月戊戌嘉平，月不盡四日”。“十二月戊戌嘉平”，爲臘日，即十二月二十五日，與其下文“月不盡四日”相吻合。

遷，晋升或調動，《史記・張丞相列傳》："（申屠嘉）以材官蹶張從高帝擊項籍，遷爲隊率。"張家山漢簡《二年律令・傳食律》簡232-233："丞相、御史及諸二千石官使人，若遣吏、新爲官及屬尉、佐以上徵若遷徙者，及軍吏、縣道有尤急言變事，皆得爲傳食。"據簡8-1420+8-1173"卅六年十一月丙戌朔"，十一月丙戌日爲十一月朔日。樺，人名。

粟米廿石。　卅六年十一月丙戌朔壬辰☑（8-1420+8-1173　圖版・頁173、151）

按：簡8-1173和簡8-1420的綴合，見於《校釋（一）》。卅六年十一月丙戌朔，十一月壬辰日爲十一月七日。

附一二

稍入不能自給卅六年徙□☑（8-427　圖版・頁64）

按：稍入，《史記・河渠書》："久之，河東渠田廢，予越人，令少府以爲稍入。"《集解》引應劭曰："時越人有徙者，以田與之，其租税入少府。"《索隱》："其田既薄，越人徙居者習水利，故與之，而稍少其税，入於少府。"《漢書・溝洫志》師古注曰："越人習於水利，有新至，未有業，故與之也。稍，漸也。其入不多，故謂之稍也。"卅六年，即秦始皇三十六年。簡文反映本簡年代不早於秦始皇三十六年，或即爲秦始皇三十六年，故附於此。

☐卅六年。　沈手。（8-2234　圖版・頁264）

按：沈，人名。卅六年，即秦始皇三十六年。簡文反映本簡年代不早於秦始皇三十六年，或即爲秦始皇三十六年，故附於此。

☐□受司空唐。　沈手。（8-886　圖版・頁126）

按：唐、沈，人名。司空唐，僅見於本簡。沈手，又見於簡8-1346、8-1399、8-1554、8-1949、8-2234等，分别時爲“卅五年七月”（簡8-1554）、“卅六年”（簡8-2234），與本簡人名“沈”有可能爲同一人，本簡編年繫於卅六年，故附於此。

☐□

☐　沈手。（8-1399　圖版・頁172）

按：本簡編年繫於卅六年，緣由同簡8-886。

☐□月食。

☐　沈手。（8-1949　圖版・頁239）

按：本簡編年繫於卅六年，緣由同簡8-886。

☐□、蒲席各一。平自席□券。

☐　沈手。（8-1346　圖版・頁167）

按：本簡編年繫於卅六年，緣由同簡8-886。

☐戌朔庚戌，輸曹河□☐

☐【敢】言之。八月己未，内□☐

☐□□□□□□□☐（8-2061　圖版 · 頁252）

按：秦代紀年中朔日爲“× 戌”，僅有可能爲甲戌、丙戌、戊戌、庚戌、壬戌。本簡“☐戌朔庚戌”，説明庚戌日與該朔日是同一月，且非同一天，這樣就可以排除甲戌、庚戌、壬戌。據書後附録二“秦朔閏表”，秦代紀年中有丙戌和戊戌朔日，且八月有“己未”日的年代有廿五年七月、卅四年十月、卅六年十一月，本簡年代應爲三者中的其中一年。本簡編年繫於卅六年，故附於此。

始皇帝三十七年

卅七年廷

倉曹當計

出券□一。（8-500　圖版・頁74）

按：本簡爲一文書楬，下端平直，上端圓弧塗黑，下鑽二孔，簡文共三行。廷倉曹，文例又見於簡8-1288“廷倉曹”。倉曹當計，文例亦見於簡8-776“倉曹當計”。卅七年，當即秦始皇三十七年。

附一三

☑月戊寅朔朔日，遷☑

☑已上後死亡輸它縣官、輸□□□☑

☑毋當令者，敢言之。　☑（正）

☑齮行。　☑（背）（8-705　圖版・頁102）

按：齮，人名。戊寅朔，據書後附録二“秦朔閏表”，秦代紀年中“戊寅朔”僅有廿七年十月、卅二年正月、卅七年三月與之相合，本簡年代當居其一。本簡編年繫於卅七年，故附於此。

二世皇帝元年

☐年十月乙亥朔乙酉，獄史☐

☐□其言恐走實不見☐（6-28　圖版・頁11）

按：據書後附録二"秦朔閏表"，秦代紀年中"十月乙亥朔"僅有二世皇帝元年與之相合，十月乙酉日爲十月十一日。

粟米七石。　元年端月癸卯朔□□，司空□□受倉□☐（6-3　圖版・頁9）

按：粟米七石，《里耶（壹）》本簡釋文後"説明"云："左側刻齒爲'七石'。"與之相合。端月，《史記・秦楚之際月表》："（二世二年）端月。"《索隱》："二世二年正月也。秦諱正，故云端月也。"《關沮秦漢墓簡牘》周家臺三〇號秦墓秦二世元年木牘曆譜"正月"亦作"端月"。元年，當即二世皇帝元年。

元年七月庚子朔丁未，倉守陽敢言之：獄佐辨、平、士吏賀具獄，縣官食盡甲寅，謁告過所縣鄉以次續食。雨留不能投宿齎。來復傳。零陽田能自食。當騰期卅日。敢言之。/七月戊申，零陽龏移

過所縣鄉。/齮手。/七月庚子朔癸亥，遷陵守丞固告倉嗇夫：以律令從事。/嘉手。（正）

遷陵食辨、平盡己巳旦□□□□遷陵。

七月癸亥旦，士五臂以來。/嘉發。（背）（5-1　圖版・頁3）

按：元年七月庚子朔，七月丁未日爲七月八日，七月戊申日爲七月九日，（七月）甲寅日爲七月十五日，七月癸亥日爲七月二十四日，（七月）己巳日爲七月三十日。陽、辨、平、賀、龏、齮、固、嘉、臂，人名。

元年八月庚午朔朔日，遷陵守丞固☐

之：守府書曰：上真見兵會九月朔日守府。・今☐

書者一牒，敢言之。/九月己亥朔己酉，遷陵□☐（正）

敢言之：寫移。敢言之。/贛手。　☐

贛☐（背）（8-653　圖版・頁90）

按：背面"敢言之"與"/贛手"之間簡文字迹模糊，《里耶（壹）》與《校釋（一）》釋文作"□□主□□□之"，檢核圖版，據文意、文例及字迹，釋文應作"寫移。敢言"。元年八月庚午朔，八月朔日即八月一日。九月己亥朔，九月己酉日爲九月十一日。固、贛，人名。

☐元年八月庚午朔☐

出牛□□□□☐（6-23　圖版・頁11）

按：八月庚午朔，據書後附録二“秦朔閏表”以及簡8-653“元年八月庚午朔”，秦代紀年中僅有二世皇帝元年與之相合。元年，當即二世皇帝元年。

《里耶（壹）》本簡釋文後“説明”云：“左側刻齒可見四個表示個位的刻符。”表明本簡應爲一“出牛”之券。

☐元年八月庚午□☐（8-2131　圖版·頁256）

按：據書後附録二“秦朔閏表”及簡8-653“元年八月庚午朔”，二世皇帝元年八月庚午朔，簡文中的“庚午”應爲八月朔日干支。

元年遷☐

㽥□斗一升□☐（8-860　圖版·頁123）

按：㽥，《里耶（壹）》據簡文字形隸定作“𡿺”，《校釋（一）》認爲此字即“㽥”，通作“腦”，簡文中爲穀物名，疑當讀爲“稬”，《説文》：“稬，沛國謂稻曰稬。”稬，同糯。“斗”前一字，《里耶（壹）》作“三”，《校釋（一）》認爲似爲“二”。元年，即秦二世皇帝元年。

附十四

冗佐上造臨漢都里曰援，庫佐冗佐。

爲無陽衆陽鄉佐三月十二日，

凡爲官佐三月十二日。（第一欄）

年卅七歲。

族王氏。（第二欄）

爲縣買工用，端月行。（第三欄）（正）

庫六人。（背）（8-1555　圖版・頁202）

按：本簡正面簡文第三欄出現的“端月”一詞，具有斷代價值意義。陳偉《秦簡牘校讀及所見制度考察》“避諱‘正’字問題再考察”：“第一，在同一年，或稱‘正月’，或稱‘端月’，二者不同時使用；第二，秦王政時期，衹稱‘正月’而不稱‘端月’。在秦始皇統一之初的二十六、二十七年，衹稱‘端月’而不稱‘正月’。二十九年至三十六年，衹稱‘正月’而不稱‘端月’。在二世皇帝元年，衹稱‘端月’而不稱‘正月’。”故本簡年代應在秦始皇二十六、二十七年或秦二世皇帝年間，本簡編年應繫於二世皇帝元年，故附於此。

臨漢，縣名，《漢書・地理志》無此縣，地望待考；都里，里名。無陽，縣名，《漢書・地理志》屬武陵郡；衆陽，鄉名。族王氏，即姓王。援，人名。

☑□□受將粟佐贛。

☑　贛手。（8-1050　圖版・頁141）

按：贛，人名。贛手，又見於簡8-653，時爲二世皇帝元年八月、九月，身份爲遷陵縣廷之“令佐”或“令史”，與本簡人名“贛”（“佐贛”，或即“令佐贛”省稱）有可能爲同一人，本簡編年繫於二世皇帝元年，故附於此。

附録一：

《里耶秦簡（壹）》人名統計表

説明：

1. 本表係在單印飛《〈里耶秦簡牘校釋（第一卷）〉人名統計表》[①]的基礎上，參考吸收當前學界有關《里耶秦簡（壹）》人名研究新成果，重新加以調整、增補、訂正、完善而製成，以人名第一個字的筆畫爲序，同一筆畫數目的人名排列不作嚴格之排序，表中列明與人名個人有關的其他信息事項，包括身份、職務、年代、出處與辭例等。

2. 本表所列爲同一人名及其用例在《里耶秦簡（壹）》中的全部重出，排列不論嚴格之順序，人名殘缺不全或性質不確定者不予收入，有疑問者將在備注或注釋中指出，共涉及人名535個，人名用例1552則。

表中“身份/職務”含義較爲廣泛，用語儘量依據原簡文，相關辭例儘量在備注中列出；“年代”采用“年月日”的方式録入簡文中的時間，該時間可作爲此人活動時間，簡文中同時出現多個時間時，根據文書格式采用與之最接近的一個；“出處”主要爲《里耶秦簡（壹）》中對應的簡號，即簡牘整理號，同時也吸納了學界最新的綴合成果。

3. 本表中根據簡文内容推測的部分使用“（ ）”標注，其他如“【 】”、“□”、“☑”等符號的使用同於凡例。

---

① 單印飛：《〈里耶秦簡牘校釋（第一卷）〉人名統計表》，《簡帛研究二〇一四》，廣西師範大學出版社，2014年，第59—117頁。

筆畫	姓名	身份/職務	年代	出處	備注
一	乙	（徒）		8-1472	“一人取菅：乙”。據文意，簡文爲“作徒簿”，其身份應爲“徒”。下同
	乙		卅五年	8-765	“正月甲辰乙、丙午乙、戊申乙”
	乙			8-236	“留茲、乙各十四日”
	乙	徒隸		8-1223	“徒隸乙”、“□令乙、丁、戊”
二	丁	左公田	廿六年三月癸卯	8-63	“左公田丁”
	丁	（徒隸）		8-1223	“□令乙、丁、戊”
	刀	大夫	卅五年五月	8-834+8-1609	“陽里户人大夫刀”
	又	守丞		8-647	“酉陽守丞又”
	二[1]	牢臣		8-738	“牢臣二以來”
三	上	令史	五月丙辰	8-138+8-522+8-174+8-523	“令史上”
	上	令史		8-1472	“令史上”
	上	令史	廿八年七月乙巳	8-1562	“令史上”
	上	令史		8-256	“令史上”

①《校釋（一）》認爲簡文“牢臣二以來”的“二”，也許是重文符，當讀作“牢臣臣”。

續表

筆畫	姓名	身份/職務	年代	出處	備注
三	小	稟人	卅一年正月壬午	8-925+8-2195	“啓陵鄉守尚、佐冣、稟人小”
	小	稟人	卅一年七月己卯	8-1550	“啓陵鄉守帶、佐冣、稟人小”
	小	稟人	卅一年十二月庚寅	8-1590+8-1839	“啓陵鄉守增、佐直、稟人小”
	小女	隸妾		8-1584	“隸妾忍、要、欬娀、粸譊、小女、窗、歐”
	夕	（徒）		8-145	“一人作園：夕”
	己	獄佐		8-255	“沅陵獄佐己”
	己	獄佐		8-265	“沅陵獄佐己”
	己	獄佐		8-492	“沅陵獄佐己”
	己	獄佐		8-1729	“沅陵獄佐己”
	己			8-512	“☑捕傳詣己治所”
	己巳	走	廿六年八月戊寅	8-135	“走己巳以來”。“走+某人”表示傳送文書的人，暫用“走”一詞，下同
	于	隸臣		8-992	“隸臣于”
	于			8-1764	“【佐】歡、華訊于，于告旁”
	女巳	女嬰		8-984	“狡子女嬰曰女巳”

續表

筆畫	姓名	身份/職務	年代	出處	備注
四	王柏	獄史		8-1232	“獄史王柏”
	夫	令史	十二月己丑	8-138+8-522+8-174+8-523	“令史夫”
	夫[①]	鄉嗇夫	卅二年正月甲午	8-157	“啓陵鄉夫”
	夫	鄉嗇夫		8-1238	“出稟鄉夫七月食”
	夫	鄉守	卅二年	8-1445	“啓陵鄉守夫”。“職官+守”存在爭議，暫且用之。下同
	夫		卅五年	8-765	“正月甲辰夫”、“二月壬午夫”
	夫	鄉嗇夫		8-1710	“鄉夫、佐、稟人𡟰”
	（夫）	（鄉嗇夫）		8-867	“夫、佐卻當坐”
	夫			8-1809	“☐夫三、四月食”

①《校釋（一）》比照秦漢簡牘職官名加人名省稱之例，認爲“鄉夫”是啓陵鄉嗇夫的名字，不確。筆者認同“夫”爲人名的説法，參見王焕林《里耶秦簡校詁》，中國文聯出版社，2007年，第52頁。

續表

筆畫	姓名	身份/職務	年代	出處	備注
四	元	半①	廿九年六月乙亥	8-60+8-656+8-748+8-665	“佐同以來。/元半”。暫用“半”一詞表示秦始皇三十一年之前收文記録的書寫者。下同
	元			8-738	“牢臣二以來。/元▨”
	五	更戍		8-489+8-149	“更戍五二甲”
	不耆	（徒）		8-1531	“四人級：不耆……”
	不疑	書手		8-61+8-2012+8-293	“不疑手”。“書手”一詞僅表示“某手”的存在，未區分其在文書書寫傳遞中的位置。下同
	友	司空佐		8-1352	“少内沈受司空佐友”
	巨	書手		8-2035	“巨手”
	（屯）②		廿六年九月庚辰	8-135	“即令走屯行司空”
	少	隸妾		8-647	“隸妾少以來”

①“半”與“發”含義、用法相同，書寫在收文記録之後；“半”出現在秦始皇三十年及其以前，“發”使用在秦始皇三十一年及其以後。參見陳劍《讀秦漢簡札記三篇》，復旦大學出土文獻與古文字研究中心網站，2011年6月4日；邢義田《“手、半”、“曰啎曰荆”與“遷陵公”——里耶秦簡初讀之一》，簡帛網，2012年5月7日。《里耶（壹）》與《校釋（一）》釋作“手”，不確。

②《里耶（壹）》未釋，《校釋（一）》將“走”後一字釋爲人名“屯”，劉樂賢釋爲“午”。參見《校釋（一）》第76頁注釋〔16〕。

續表

筆畫	姓名	身份/職務	年代	出處	備注
四	中	稟人	卅五年正月朔日	8-901+8-926+8-839	"倉守擇、佐臂、稟人中"
	午	司空佐	卅三年三月己丑	8-1135	"司空色、佐午"
	午	佐		8-175	"佐午行。午手"
	午	尉史		8-2163+8-671+8-721	"尉守建、尉史午"
	毛季	令史		8-1529	"進書令史毛季從者"
	毛季	主吏		8-272	"私進遷陵主吏。毛季自發"
	毛季			8-835	"毛季　尺☒"
	毛季			8-1694	"詣毛季"
	壬	少內嗇夫	卅五年正月甲寅	8-1457+8-1458	"遷陵少內壬"
	壬	田官嗇夫	卅五年八月庚申	8-900	"田官壬"
	壬	（田官）佐	卅年六月戊申	8-1566	"佐壬以來"
	壬	田官佐/書手	卅一年正月丙辰	8-764	"田官守敬、佐壬"、"壬手"
	壬	田官佐/書手	卅一年七月朔日	8-2246	"田官守敬、佐壬"、"壬手"
	壬	田官佐/書手	卅一年七月癸酉	8-1787+8-1574	"田官守敬、佐壬"、"壬手"

續表

筆畫	姓名	身份/職務	年代	出處	備注
四	壬	田官佐		8-1328	“田官守敬、佐壬”
	壬	鄉佐/田官佐		8-580	“貳春鄉佐壬　今田官佐”。先後任兩職
	壬	鄉佐	卅一年三月癸酉	8-1576	“貳春鄉守氏夫、佐壬”
	壬	鄉守	卅三年七月甲戌	8-1537	“都鄉守壬”
	壬	書手	廿六年十二月庚申	8-1516	“壬手”（“遷陵守禄”文書書寫者）
	壬	書手	卅二年正月甲午	8-157	“壬手”（“啓陵鄉夫”文書書寫者）
	壬	書手	卅四年十月辛丑	8-290+8-183+8-530	“壬手”（“遷陵守丞説”文書書寫者）
	壬	書手/發	卅四年七月乙亥	8-1525	“壬發”、“壬手”（“遷陵守丞配”文書書寫者）。暫用“發”表示秦始皇三十一年及以後收文記録書寫者。下同
	壬	書手		8-1324	“壬手”
	壬	書手		8-1421	“壬手”
	壬	書手	卅四年六月乙卯	8-755+8-756+8-757+8-758+8-759	“有書，書壬手”（“遷陵丞”文書書寫者）

續表

筆畫	姓名	身份/職務	年代	出處	備注
四	公	邦司空		8-773	“八十四人邦司空公白羽”
	公	少內守	七月辛亥（廿八年）	8-166+8-75+8-485	“少內守公”
	公	丞		8-472+8-1011+8-167+8-194	“尉敬敢再拜謁丞公”
	公	田官嗇夫/丞		8-1430	“田官公與倉私之”、“☐令見丞公，公曰”
	公	丞		8-2196	“敬進　書丞公　從史”
	（公）	少內嗇夫		8-313	“少內公擇其美者異之”
	丹			8-1070	“丹子大女子巍并”
	丹			8-2098	“丹子大女子巍嬰㛅”
	印	守府	卅四年七月乙亥	8-1525	“守府印行”
	文	卒史		8-247	“尉府爵曹卒史文”
	文	司空守	卅年四月辛丑	8-44	“司空守文”
	文	尉史	廿八年七月乙巳	8-1562	“尉史文”。《里耶（壹）》釋文依形摹寫作“[illegible]”，《校釋（一）》作“文”

續表

筆畫	姓名	身份/職務	年代	出處	備注
四	文	（徒）		8-2101	“五人作務：文、窅、□☑”
	文	牢人		8-893	“牢人文”
	文	（徒）		8-2137	“☑守囚：文、同、羅”
	斗	佐	卅年九月甲戌	8-1783+8-1852	“佐斗”
	予言	校長		8-489+8-149	“校長予言貲二甲”
	予言	校長		8-1997+8-823	“校長予言”
	毋害	男子	廿七年八月丙戌	8-209	“男子毋害”
五	邛	鄉史/書手	廿九年九月辛亥	8-645	（貳春鄉）“史邛”；（貳春鄉）“邛手”
	邛	書手	卅年十月乙未	8-1515	（貳春鄉）“邛手”
	邛	書手		8-1628	“邛手”
	邛	上造		8-2149+8-2121①	（貳春鄉）“今問之：邛上造☑”
	去死	卒戍/士伍		8-1094	“吏以卒戍士五涪陵戲里去死”

① 何有祖：《里耶秦簡牘綴合（七則）》，簡帛網，2012年5月1日。同一綴合簡在下文出現時不再另行出注。

續表

筆畫	姓名	身份/職務	年代	出處	備注
五	去疾	御史丞	卅二年二月（辛）亥①	8-159	“御史丞去疾”
	甘多	大奴	卅二年六月壬申	8-1455+8-1443	“大奴幸、甘多”
	可思	大女子		8-1444	“江陵慎里大女子可思”
	丙	畜官守	卅年十二月乙卯	8-688+8-199	“畜官守丙”
	丙	史		8-1365	“史丙失弗論”
	平	倉佐		8-489+8-149	“倉佐平七盾”
	平	令佐		8-967	“令佐平監”
	平	令佐/書手	（卅五年）十月己卯②	8-1449+8-1484	“令佐平行”、“平手”
	平	獄佐	元年七月丁未	5-1	“獄佐辨、平”
	平	鄉守/書手	卅四年八月丙申	8-1527	“貳春鄉守平”、“平手”
	平	書手		8-2077	“平手”
	（平）	令佐		8-1745	“☐與令佐平”
	平		廿六年八月丙子	8-1743+8-2015	“成吏、閒、起贅、平私令般芻、嘉出庸”

①《校釋（一）》認爲“亥”前一字似爲“辛”字。

② 秦以十月爲歲首，簡文中卅四年後九月辛酉爲一年中最後一天，根據文意和文書格式，此處“十月己卯”應爲秦始皇三十五年。同一推測時間在下文出現時不再另行出注。

續表

筆畫	姓名	身份/職務	年代	出處	備注
五	平			8-1346	“平自席及券”
	且	（徒）		8-2008	“一人爲作務：且”
	目	書手		8-112	“目手”
	目	書手		8-1998	“目手”
	目	（徒）		8-2008	“一人有獄訊：目”
	申	隸臣	廿八年九月己亥	8-1155	“隸臣申以來”
	申	走	廿七年十月庚子	8-63	“即走申行司空”
	申	走	七月癸酉	8-1009	“七月癸酉走申以來”
	申	（走）		5-6	“☐□□申以來”
	申	士伍		8-1807	“丹陽士五下里申”
	申			8-2210	“曰佁曰郤曰適曰申曰賢”
	田	司空佐	卅年十月乙未／甲午	8-1515	“司空佐田”
	田	書手		8-1991	“田手”
	田	（徒）		8-2089	“六人□□：澤、務、何、㔟、庭、田”
	（田京）		卅四年	8-585+8-238	“大夫彊，下妻田京”[①]

① 何有祖認爲“田京”爲人名。參見何有祖《里耶秦簡牘綴合（五）》，簡帛網，2012年5月26日。

續表

筆畫	姓名	身份/職務	年代	出處	備注
五	央芻	春	卅一年三月癸酉	8-1576	“春央芻”
	央芻	（徒）		8-780	“三人負土：軫、乾人、央芻”
	央芻	（徒）		8-1259	“一人徒養：央芻”
	（央臧）	（徒）		8-1641	“⧄央臧”。《校釋（一）》認爲“央臧”疑似爲人名
	冉	隸妾	卅二年正月丁酉	8-157	（啓陵鄉）“隸妾冉以來”
	囚吾	發弩嗇夫	卅年九月甲戌	8-1783+8-1852	“發弩囚吾”
	囚吾	田佐		8-1610	“田佐囚吾”
	囚吾	校長		8-472+8-1011+8-167+8-194	“校長囚吾”
	囚吾			8-681	“囚吾徒薄（簿）”
	失	屯卒/公卒		8-445	“屯卒公卒朐忍固陽失”
	印	大夫	廿六年	8-1765	“東成户人大夫印”
	印	公士		8-341	“高里公士印”
	印	公士	卅五年	8-1410	“高里公士印”
	印	走	廿八年八月丙子	8-657	“丙子旦食走印行”

續表

筆畫	姓名	身份/職務	年代	出處	備注
五	氏夫	鄉守	卅一年三月癸丑	8-816	"貳春鄉守氏夫"
	氏夫	鄉守	卅一年三月癸丑	8-1595	"貳春鄉守氏夫"
	氏夫	鄉守	卅一年三月癸酉	8-1576	"貳春鄉守氏夫"
	氏夫	鄉守	卅一年四月戊子	8-1557	"貳春鄉守氏夫"
	氏夫	鄉守	卅一年四月辛卯	8-1335+8-1115[①]	"貳春鄉守氏夫"
	卯	書手	八月癸巳朔癸卯[②]	8-1523	"卯手"
	卯	（徒）		8-145	"二人病：復、卯"
	犯	令史	□月癸酉	8-138+8-522+8-174+8-523	"令史犯行廟"
	匄	士伍	卅二年正月甲午	8-157	（啓陵鄉）"士五成里匄"、"匄爲郵人"
	它	（徒）	卅年十月辛亥	8-801	"二人治傳舍：它、骨"
	它	（徒）		8-1641	"二人付都鄉：它、章"

① 何有祖：《里耶秦簡牘綴合（四）》，簡帛網，2012年5月21日。

②《校釋（一）》認爲該簡的年代爲秦始皇三十四年。

續表

筆畫	姓名	身份/職務	年代	出處	備注
五	它人	（徒）		8-1531	“四人級：不耆、宜、劾、它人”
	弘	里典	卅五年七月己酉	8-1554	（都鄉高里）“典弘”
	左	居貲	卅四年正月辛未	8-197	“居貲枳壽陵左行”
	（加）			8-1131	“加以戊子食舍，丙申往☐”。《校釋（一）》認爲“加”疑似爲人名
六	式			8-477	“式謁臞季，臞季籍式診式”
	戎夫	令史	四月丙申	8-138+8-522+8-174+8-523	“史戎夫行廟”。簡文中同時出現“史戎夫”，或爲“令史”之省稱
	戎夫	令史	廿七年十二月丁酉	8-1551	“令史戎夫監”
	吉	（徒）	卅一年後九月壬寅	8-2034	“其五人求羽：吉、□、哀、瘳、嬗”
	苪	鄉守		8-1629+8-1454	“都鄉守苪”
	芒季	令史		8-1817	“私進令史芒季自發”
	芒季			8-2088+8-659	“贛敢大心捧（拜）多問芒季”
	芒季			8-857	“☐芒季□☐”
	臣	佐		8-139	“令辰、佐臣”

續表

筆畫	姓名	身份/職務	年代	出處	備注
六	臣	隸臣		8-1871+8-1542[①]	“隸臣臣三（四）”
	臣	（徒）	（卅一年）五月甲寅	8-663	“一人作務：臣”
	臣	公士		8-2017	“公士臣”
	臣	獄史		8-1841	“遷陵獄史臣”
	戌[②]	縣令	十一月辛亥	8-201	“充戌敢告酉陽丞”
	戌	鬼薪		8-533	“戌有罪爲鬼薪”
	戌		六月乙丑	8-877	“獄佐矔訊戌：戌私留苑中”
	有	縣丞	廿九年十一月	8-78	“遷陵丞有”
	有	丞	（卅三）年六月朔日[③]	8-1267	“時丞有、令佐圂主□”
	有	守丞	卅三年六月丁未	8-768	“遷陵守丞有”
	有	守丞	（卅三年）三月丙戌	8-1439	“遷陵守丞有”

① 何有祖:《里耶秦簡牘綴合（四）》，簡帛網，2012年5月21日。

②《里耶（壹）》未釋。《校釋（一）》釋作“戍”，未解釋。楊先雲認爲應釋爲“戌”，爲充縣長官。參見楊先雲《讀〈里耶秦簡（壹）〉札記二則》，簡帛網，2013年10月26日。

③ 根據簡8-274+8-2138中“卅三年六月庚子朔”以及“圂”出現的時間，推知簡文中“六月庚子朔”或爲秦始皇三十三年。

續表

筆畫	姓名	身份/職務	年代	出處	備注
六	（有殿）			8-2186	“服弓弩裏二，衣各七尺，有殿人”。《校釋（一）》認爲“有殿”疑似爲人名
	（有殿）			8-2200	“服弓弩裏二，衣各七尺，有殿人”
	夸			8-1004	“夸曰：留十五日”
	夸	大隸妾		8-2195	“出稟大隸妾夸、京”
	列	半	卅年十月辛丑	8-1515	（司空屬吏）“列半”
	成	牢人		8-2383	“牢人成”
	成	士伍	卅二年正月甲午	8-157	（啓陵鄉）“士五成里匄、成，成爲典”
	成	士伍		8-1813	“☑陵鄉成里户人士五成”
	成	（徒）	廿九年九月戊午	8-1146	“四人負土：臧、成、驕、骨”
	成	（徒）	卅一年七月丙寅	8-2111+8-2136	“其一人爲田鼂養：成☑”
	成	（徒）		8-780	“三人病：骨、驕、成”
	成		卅三年七月甲申	8-1800	“□、□、喜、成、典販皆☑”
	成	（徒）		8-822	“☑賀、何、成、軫、乾人☑”

續表

筆畫	姓名	身份/職務	年代	出處	備注
六	成吏		廿六年八月丙子	8-1743+8-2015	"成吏、閒、起贅、平私令般芻、嘉出庸"
	夷吾	小史		8-144+8-136	"小史夷吾以來"
	同	牢人	卅三年十月壬申	8-1971	"牢人同以☐"
	同	佐		8-60+8-656+8-748+8-665	"佐同以来"
	同	徒		8-2137	"☐守囚：文、同、羅"
	吕柏			8-771	"吕柏取五斗一參"、"柏已取廿一"
	缶	丈城旦	廿九年八月乙酉	8-686+8-973	"丈城旦一人約車：缶"
	行	令史	二月壬午	8-138+8-522+8-174+8-523	"令史行行庿"
	行	令史		8-2210	"令史行監"
	行	半	廿七年八月癸巳	8-133	"行半"
	多	大婢	卅五年七月己酉	8-1554	'大婢闌、願、多、□"

續表

筆畫	姓名	身份/職務	年代	出處	備注
六	色	守丞	（卅二年）四月丙午朔癸丑[①]	8-155	“遷陵守丞色”
	色	守丞	卅二年四月甲寅	8-158	“遷陵守丞色”
	色	守丞	（卅二年）五月丙子朔甲午[②]	8-1343+8-904	“遷陵守丞色”
	色	司空嗇夫	廿九年十二月己卯	8-1524	“司空色”
	色	司空嗇夫	卅二年正月丙戌	8-478	“司空色”
	色	司空嗇夫	卅三年三月己丑	8-1135	“司空色”
	色	司空嗇夫		8-47	“司空色”
	色	司空嗇夫		8-1726	“司空色”
	色	司空嗇夫		8-2294	“司空色”

① 根據簡文中“四月丙午朔”以及“色”出現的時間，可以推知該年或爲秦始皇三十二年。

② 根據簡8-1069+8-1434+8-1520中“卅二年五月丙子朔”以及“色”出現的時間，推知簡文中“五月丙子朔”應爲秦始皇三十二年。

續表

筆畫	姓名	身份/職務	年代	出處	備注
六	冰	書手	十二月己卯	8-60+8-656+8-748+8-665	"冰手"
	冰	（徒）	卅一年四月甲午	8-736	"其四人吏養：唯、冰、州、□☒"
	冰	（徒）		8-2137	"☒□冰、州、臺、赤☒"
	亦	（徒）		8-2035	"☒□居貲亦雜診"
	交	徒	卅二年五月庚子	8-1520+8-1434+8-1069	"其十二人爲輿：獎、慶忌、㪍、㪍、船、何、冣、交、頡、徐、娃、聚"。輿，《里耶（壹）》所釋；《校釋（一）》作"蕢"，認爲此處也許假爲"輿"
	交	守府	卅三年三月丙戌	8-1477+8-1141[①]	"守府交以來"
	亥[②]	不更	廿五年三月丁未	6-10	"□成不更小黄亥"
	亥	（徒）	卅二年五月庚子	8-1520+8-1434+8-1069	"二人捕羽：亥、羅"

① 何有祖：《里耶秦簡牘綴合（八則）》，簡帛網，2013年5月17日。

② 該簡中的人名"亥"，係據《校釋（一）》確定。筆者認爲"黄亥"亦有可能爲人名，"小"表示年齡，因材料有限，無法確定，故暫從《校釋（一）》所定。

續表

筆畫	姓名	身份/職務	年代	出處	備注
六	亥	（徒）	五月甲寅	8-663	“二人市工用：饋、亥”
	亥	（徒）		8-2101	“☐人市工用：饋、亥”
	并	大隸妾	卅一年正月壬午	8-925+8-2195	“大隸妾□、京、窯、莡、并”
	并	大隸妾	卅一年三月癸丑	8-763	“大隸妾并”
	州	（徒）	卅一年四月甲午	8-736	“其四人吏養：唯、冰、州、□☐”
	州	（徒）		8-2137	“☐□冰、州、臺、赤☐”
	安	發弩守	廿六年五月戊戌	8-717	“發弩守安”
	阮	（徒）		8-145	“二人取芒：阮、道”
	阮			8-510	“訊阮，阮辤”
	丞	令史		8-2542	“☐令史丞監☐”
	（丞）	叚守		8-61+8-2012+8-293	“巴叚守丞”。《校釋（一）》認爲“丞”似爲巴假守之名
	如	尉史		8-1128	“☐□尉史如”
	如意	書手	卅五年八月	8-1565	（貳春鄉）“如意手”
	如意	書手		8-2084	“☐如意手”
	如意	書手		8-2190	“☐如意手”
	【如意】			8-2113	“【如意當】坐，士五”

續表

筆畫	姓名	身份/職務	年代	出處	備注
六	妃	倉守	卅一年十月乙酉	8-56	“倉守妃”
	妃	倉守	卅一年十月乙酉	8-1545	“倉守妃”
	妃	倉守	卅一年十月乙酉	8-1739	“倉守妃”
	妃	倉守	卅一年十月甲寅	8-821	“倉守妃”
	妃	倉守	卅一年十一月丙辰	8-766	“倉守妃”
	妃	（倉）守		8-915	“【倉】守妃”。《校釋（一）》根據簡8-56等簡，認爲“守”前一字應爲“倉”
	妃	倉嗇夫	卅一年十二月甲申	8-1081	“倉妃”
	妃	倉嗇夫	卅一年十二月甲申	8-1239+8-1334	“倉妃”
	妃	倉嗇夫	卅一年十二月戊戌	8-762	“倉妃”
	妃	走		8-1266	“走妃”
	安	發弩守	廿六年五月戊戌	8-717	“發弩守安”
	羽	郵人		8-706+8-704	“都郵人羽行”

續表

筆畫	姓名	身份/職務	年代	出處	備注
六	犴	令史	卅一年十二月甲申	8-1239+8-1334	“令史犴視平”
	（犴）	令史	卅一年正月丁巳	8-426+8-1632+8-212	“令史□視平”。《校釋（一）》根據8-474簡認爲“令史”後一字爲“犴”
	犴	令史	卅一年正月己巳	8-474+8-2075	“令史犴視平”
	犴	令史	卅一年二月己丑	8-2249	“令史犴視平”
	犴	令史	卅一年二月辛卯	8-800	“令史犴視平”
	犴	令史	卅一年三月癸丑	8-763	“令史犴視平”
	犴	令史	☐年三月癸丑	8-1360+8-448	“令史犴視平”
	犴	（令）史		8-575	“☐史犴視平”。根據文意推知其爲“令史”
	犴	令史		8-1286	“令史犴視平”
	犴	令史	☐□年正月戊午	8-1580	“令史犴視平”
	犴	史	卅年九月庚申	8-1583+8-890	“史犴二甲”
	犴	佐		8-565	“佐犴四甲”

續表

筆畫	姓名	身份/職務	年代	出處	備注
六	犴		卅四年	8-765	“卅四年九月癸亥犴”、“卅四月〈年〉八月丁未犴”
七	扶如	守丞	十一月丙辰	8-201	“酉陽守丞扶如”
	赤	隸臣		8-18	“☐隸臣赤”
	亦	（徒）		8-2137	“☐□冰、州、臺、赤☐”
	杕	稟人	卅二年八月壬戌	8-2247	“貳春鄉守福、佐敢、稟人杕”
	李季			8-206	“進書李季□足”
	孝	不更	【廿】六年六月丙辰	8-918	“安成不更孝”
	吾	鄉守	卅三年正〈五〉月己丑[①]	8-1255+8-1323+8-1207	“貳鄉守吾”
	吾	鄉守		8-1742+8-1956	“貳鄉守吾”
	吾	鄉守	卅三年五月庚寅	8-1152+8-1340	“☐鄉守吾”
	吾	鄉佐	卅一年四月戊子	8-1557	“貳春鄉守氐夫、佐吾”

①《里耶（壹）》《校釋（一）》均釋爲“卅三年正月庚午朔己丑”，但8-1152中爲“卅三年五月庚午朔”，結合朔日曆法表與圖版知，“正月”爲“五月”的誤釋。

續表

筆畫	姓名	身份/職務	年代	出處	備注
七	吾	鄉佐	卅一年四月辛卯	8-1335+8-1115	“貳春鄉守氏夫、佐吾”
	吾	書手		8-1980	“吾手”
	辰	倉佐	廿七年十二月丁酉	8-1551	“倉武、佐辰、稟人陵”
	辰	郵人	卅二年九月甲戌	8-664+8-2167+8-1053	“郵人辰行”
	辰	令		8-139	“☐□月辛丑，令辰、佐臣□☐”
	豖	【士】伍		8-4	“【士】五𡨦文召豖”
	（步）			8-2161	“致（至）今弗遣步”。《校釋（一）》認爲“步”似爲人名
	吴騷	大男子		8-894	“邯鄲韓審里大男子吴騷”
	貝	書手	廿八年七月乙巳／七月乙卯	8-1562	（啓陵鄉）“貝手”
	貝	書手	廿八年七月辛酉	8-767	（啓陵鄉）“貝手”
	見	鄉佐	廿八年	8-39	“啓陵鄉歡已死，佐見已死”

續表

筆畫	姓名	身份/職務	年代	出處	備注
七	見	鄉佐	廿八年	8-938+8-1144	“啓陵鄉守歡、佐【見】”
	利	令佐		6-14	“〼華令佐利訊市人”
	利	走	廿六年十二月辛巳	8-652	“辛巳走利以來”
	利	嬰兒		8-327	“〼嬰兒利”
	禿	縣丞	（卅一年）九月丁卯[①]	8-140	“臨沮丞禿”
	（禿）	倉守		6-17	“倉守禿”。根據文意，疑似爲人名
	私	里典	卅二年六月壬申	8-1455+8-1443	“典私”
	私之	倉嗇夫		8-1430	“稾田官公與倉私之”
	兵	書手	廿六年三月癸卯	8-63	“兵手”
	何	（徒）	卅二年五月庚子	8-1520+8-1434+8-1069	“其十二人爲輿：獎、慶忌、敫、敫、船、何、冣、交、頡、徐、娃、聚”
	何	（徒）		8-780	“二人取城樇柱爲甄廡：賀、何”

① 根據簡文中“九月庚戌朔”和朔閏表以及遷陵丞“昌”多次出現的年代，推定出該年爲秦始皇三十一年。

續表

筆畫	姓名	身份/職務	年代	出處	備注
七	何	（徒）		8-1707	“二人枯傳甄廡□賀、何”
	何	（徒）		8-2089	“六人□□：澤、務、何、勢、庭、田”
	何柏			8-1193	“何柏”
	何柏			8-2049	“何柏”
	佗	令史		8-2319	“令史佗”
	佗	縣尉	十一月庚戌	8-201	“尉佗”
	佗	書手		8-1697	“佗手”
	佁	牢人	廿八年二月甲午	8-273+8-520	“牢人佁以來”
	佁	走	九月己亥	5-22	“走佁以來”
	佁	走	九月戊戌	8-959+8-1291	“走佁以來”
	佁	走	九月庚寅	8-1119	“走佁以來”
	佁	走	二月乙未	8-1829	“走佁以來”
	佁			8-2210	“臣穉曰佁曰郤曰適曰申曰賢”
	免將	士伍	卅一年正月丙辰	8-764	“貲貣士五巫中陵免將”
	角	史		8-414	“史角”
	言	令史/書手	卅一年後九月辛巳	8-1560	“令史言”、“言手”

續表

筆畫	姓名	身份/職務	年代	出處	備注
七	言	倉守	卅五年七月乙巳	8-1268	“倉守言”
	言	倉守		8-898+8-972	“倉守言”
	言	書手		8-921	“言手”
	言	大婢	卅二年六月壬申	8-1455+8-1443	“大婢言”
	言	（徒）		8-2099	“☐養：敬、言、應☐”
	忘季	令史		8-1065	“私進令史忘季自發”
	沈	少内嗇夫	卅五年六月丙了	8-2202+8-888+8-936	“少内沈”
	沈	少内嗇夫	卅五年八月癸亥	8-1572+8-811	“少内沈”
	沈	少内嗇夫	卅五年八月甲子	8-914+8-1113	“少内沈”
	沈	少内嗇夫	卅五年八月戊寅	8-1214	“少内沈”
	沈	少内嗇夫	卅五年【九】月庚寅	8-2193	“少内沈”
	沈	少内嗇夫		8-1512+8-1233	“少内沈”
	沈	少内嗇夫		8-1352	“少内沈”

續表

筆畫	姓名	身份/職務	年代	出處	備注
七	沈	少内嗇夫		8-1398	“少内沈”
	沈	司空佐		8-489+8-149	“司空佐沈”
	沈	鄉守/書手	卅五年七月己酉	8-1554	“都鄉守沈”、“沈以來”、“沈手”
	沈	鄉守		8-1824	“都鄉守沈”
	沈	書手	卅六年	8-2234	“沈手”
	沈	書手		8-886	“沈手”
	沈	書手		8-1346	“沈手”
	沈	書手		8-1399	“沈手”
	沈	書手		8-1949	“沈手”
	快	（徒）		8-663	“一人廷守府：快”
	快	（徒）		8-2101	“☑二人付庫：快、擾”
	快		卅一年二月丙戌	8-71	“守府快行尉曹”
	快		（卅一年）九月戊辰	8-140	“守府快行”
	快		卅一年後九月辛巳	8-1560	“守府快行”
	快		卅二年正月戊戌	8-157	“守府快行”
	快		（卅二年）四月癸丑	8-155	“守府快行少内”

續表

筆畫	姓名	身份/職務	年代	出處	備注
七	快		卅二年四月丙辰	8-158	"守府快行旁"
	快			8-60+8-656+8-748+8-665	"守府快行少内"
	完	大奴	卅五年七月己酉	8-1554	"大奴良、完"
	良	大奴	卅五年七月己酉	8-1554	"大奴良、完"
	良朱	隸臣	卅年十月辛丑	8-1515	"隸臣良朱以來"
	初	佐	卅一年五月丁巳	8-196+8-1521	（都鄉）"佐初以來"
	初	佐	卅一年五月壬戌	8-2011	（都鄉）"佐初以來"
	初	佐/書手	卅二年六月壬申	8-1455+8-1443	"佐初以來"、"初手"
	初	佐		8-142	（都鄉）"佐初□☑"
	即		卅三年六月乙巳	8-768	"守府即行"
	忌	髳長		8-489+8-149	"髳長忌"
	忌行	司空佐		8-854	"司空守得、佐忌行"
	姊	（徒）		8-145	"一人徒養：姊"

續表

筆畫	姓名	身份/職務	年代	出處	備注
七	忍	隸妾		8-1584	“隸妾忍”
	車	田嗇夫	廿八年	8-410	“遷陵田車”
	岀	下妻		8-1027	“下妻岀”。《里耶(壹)》作“岀”;《校釋(一)》作“岀”
	犯	書手/半	廿八年十二月癸未	8-166+8-485+8-75	“犯手”、“犯半”
八	武	倉嗇夫	廿七年十二月丁酉	8-1551	“倉武、佐辰、稟人陵”
	武	倉嗇夫	廿八年六月甲午	8-1518+8-1490	“倉武”
	武	倉嗇夫	卅一年三月丙寅	8-760	“倉武、佐敬、稟人援”
	武	倉守	卅一年二月己丑	8-2249	“倉守武、史感、稟人堂”
	武	倉守	卅一年二月辛卯	8-800	“倉守武、史感、稟人堂”
	武	倉守	卅一年三月癸丑	8-606	“倉守武、史感□☑”
	武	倉守	卅一年三月癸丑	8-763	“倉守武、史感、稟人援”
	武	倉守	☑年三月癸丑	8-1360+8-448	“倉守武、史感、稟人堂”

續表

筆畫	姓名	身份/職務	年代	出處	備注
八	武	倉守	☐□年正月戊午	8-1580	“倉守武、史感、稟人援”
	武	庫嗇夫	卅一年六月庚戌	8-173	“庫武”
	武	庫嗇夫	卅二年五月庚了	8-1520+8-1434+8-1069	“庫武”
	武	庫嗇夫	卅二年□月壬辰	8-752+8-26	“庫武、佐横”
	武	庫嗇夫		8-489+8-149	“庫武二甲”
	武	少内嗇夫	（廿九年）後九月丁亥[①]	8-164+8-1475	“少内武”
	武	田守	卅三年六月壬子	8-274+8-2138	“田守武”
	武	鄉守	卅二年六月壬申	8-1455+8-1443	“都鄉守武”
	武	士伍	卅三年七月甲戌	8-1537	（都鄉）“高里士五武”
	武	書手	卅年五月辛巳	8-2006+8-666	（司空）“武☐”（殘缺之字應爲“手”）
	青	（徒）		8-145	“一人作務：青”

① 根據簡文“後九月辛酉朔”可以推知該年爲秦始皇二十九年。

續表

筆畫	姓名	身份/職務	年代	出處	備注
八	青黑[①]	大女子		8-1070	"人中大女子青黑"
	長	司空嗇夫	廿八年六月丙戌	8-985	"司空長"
	(長)			8-2019	"孱陵長"。《校釋(一)》認爲"長"疑似人名
	拔	縣令	【廿】六年六月丙辰[②]	8-918	"遷陵拔"。"縣+人名"、"道+人名"的身份暫用"縣令"一詞。下同
	拔	縣令	廿六年六月癸亥	8-406	"遷陵拔"
	拔	縣令	廿六年八月丙子	8-1743+8-2015	"遷陵拔"
	拔	縣令	廿八年六月丙戌	8-985	"司空長、佐部符發弩守攀探、遷陵拔前"
	拔	(縣令)[③]		8-1138	"以此論除郤逯(逮),拔等前論"

---

①《校釋(一)》認爲"青黑"疑似爲人名。8-145中有"青",8-871中有"黑","青黑"是否爲兩人存疑。

② 遷陵縣在秦始皇二十五年置縣,"遷陵拔"多出現在始皇二十六年至始皇二十八年,故推定此簡中"六"前應爲"廿"字,即秦始皇二十六年。

③《校釋(一)》認爲此"拔"即8-209、8-406所見"遷陵拔",爲遷陵縣長官。

續表

筆畫	姓名	身份/職務	年代	出處	備注
八	拔	縣令	廿七年八月丙戌	8-209	“遷陵拔”
	幸	大奴	卅二年六月壬申	8-1455+8-1443	“大奴幸、甘多”
	苗	小女子	卅五年	8-1546	“南里小女子苗”
	苗	小女子	卅五年	8-1504+8-863	“南里小女子苗”。該簡内容與上簡完全相同
	茆	大夫		8-1623	“南里户人大夫寡茆”
	林	（徒）		8-145	“七人取□：林”
	（牧）①	（徒）		8-663	“一人付司空：牧”
	臤忑			5-5	“⍁䟃叜公臤忐告誘⍁”
	尚	令史	卅一年三月丙寅	8-760	“令史尚監”
	尚	令史	卅一年五月乙卯	8-1345+8-2245	“令史尚視平”
	尚	令史	卅一年五月壬戌	8-45	“令史尚視平”
	尚	令史	卅一年五月癸酉	8-1540	“令史尚視平”
	尚	令史	卅一年七月壬子	8-1336	“令史尚視平”

①《里耶（壹）》作“牧”，《校釋（一）》作“枚”。

續表

筆畫	姓名	身份/職務	年代	出處	備注
八	尚	令史	卅一年九月辛亥	8-7	“令史尚☐”
	尚	令史	卅一年九月庚申	8-211	“令史尚視平”
	尚	令史		8-1584	“令史尚視平”
	尚	令史		8-2239+8-1830+8-1815[①]	“令史尚”
	尚	令史	卅年九月己巳	8-525+8-351+8-216	“令史尚視平”
	尚	（令）史		8-1046	“☐史尚視平”。根據文意“尚”爲令史
	尚	（令史）		8-1177	“☐尚視平”。同上
	尚	令佐	卅二年三月	8-1793	“令佐尚視平”
	尚	鄉守	卅一年正月壬午	8-925+8-2195	“啓陵鄉守尚”
	尚	鄉守	卅一年正月壬午	8-1241	“啓陵鄉守尚”
	尚	倉佐/書手	廿八年六月甲午/乙未	8-1518+8-1490	“佐尚以來”、“尚手”
	尚	史		8-480	“史尚主”
	尚	史		8-481	“史尚主”

① 何有祖：《里耶秦簡牘綴合（六）》，簡帛網，2012年6月4日。

續表

筆畫	姓名	身份/職務	年代	出處	備注
八	尚	書手	卅一年後九月甲申	8-190+8-130+8-193	“尚手”
	尚	書手	卅二年三月朔日	8-62	“尚手”
	尚	書手		8-144+8-136	“尚手”
	尚	書手		8-722	“尚手”
	尚	發	卅一年後九月壬寅	8-2034	“尚發”
	尚	發		8-2096	“尚發”
	尚	半	卅年二月壬寅	8-672	“尚半”
	尚	半	卅年六月戊申	8-1566	“尚半”
	尚			8-1066	“令史端、德、繞、旌、尚”
	昌	縣丞	廿九年正月甲辰	8-1246	“遷陵丞昌”
	昌	縣丞	廿九年七月戊午	8-2191	“遷陵丞昌”
	昌	縣丞	廿九年九月辛亥	8-1511	“遷陵丞昌”
	昌	縣丞	卅年□月丙申	8-1007+8-754	“遷陵丞昌”

續表

筆畫	姓名	身份/職務	年代	出處	備注
八	昌	縣丞	卅一年二月丙戌	8-71	“遷陵丞昌”
	昌	縣丞	卅一年五月乙卯	8-1345+8-2245	“遷陵丞昌”
	昌	縣丞	（卅一年）九月丁卯	8-140	“遷陵丞昌”
	昌	縣丞	卅一年後九月辛巳	8-1560	“遷陵丞昌”
	昌	縣丞	卅二年正月丁酉	8-157	“遷陵丞昌”
	昌	縣丞	卅二年三月朔日	8-62	“遷陵丞昌”
	昌	縣丞		8-60+8-656+8-748+8-665	“遷陵丞昌”
	昌	縣丞		8-2013+8-198+8-213	“遷陵丞昌”
	昌	縣丞		8-505	“☐遷陵丞昌☐”
	昌	縣丞		8-1925+8-1663①	“遷陵丞昌”
	昌	司空嗇夫	廿七年十一月乙卯	8-1665	“司空昌”

① 何有祖：《里耶秦簡牘綴合（五）》，簡帛網，2012年5月26日。

續表

筆畫	姓名	身份/職務	年代	出處	備注
八	昌			8-1569	“昌有它罪”
	（昌）	（縣）丞		8-256	“☐丞昌令史上主”。或與上述數簡中的“昌”爲同一人，任遷陵縣丞
	昌[①]	司馬	廿六年八月丙子	8-135	“狼屬司馬昌官，謁告昌官”
	固	守丞	元年七月癸亥	5-1	“遷陵守丞固”
	固	守丞	元年八月朔日	8-653	“遷陵守丞固”
	忠	（書手）	（卅四年）二月乙丑[②]	8-1538	“／忠☐”。根據文意知其爲書手
	忠	書手		8-72	“／忠【手】”
	忠	稟人		8-980	“稟人忠”
	忠	稟人		8-1024	“【稟】人忠”
	忠	稟人		8-2233	“【稟】人忠”
	忠	（稟人）		8-850	“☐人忠”。根據文意知其爲“稟人”
	忠	（稟人）		8-1000	“☐人忠”。同上

① “昌”或“昌官”爲人名，存在爭議。我們認爲“昌”是人名，“官”指官署。

② 根據簡文“二月丙申朔”可以推知該年或爲秦始皇三十四年。

續表

筆畫	姓名	身份/職務	年代	出處	備注
八	和	書手		8-61+8-2012+8-293	“和手”
	季			8-810+8-782	“季，季幸精（籍）小吏”
	委	（徒）		8-142	“捕羽：宜、委、□▨”
	欣	少内佐/書手	（廿九年）後九月丁亥	8-164+8-1475	“欣手”、“佐欣行廷”
	欣	少内佐/書手	卅年九月庚申	8-1583+8-890	“欣手”、“佐欣行”
	欣	書手	（卅二年）四月癸丑	8-155	“欣手”（“遷陵守丞色”文書書寫者）
	欣	書手	卅二年四月甲寅	8-158	“欣手”（“遷陵守丞色”文書書寫者）
	欣	書手		8-178	“欣手”
	欣	發	卅一年五月丁巳	8-196+8-1521	“欣發”
	欣	發	卅二年正月丁酉	8-157	“欣發”
	欣	發	卅二年四月甲寅	8-152	“欣發”
	欣	發	卅二年六月壬申	8-1443+8-1455	“欣發”

續表

筆畫	姓名	身份/職務	年代	出處	備注
八	欣	發		8-61+8-2012+8-293	“欣發”
	欣[1]	士伍	卅一年二月丙戌	8-71	“士五梓潼長親欣補”
	彼死	令史	廿八年六月甲午	8-1518+8-1490	“令史敞、彼死共走興”
	彼死	書手		8-647	“彼死手”
	舍	校長		8-565	“校長舍四甲”
	舍	都鄉守	二月辛未	8-142	“都鄉守舍”
	受	（徒）		8-1531	“二人求菌：受、款”
	周	縣守	廿六年十二月庚申	8-1516	“沮守周”。暫用“縣守”一詞表示“某縣+守”。下同
	周	校長	廿五年九月己丑	8-537+8-439+8-519	“校長周”
	周	隸臣	卅二年八月壬戌	8-2247	“隸臣周”
	兔	士伍	卅五年八月丙戌	8-660	“士五兔”

①《校釋（一）》認爲“欣”或“欣補”爲人名。楊振紅先生認爲“補”是官吏有缺位，選員補任的意思，“欣”爲人名，甚確。參見楊振紅《秦漢時期的“尉”、“尉律”與“置吏”、“除吏”——兼論“吏”的屬性》，《簡帛》第8輯，上海古籍出版社，2013年。

續表

筆畫	姓名	身份/職務	年代	出處	備注
八	狐	少内守	卅四年九月甲子	8-2078+8-1170+8-1179	“少内守狐”
	狐	【少】内守	卅四年【九月庚辰】	8-806	“少内守狐”
	狐	少内守		8-1508	“少内守狐”
	狐	尉守		8-132+8-334	“尉守狐”
	狐	鄉守	卅五年八月己未	8-769	“啓陵鄉守狐”
	狐	鄉守		8-1029	“啓陵鄉守狐”
	狐			8-421	“☐狐告啓陵☐”
	狐	佐	卅年九月甲戌	8-1783+8-1852	“佐狐”
	狗	書手		8-1094	“狗手”
	狗	戍卒/士伍		8-247	“守府戍卒士五狗”
	咎	隸妾	卅三年正月庚辰	8-651	“隸妾咎以來”
	京	大隸妾	卅一年正月壬午	8-925+8-2195	“大隸妾京”
	夜	（徒）		8-145	“七人取□：夜”
	刻	（徒）		8-145	“六人捕羽：刻、婢”

續表

筆畫	姓名	身份/職務	年代	出處	備注
八	定	縣守	（卅）五年十二月庚午[①]	8-746+8-1588	“枳鄉守定”
	定	書手	（卅二年）八月己未[②]	8-66+8-208	“定手”（“門淺丞”文書書寫者）
	定		卅年十一月丙子	8-141+8-668	“守府定以來”
	宜	司寇		8-1027	“成里户人司寇宜”
	宜	徒		8-142	“捕羽：宜、委、□▨”
	宜	（徒）		8-1531	“四人級：不耆，宜、欬、它人”
	宜			8-1286	“▨【忍】樂陵宜”
	宛	（徒）	卅一年後九月壬寅	8-2034	“一人作務：宛”
	宛	（徒）		8-1017	“一人取菅：宛”
	建	守丞		8-1282	“遷陵守丞建”
	建	尉守	丁亥朔戊子	8-2163+8-671+8-721	“尉守建、尉史午”
	建	庫嗇夫		8-1820+8-562	“庫建”

① 簡文中“▨五年十二月【辛】酉朔”，可以根據朔閏表推知其時間或爲秦始皇三十五年。

② 根據簡8-2247中“卅二年八月乙巳朔”推測簡文中“八月乙巳朔”或爲秦始皇三十二年。

續表

筆畫	姓名	身份/職務	年代	出處	備注
八	建	庫嗇夫	卅五年六月己巳	8-845	“庫建”
	建	庫嗇夫		8-847	“庫建”
	建	庫嗇夫	卅五年六月己巳	8-907+8-923+8-1422	“庫建”
	建	庫嗇夫	卅五年六月己巳	8-993	“庫建”
	建	庫嗇夫	卅五年六月己巳	8-1091+8-1002	“庫建”
	建	庫嗇夫	卅五年六月己巳	8-1579+8-1055	“庫建”
	建	庫嗇夫	卅五年六月己巳	8-1289	“庫建”
	建	庫嗇夫		8-405	“庫建”
	建	庫嗇夫		8-783	“庫建”
	（建）			8-422+8-50	“⍁□倉□建”。根據文意，“建”疑似爲人名
	居	（倉）佐/書手	卅一年五月辛巳	8-1559	“佐居以來”、“居手”
	居	佐		8-207	“佐居”
	居	佐		8-681	“佐居以來”

續表

筆畫	姓名	身份/職務	年代	出處	備注
八	居	士伍	（卅）五年十二月庚午	8-1588+8-746	“遷陵移佐士五（伍）枳鄉里居”
	居	士吏		8-2046	“士吏居”
	屈	走	【廿六】年（正月甲申）[①]	8-1452	“令走屈行”
	狀	士伍	廿七年十月辛卯	8-63	“朐忍索秦士五狀”
	具	（徒）	後九月丙寅	8-2008	“一人輸備弓：具”
	始	大隸妾	卅一年十一月丙辰	8-766	“大隸妾始”
	糾		六月己酉[②]	8-746+8-1588	“枳鄉守糾”
	畱			8-1132+8-1418+8-1133+8-1832+8-314+8-1107[③]	“今畱等當贖耐”、“畱等非故縱弗論”

① 根據文書格式“□申”應爲廿六年十二月己卯日后數日，根據曆法表推測或爲“正月甲申”。

② 上文注釋中推測“☐五年”或爲秦始皇三十五年，而文中“六月己酉”根據文書格式可能爲秦始皇三十四年。

③ 何有祖：《里耶秦簡牘綴合（八則）》，簡帛網，2013年5月17日。

續表

筆畫	姓名	身份/職務	年代	出處	備注
九	春			8-997+8-883①	"春曰：不審獻此程令，疑它郡縣。"
	城	（徒）	後九月丙寅	8-2008	"一人捕鳥：城"
	革	（徒）		8-2101	"七人付少內：革"
	桒	（徒）		8-145	"四人徒養：桒"
	胡	守丞	廿八年九月甲辰	8-1463	"遷陵守丞胡"
	胡	大女子	卅五年七月己酉	8-1554	"大女子陽里胡"
	胡傷	小女子	卅四年八月丙申	8-1549	"陽里小女子胡傷"
	南	（徒）		8-145	"五人墼：婢、般、橐、南、儋"
	兹	守丞	卅四年後九月辛酉	8-1449+8-1484	"遷陵守丞兹"
	兹	守丞		8-1456	"☐守丞兹下司空"
	兹	倉嗇夫	卅五年八月丙戌	8-824+8-1974	"倉兹"
	兹	倉嗇夫	卅五年九月丙申	8-2248	"倉兹"
	兹	倉嗇夫		8-452	"倉兹"
	兹	倉嗇夫		8-1059	"倉兹"

① 何有祖先生認爲"賣"應釋爲"春"，人名。參見何有祖《里耶秦簡牘綴合（八則）》。

續表

筆畫	姓名	身份/職務	年代	出處	備注
九	兹	假倉嗇夫	卅一年五月辛巳	8-1559	“叚倉兹”
	兹	【少】内守		8-2359	“【少】内守兹”
	兹	司空守	卅年六月辛亥	8-1647	“司空守兹”
	兹	司空守	卅一年十月庚寅	8-271+8-29[①]	“司空守兹”
	兹	司空守	卅四年八月乙巳	8-1635	“司空守兹”
	兹	司空守	川年九月己巳	8-525+8-351+8-216	“司空守兹”
	兹	司空守		8-951	“司空守兹”
	兹	（司）空守		8-2239+8-1830+8-1815	“【司】□守兹☑”
	兹	鄉嗇夫	【卅五年七月】癸巳	8-962+8-1087	“貳春鄉兹”
	兹	鄉嗇夫	卅五年八月丁巳朔	8-1565	“貳春鄉兹”
	兹	鄉嗇大		8-661	“貳春鄉兹”

① 何有祖:《里耶秦簡牘綴合（五）》，簡帛網，2012年5月26日。

續表

筆畫	姓名	身份/職務	年代	出處	備注
九	兹	鄉嗇夫		8-2149+8-2121	“【貳】春鄉兹”
	兹	鄉嗇夫		8-1293	“☐春鄉兹”
	兹	（徒）		8-145	“三人治枲：袂、兹、緣”
	兹			8-236	“留兹、乙各十四日”
	枯	士伍		8-466	“城父蘩陽士五枯取賈人子爲妻，戍四歲”
	相			8-307+8-161	“潁陰相來行田宇”
	柏			8-598+8-624+8-227[①]	“柏所幸賜文黑得□☐”
	柏			8-2088+8-659	“季丈人、柏及☐”
	柏			8-1997+8-823	“校長予言敢大心多問子柏”、“爲柏寄食一石”
	要	隸妾		8-1584	“出稟隸妾忍、要”
	要			8-2160	“☐要以【來】☐”
	皆	（徒）		8-1531	“二人與上功吏：皆、狼”

① 何有祖：《里耶秦簡牘綴合（七）》，簡帛網，2012年6月25日。

續表

筆畫	姓名	身份/職務	年代	出處	備注
九	是	倉嗇夫	卅一年五月乙卯	8-1345+8-2245	“倉是、史感、稟人援”
	是	倉嗇夫	卅一年五月壬戌	8-45	“倉是、史感、稟人□”
	是	倉嗇夫	卅一年五月癸酉	8-1540	“倉是、史感、稟人堂”
	是	倉嗇夫	卅一年七月壬子	8-1336	“倉是、史☐”
	是	倉嗇夫	卅一年七月乙丑	8-1794	“倉是、史感、稟☐”
	是	倉嗇夫	卅一年八月辛丑	8-1153+8-1342	“倉是、史感、稟堂”
	是	倉嗇夫	卅一年八月壬寅	8-217	“倉是、史感、稟人堂”
	是	倉嗇夫	卅一年九月庚申	8-211	“倉是、史感、【稟人】堂”
	是	倉嗇夫	卅三年二月庚戌	8-561	“倉是”
	是	倉嗇夫	卅三年九月乙酉	8-1660+8-1827	“倉是、佐襄、稟人藍”
	是	倉嗇夫		8-663	“倉是”
	是	倉嗇夫		8-1031	“倉是、史感、傈（稟）人堂”
	是	倉嗇夫		8-1063	“倉是、史感、稟人堂”

續表

筆畫	姓名	身份/職務	年代	出處	備注
九	是	倉嗇夫		8-1134	“倉是、佐蒲、稟人援”
	是	少內守	卅二年正月丙戌	8-478	“少內守是”
	是	少內守	卅二年四月甲寅	8-152	“少內守是”
	是	少內守		8-1341	“少內守是”
	是	都鄉鄉守	卅一年五月壬戌	8-2011	“都鄉守是”
	是	倉嗇夫		8-2343	“倉【是】”
	是	倉嗇夫	卅一年四月甲午	8-736	【倉是】
	昭		廿七年三月辛亥	8-1510	“昭行”
	昭			8-2028	“昭行”
	骨	（徒）	廿九年九月戊午	8-1146	“四人負土：臧、成、駠、骨”
	骨	仗城旦	卅年十月辛亥	8-801	“二人治傳舍：它、骨”
	骨	（徒）		8-780	“三人病：骨、駠、成”
	骨	（徒）		8-822	“☐臧、骨☐”
	段	少內嗇夫		8-785	“少內段、佐卻”
	俉	書手	（卅一年）九月丁卯	8-140	“俉手”

續表

筆畫	姓名	身份/職務	年代	出處	備注
九	信	令佐	卅四年二月庚戌	8-197	“令佐信行”
	信	書手		8-192	“信手”
	信			8-1607	“☐□信”
	信成	厩守	（廿）【八】年三月丙寅①	8 677	“厩守信成”
	皇楗	男子	廿六年六月癸亥	8-406	“男子皇楗獄薄（簿）”
	律	守丞	卅五年五月庚了	8-770	“遷陵守丞律”
	後	庫嗇夫	廿七年三月己酉	8-1510	“庫後”
	卻	令史		8-1024	“令史卻視平”
	卻	令佐		8-1317	“令佐卻發”
	卻	【少】内守		8-790	“少内守卻”
	卻	【少内】守		8-783	“☐守卻付庫建”
	卻	少内佐		8-785	“少内段、佐卻”
	卻	（倉）佐	卅四年八月丙申	8-1549	“倉□、佐卻”

① 根據“【八】年三月庚子朔”可以推知該年爲秦始皇二十八年。

續表

筆畫	姓名	身份/職務	年代	出處	備注
九	卻	佐		8-867	"佐卻當坐"
	卻	書手		8-843	"卻手"
	卻	書手		8-1238	"卻手"
	卻	書手		8-1947	"卻手"
	卻	士伍	卅年	8-930	"士五佐卻"
	卻	小城旦	卅年九月己巳	8-525+8-351+8-216	"小城旦卻"
	卻	(小)城旦		8-1894	"☐城旦卻"。該簡與上簡略同,"卻"爲小城旦
	卻		卅四年、卅五年	8-765	"三月朔日卻、壬辰卻、壬寅卻"
	卻	(徒)		8-145	"圂、段、卻"
	(卻)			8-650+8-1462	"卻即道下,以券與卻"。《校釋(一)》認爲"卻"疑似爲人名
	胠①	罰戍/公卒	卅一年七月朔日	8-2246	"罰戍公卒襄城武宜都胠"
	負中	(徒)		8-2101	"☐人牢司寇守囚:嫭、負中"
	負解	隸臣	廿九年八月乙酉	8-686+8-973	"隸臣負解行廷"

①《里耶(壹)》作"朐",《校釋(一)》作"胠",認爲"胠"或"都胠"爲人名。

續表

筆畫	姓名	身份/職務	年代	出處	備注
九	負劇	隸臣	廿九年八月乙酉	8-686+8-973	“隸臣一人門：負劇”
	勴	守丞	卅五年三月庚子	8-685+8-462	“守丞勴”
	哀	（徒）	卅一年後九月壬寅	8-2034	“五人求羽：吉、□、哀、瘳、嬗。”
	哀	（徒）		8-2144+8-2146[①]	“☐務：哀☐”
	亭	冗佐/公士		8-60+8-656+8-748+8-665	“冗佐公士僰道西里亭”
	庛	大隸妾		8-1177	“大隸妾庛”
	弈	公卒		8-430	“丹陽公卒外里弈”。《里耶（壹）》作“柳”，《校釋（一）》作“弈”
	庭	（徒）		8-2089	“六人□□：澤、務、何、勢、庭、田”
	恒	郡守	十月丁巳	8-228	“南郡守恒下真書洞庭”
	恬	令佐		6-21	“令佐恬行”
	恬	鄉守	卅五年五月庚子	8-770	（啓陵）“鄉守恬”

① 何有祖：《里耶秦簡牘綴合（六）》，簡帛網，2012年6月4日。

續表

筆畫	姓名	身份/職務	年代	出處	備注
九	恬	鄉守		8-58	"啓陵鄉守恬"
	恬	鄉守		8-1797	"啓鄉守恬"
	恬	鄉守/書手		8-2243+8-2022[①]	"☐陵鄉守恬"、"恬手"
	恬	(鄉)守		8-2170	"☐守恬敢言【之】☐"。根據以上數簡推測其職位爲鄉守
	恬	書手	卅四年七月癸酉	8-1525	(啓陵鄉)"恬手"
	恬	(徒)		8-663	"二人付庫:恬、擾"
	宣	鄉佐	廿八年五月甲寅	8-170	(都鄉)"佐宣行廷"
	客	書手		6-6	"客手"
	扁	少内守	卅年九月甲戌	8-1783+8-1852	"少内守扁"
	扁	令史	卅一年十月乙酉	8-1545	"令史扁視平"
	扁	令史	卅一年十二月甲申	8-1081	"令史扁視平"
	扁	令史	卅一年正月丙辰	8-764	"令史扁視平"

① 何有祖:《里耶秦簡牘綴合(六則)》,簡帛網,2012年12月24日。

續表

筆畫	姓名	身份/職務	年代	出處	備注
九	扁	令史	卅一年三月癸酉	8-1576	“令史扁視平”
	扁	令史		8-262	“令史扁視平”
	扁	令史		8-1266	“令史扁視平”
	叚	（徒）		8-145	“……圂、叚、卻”
	韋	令史		8-138+8-522+8-174+8-523	“令史韋”
	胥	都府守	十二月戊寅	8-60+8-656+8-748+8-665	“都府守胥”
	胥	書手	六月甲午	8-140	（臨沮縣）“胥手”
	胥亡			8-60+8-656+8-665+8-748	“計廿八年□責亭妻胥亡。胥亡曰：貧，弗能入”
	陘	守丞	廿七年八月癸巳	8-133	“遷陵守丞陘”
	除	令史	六月癸巳[①]	8-138+8-522+8-174+8-523	“令史除”
	除	令史		8-210	“令史除、佐朝雜𨻰（題）遷陵丞歐前”

① 簡文中“六月癸巳”的時間只是行廟時間安排，“六月壬子”更能説明令史“除”的在職時間。

續表

筆畫	姓名	身份/職務	年代	出處	備注
九	除	校長		8-472+8-1011+8-167+8-194	"酉陽校長除"
	除	鄉嗇夫		8-1254	"〼【陵】鄉嗇夫除"
	娃	徒	廿九年八月乙酉	8-686+8-973	"舂三人級：姱、□、娃"
	娃	徒	卅二年五月庚子	8-1069+8-1434+8-1520	"其十二人爲輿：獎、慶忌、䞣、䞣、船、何、冣、交、頡、徐、娃、聚"
	娃	（徒）		8-145	"六人捕羽：刻、婢、□、□、娃、變"
	姱	徒	廿九年八月乙酉	8-686+8-973	"舂三人級：姱、□、娃"
	姱	（徒）		8-145	"一人爲席：姱"
	姘			8-2150	"〼曰姘，爲人大女子"
	壴孫	（徒）	五月甲寅	8-663	"一人守園：壴孫"。《校釋（一）》作"壹孫"
	壴孫	（徒）		8-2101	"〼人守園：壴孫"
	虻華			8-1470	"令虻華治獄"
	狗	小隸臣		8-1656	"使小隸臣狗"
十	茝	（徒）		8-2101	"七人付少內：革、茝"
	茝	大隸妾	卅一年正月壬午	8-925+8-2195	"大隸妾□、京、窯、茝、并、□人"

續表

筆畫	姓名	身份/職務	年代	出處	備注
十	髟	卒長	卅一年後九月甲□	8-190+8-130+8-193	"卒長髟"。《里耶(壹)》作"鬘",《校釋(一)》作"髟"
	起		廿七年八月癸巳	8-133	"起行司空"
	起	走	廿八年九月辛丑	8-373	"走起以來"
	起	某守		8-1198	"☐守起"
	起贅		廿六年八月丙子	8-1743+8-2015	"成吏、閒、起贅、平私令般芻、嘉出庸"
	都	守丞	卅二年九月朔日	8-664+8-2167+8-1053	"遷陵守丞都"
	都	守丞	卅三年二月朔日	8-154	"遷陵守丞都"
	都	守丞		8-85	"遷陵守丞都"
	華	少內嗇夫		8-1833	"☐擇付少內華"
	華	少內守		8-58	"啓陵鄉守恬付少內守華"
	華	令史	廿八年九月庚子	8-1463	"令史華"、"史華"
	華	令史	卅五年八月癸亥	8-1572+8-811	"令史華監"

續表

筆畫	姓名	身份/職務	年代	出處	備注
十	華	令史		8-984	“令史華監”
	華	令史		8-992	“令史華監”
	華	令史		8-2143	“令史華監”
	華	令佐/尉史/書手	卅五年六月戊寅①	8-1532+8-1008+8-1461	“令佐華自言：故爲尉史”、“華手”
	華	令佐	卅五年三月甲辰	8-433	“令佐華劾奏”
	華	令佐		8-460	“令佐華視事卅七日”
	華	令佐		8-1030	“令佐華視平”
	華	令佐		8-2179	“令佐華”
	華	佐		8-1764	“【佐】歜、華訊于”
	華	書手		8-820	“華手”
	華	書手		8-1629+8-1454	“華手”
	華			6-14	“☐華令佐利訊市人”
	華			8-650+8-1462	“華購而出之”
	華	佐		8-1298+8-1354②	“佐歜、華雜訊旁”

① 根據文意，“華”曾爲尉史，故擔任尉史時間與簡文時間没有直接對應關係。

② 何有祖：《里耶秦簡牘綴合（七）》，簡帛網，2012年6月25日。

續表

筆畫	姓名	身份/職務	年代	出處	備注
十	莫邪	令史	二月壬辰	8-138+8-522+8-174+8-523	“令史莫邪行廟”
	莫邪	令佐		8-647	“令佐莫邪自言”
	荼	走	廿七年五月戊辰	8-1533	“走荼以來”
	㽵	守丞	卅四年正月辛未／二月庚戌	8-197	“遷陵守丞㽵”
	㽵	守丞	（卅四年）二月乙丑	8-1538	“遷陵守丞㽵”
	㽵	守丞	卅四年七月乙亥	8-1525	“遷陵守丞㽵”
	㽵	【守】丞		8-730	“【守】丞㽵”
	㽵	守丞／上造		8-896	“守丞㽵，上造，居競陵陽處”
	㽵	守丞		8-912	“☐遷遷遷陵□守丞㽵”
	㽵	少内嗇夫		8-60+8-656+8-748+8-665	“少内㽵”
	㽵	司空守		8-489+8-149	“司空守㽵三甲”
	㽵	書手	卅四年八月丙申	8-1549	“㽵手”

續表

筆畫	姓名	身份/職務	年代	出處	備注
十	莊	佐		8-37	"☐佐莊"
	莊			8-236	"留兹、乙各十四日，莊十二日"
	莊			8-1612	"令莊定，敢言之"
	連	半[1]	卅年十一月丙子	8-141+8-668	"連半"
	逐	令史	卅一年四月戊子	8-1557	"令史逐視平"
	逐	令史	卅一年四月辛卯	8-1335+8-1115	"令史逐視平"
	逐	令史	卅一年六月丁亥	8-1102+8-781	"令史逐視平"
	逐	令史	卅一年七月朔日	8-2246	"令史逐視平"
	逐	令史	卅一年七月癸酉	8-1787+8-1574	"令史逐視平"
	逐	（令）史		8-1328	"☐史逐視平"。根據文意，其應爲"令史"
	逐	令史		8-1406	"令史逐視平"
	逐	令史	卅一年十二月庚寅	8-1590+8-1839	"令史逐視平"

① 《里耶（壹）》作"手"，如前文注所述，不確，應爲"半"。

續表

筆畫	姓名	身份/職務	年代	出處	備注
	逐	（田官）史	卅年二月壬寅	8-672	“史逐以來”
	逐	鄉守	卅一年四月癸卯	8-1278+8-1757	“啓陵鄉守逐”
	逐	書手	廿八年七月癸卯	8-1563	“逐手”
	逐	（庫）書手	廿九年八月乙酉	8-686+8-973	“逐手”
	逐	（田官）書手	卅年六月甲辰	8-1566	“逐手”
	逐	書手		8 701	“逐手”
十	逌	令佐		8-489+8-149	“令佐逌二甲”
	圂	士伍	廿九年十一月辛酉	8-78	“遷陵陽里士五慶、圂”
	圂	庫佐	廿九年四月壬午	8-1514	“佐圂以來”
	圂	令史	卅三年三月己丑	8-1135	“令史圂視平”
	圂	令史		8-880	“☑令史圂視”
	圂	令佐	（卅三）年六月朔日	8-1267	“時丞有、令佐圂主”
	圂	令佐		8-489+8-149	“令佐圂一盾”

續表

筆畫	姓名	身份/職務	年代	出處	備注
十	圂	發	卅二年五月庚子	8-1520+8-1434+8-1069	"佐横以來。/圂發"
	圂	發		8-221	"佐敬以來。/圂發"
	圂	書手	卅三年二月朔日	8-154	"圂手"
	圂	書手	（卅二年）五月甲午	8-1343+8-904	"圂手"
	圂		卅五年三月	8-1494	"圂以智（知）□子居益陽者"
	圂	（徒）/主管官吏		8-145	"……圂、叚、卻"、"☑□圂敢言之，寫上，敢言之"
	圂			8-1470	"報圂□☑"
	圂		卅四年	8-1692	"護圂，圂未得"
	缺①	書手		8-1014	"缺手"
	氣	令史	卅一年正月壬午	8-925+8-2195	"令史氣視平"
	氣	令史	卅一年正月壬午	8-1241	"令史氣視平"
	氣	令史	卅一年七月己卯	8-1550	"令史氣視平"

①《里耶（壹）》作"[缶皮]"，《校釋（一）》作"缺"。

續表

筆畫	姓名	身份/職務	年代	出處	備注
十	氣	書手/佐	（廿八年）七月辛亥	8-166+8-75+8-485	“氣手”、“佐氣以來”
	氣	發	卅一年五月壬戌	8-2011	“佐初以來。/氣發”
	氣	發	卅一年五月辛巳	8-1559	“佐居以來。氣發”
	氣	書手	（卅一年）九月丁卯	8-140	“氣手”（遷陵縣廷屬吏）
	氣	書手	卅二年正月丁酉	8-157	“氣手”（遷陵縣廷屬吏）
	乘	縣尉	廿六年三月甲午	8-133	“遷陵司空得、尉乘”
	脩	城旦		8-119	“城旦脩”
	俱	令佐	卅五年九月朔日	8-1751+8-2207	“令佐俱監”
	俱	令佐	卅五年九月（朔日）	8-2204+8-891+8-933	“令佐俱監”。該簡與上簡同，時間也應一致
	俱	（令）佐		8-1802	“☐佐俱監”。根據文意、形制及上簡的内容，知其身份或爲令佐
	俱	司空守		8-898+8-972	“倉守言付司空守俱”
	俱	司空守	卅五年八月辛酉	8-1544	“倉守擇付司空守俱”

續表

筆畫	姓名	身份/職務	年代	出處	備注
十	俱	司空守	卅五年八月乙酉	8-2180+8-2093	“司空守俱、佐稺”
	俱	司空守	卅五年八月丙戌	8-824+8-1974	“倉茲、司空守俱”
	【俱】	書手	卅五年八月甲申	8-514+8-378+8-131①	“☐以律令從事。/【俱】☐”
	徒	大隸妾	卅一年十二月庚寅	8-1590+8-1839	“大隸妾徒”
	徐	校長		8-472+8-1011+8-167+8-194	“酉陽校長徐”
	徐	公卒	廿八年七月癸卯	8-1563	“巫居貸公卒安成徐”
	徐	隸臣	卅五年六月己巳	8-1091+8-1002	“隸臣徐”
	徐	隸臣		8-1709	“隸臣徐”
	徐	徒	卅二年五月庚子	8-1069+8-1434+8-1520	“其十二人爲輿：奬、慶忌、敾、敾、船、何、冣、交、頡、徐、娃、聚”

① 何有祖:《里耶秦簡牘綴合（八則）》，簡帛網，2013年5月17日。

續表

筆畫	姓名	身份/職務	年代	出處	備注
十	徐爲	守丞	（卅一年）【五】月戊午[①]	8-2115	“☑水守丞徐爲敢言之”
	殷	少内嗇夫		8-2063	“遷陵少内殷”
	殷	隸臣	卅年五月辛巳	8-2006+8-666	“隸臣殷行”
	般	庫佐/書手	卅五年六月己巳	8-1091+8-1002	“庫建、佐般出賣祠”、“般手”
	般	庫佐/書手	卅五年六月己巳	8-1579+8-1055	“庫建、佐般出賣祠”、“般手”
	般	庫佐	卅五年六月己巳	8-845	“庫建、佐般出賣【祠】”
	般	庫佐	卅五年六月己巳	8-923+8-907+8-1422	“庫建、佐般出賣祠”
	般	庫佐	卅五年六月己巳	8-993	“庫建、佐般出賣祠”
	般	庫佐		8-847	“庫建、佐般出賣祠”
	般	（庫佐）		8-1162	“般出賣祠窨餘徹食”。據文意，“般”與上述簡中“般”爲同一人
	般	書手		8-827	“般手”

① 根據簡文“【五】月壬子朔”可以推知該年爲秦始皇三十一年。

續表

筆畫	姓名	身份/職務	年代	出處	備注
十	般	書手		8-1211	“般手”
	般	書手		8-1706	“般手”
	般	書手		8-2053	“般手”
	般	車（庫）曹佐		8-405	“倉守擇付庫建、車曹佐般受券”。“車曹佐”或爲“庫曹佐”的誤寫
	般	（徒）		8-145	“五人墼：婢、般、橐、南、儋”
	般	尉史		8-1364	“尉史士五郫小莫郛般，毋它坐”。《校釋（一）》認爲“般”或“郛般”爲人名
	般芻		廿六年八月丙子	8-1743+8-2015	“詣訊般芻等”、“私令般芻、嘉出庸”
	胯	（徒）	卅年十月癸☐	8-1327+8-787①	“其一人治土：胯”
	狼	（徒）		8-1531	“二人與上功吏：皆、狼”
	狼		廿六年八月丙子	8-135	“競陵漢陰狼”
	逢	士伍		8-538	“沼里士五析鄉守逢”

① 何有祖認爲8-1327與8-787可綴合，參見《里耶秦簡牘綴合（二）》，簡帛網，2012年5月14日。

續表

筆畫	姓名	身份/職務	年代	出處	備注
十	逢	司空史		8-2239+8-1830+8-1815	“☑史逢”
	衰	己卒史	廿六年八月丙子	8-135	“己卒史衰、義”。“己卒史”的釋讀仍存在爭議，暫且用之。下同
	衷	内史守		8-228	“内史守衷”
	高	鄉守	卅年十月辛亥	8-801	“啓陵鄉守高”
	唐	假少内嗇夫	卅五年六月丙子	8-2202+8-888+8-936	“少内沈受市工用叚少内唐”
	唐	假少内嗇夫		8-1771	“☑□付市叚少内唐”
	唐	令佐/（假）畜官		8-919	“令佐唐叚爲畜官☑”
	唐	司空嗇夫		8-886	“☑□受司空唐”
	唐			8-1848	“唐敢再捧（拜）☑”
	（竘令）	小男子		8-1256	“小男子竘令”。《校釋（一）》認爲“竘”或“竘令”爲人名
	旁			8-262	“☑江西就旁”
	旁			8-1688+8-1764	“【佐】歡、華訊于，于告旁”

續表

筆畫	姓名	身份/職務	年代	出處	備注
十	旁			8-1298+8-1354	"佐歓、華雜訊旁"
	欬	城旦		8-533	"欬城旦"
	欬娀	隸妾		8-1584	"隸妾忍、要、欬娀、粈譊、小女、窗、歐"
	畜	隸妾	廿九年十二月己卯	8-1524	"隸妾畜以來"
	畜	（徒）		8-239	"一人載粟：畜"
	益	小隸臣	廿七年十二月丁酉	8-1551	"小隸臣益"
	益	隸妾	（卅二年）五月甲午	8-1343+8-904	"令隸妾益行書守府"
	益	大婢子	卅二年六月壬申	8-1455+8-1443	"大婢言、言子益"
	益			8-1692	"護图，图未得，卅四年益☐"
	益	吏		8-966	"吏益僕□☐"
	益來	隸妾嬰兒		8-521	"☐妾嬰兒益來"
	兼	書手	廿六年三月辛亥	8-63	"兼手"
	兼	令史	卅二年八月壬戌	8-2247	"令史兼視平"

續表

筆畫	姓名	身份/職務	年代	出處	備注
十	兼	令史	卅三年十月壬戌	8-761	“令史兼視平”
十	涓	發弩守	卅年十一月丙子	8-141+8-668	“發弩守涓”
十	浮			8-550	“浮皙色，長六尺六寸，年卅歲，典私占”
十	悍	假卒史	廿九年十一月辛酉	8-78	“洞庭叚卒史悍”
十	悍	庫守	廿九年四月辛巳	8-1514	“庫守悍”
十	悍	庫守	廿九年八月乙酉	8-686+8-973	“庫守悍”
十	悍	司空守		8-575	“司空守悍、佐得出以食”
十	悍	罰戍/簪褭	卅一年六月丁亥	8-1102+8-781	“罰戍簪褭壞德中里悍”
十	悍	敦長/簪褭	卅一年七月癸酉	8-1787+8-1574	“敦長簪褭襄壞德中里悍”
十	悍	令史	卅一年八月壬寅	8-217	“令史悍平”
十	悍	令史		8-1031	“令史悍視平”
十	悍	令史		8-1037	“令史悍視平”
十	悍	令史		8-1063	“令史悍視平”

續表

筆畫	姓名	身份/職務	年代	出處	備注
十	（悍）		廿九年正月甲辰	8-1246	“·鞫□悍上禾稼租志誤少五【穀】□☑”。根據文意，“悍”疑似爲人名
	窅	（徒）		8-2101	“五人作務：文、窅、□☑”
	容	鄉佐		8-2189	“都鄉佐容歸”
	容			8-547	“問容道臨沅歸。審。容及□☑”
	冣	令佐		8-489+8-149	“令佐冣七甲”
	冣	令佐		8-988	“舍人令佐冣占”
	冣	鄉佐	卅一年正月壬午	8-925+8-2195	“啓陵鄉守尚、佐冣”
	冣	鄉佐	卅一年正月壬午	8-1241	“啓陵鄉守尚、佐冣”
	冣	鄉佐/（書手）①	卅一年七月己卯	8-1550	“啓陵鄉守帶、佐冣”、“冣”
	冣	令史		8-1013	“令史冣”

① 雖然簡尾“冣”后没有“手”字，但是根據文書格式應爲“冣手”，所以仍視爲“書手”身份。

續表

筆畫	姓名	身份/職務	年代	出處	備注
十	冣	(徒)	卅二年五月庚子	8-1520+8-1434+8-1069	"其十二人爲輿:獎、慶忌、●、●、船、何、冣、交、頡、徐、娃、聚"
	冣	(徒)		8-2089	"五人除道:□、□、冣、□、□"
	祛	書手	(廿)【八】年三月丙寅	8-677	"祛手"
	陵	稟人	廿七年十二月丁酉	8-1551	"倉武佐辰稟人陵"
	娶	士伍		8-1328	"居貲士五江陵東就娶☑"
	孫	隸妾	(卅四年)二月乙丑	8-1538	"隸妾孫行"
	孫	隸妾	卅五年六月甲子	8-475+8-610	"隸妾孫行"
	娙	稟人	卅一年六月丁亥	8-1102+8-781	"田官守敬、佐郤、稟人娙"
	娙	稟人	卅一年七月朔日	8-2246	"田官守敬、佐壬、稟人娙"
	娙	稟人		8-1328	"田官守敬、佐壬、稟人娙"
	𨾴	隸臣	廿九年十一月辛酉	8-78	"隸臣𨾴以☑"

續表

筆畫	姓名	身份/職務	年代	出處	備注
十	𥁕	佐	卅年九月庚申	8-1583+8-890	“佐𥁕”
	𥁕	佐/書手	卅一年十二月庚寅	8-1590+8-1839	“啓陵鄉守增、佐𥁕”、“𥁕手”
	弆	小吏[①]		6-1	“小吏弆”
	旂	田官嗇夫		8-1194+8-1608[②]	“令史蘇、田官旂▨”
	郤	縣令		8-60+8-656+8-748+8-665	“僰道郤敢告遷陵丞主”
	郤	司空佐	廿八年六月丙戌	8-985	“司空長、佐郤符發弩守攀探、遷陵拔前”
	郤	(田官)佐	卅一年六月丁亥	8-1102+8-781	“田官守敬、佐郤、稟人娙”
	郤	(田)官佐		8-1406	“▨官守敬、佐郤、稟人▨”
	郤	令史		8-802	“少内守就叚令史郤，郤以市”
	郤	書手	廿九年十二月己卯	8-1524	“郤手”

① 楊先雲認爲應釋爲“小史”。參見楊先雲《里耶秦簡識字三則》，簡帛網，2014年2月27日。

② 何有祖:《里耶秦簡牘綴合（四）》，簡帛網，2012年5月21日。

續表

筆畫	姓名	身份/職務	年代	出處	備注
十	郚			8-1138	“以此論除郚遝，拔等前論☐”
	郚			8-2210	“臣穉曰佁曰郚曰適曰申曰賢”
	欬	（徒）		8-1531	“四人級：不耆、宜、欬、它人”
	倗	更戍/士五		8-980	“☐稾人忠出貸更戍城父士五陽糴倗八月九月”
	（𣍘季）			8-1481	“☐□𣍘季一石”。《校釋（一）》認爲其疑似爲人名
十一	規	隸妾		8-69	“隸妾規行”
	梱	鄉守	廿九年九月辛亥	8-645	“貳春鄉守梱”
	趌	庫佐	廿七年三月己酉	8-1510	“佐趌以來”
	執	更戍/士伍	卅五年三月辛亥	8-1517	“更戍士五城父陽翟執”
	萃	書手	卅年十一月丙子	8-141+8-668	“萃手”（發弩守涓屬吏）
	萃	書手		8-2013+8-198+8-213	“萃手”
	梜	（徒）		8-145	“三人治枲：梜、兹、緣”

續表

筆畫	姓名	身份/職務	年代	出處	備注
十一	樽	（徒）		8-569	"二人繕官府：羅、樽"
	帶	鄉守	卅一年七月己卯	8-1550	"啓陵鄉守帶、佐冣、稟人小"
	帶	佐		8-1677	"一人與佐帶上虜課新武陵"
	帶	書手		8-1259	"☐帶手"
	帶	書手		8-1281	"☐帶手"
	帶	（徒）		8-145	"四人徒養：枼、痤、帶、復"
	奢	鬼薪		8-683	"鬼薪奢、頽"
	奢	卒長	八月甲戌	6-657	"傳別【書】貳春，下卒長奢官"
	爽	罰戍/士伍		8-429	"罰戍士五資中宕登爽署遷陵書"
	處	庫佐/書手	卅一年六月庚戌	8-173	"佐處以來"、"處手"
	處	庫佐		8-1063	"庫佐處"
	處	令佐		6-5	"錢千付令佐處，未出計"
	處	少內佐/書手	卅二年四月甲寅	8-152	"佐處以來"、"處手"
	處	少內佐		8-2490	"少內佐處錢三百"
	堂	更戍		8-489+8-149	"更戍堂贖耐"

續表

筆畫	姓名	身份/職務	年代	出處	備注
十一	堂	稟人	卅一年二月己丑	8-2249	“倉守武、史感、稟人堂”
	堂	稟人	卅一年二月辛卯	8-800	“倉守武、史感、稟人堂”
	堂	稟人	卅一年五月癸酉	8-1540	“倉是、史感、稟人堂”
	堂	稟人	卅一年八月辛丑	8-1153+8-1342	“倉是、史感、稟堂”
	堂	稟人	卅一年八月壬寅	8-217	“倉是、史感、稟人堂”
	堂	【稟人】	卅一年九月庚申	8-211	“倉是、史感、【稟人】堂”
	堂	稟人	☐年三月癸丑	8-1360+8-448	“倉守武、史感、稟人堂”
	堂	稟人	☐八月丙戌	8-1031	“倉是、史感、僳（稟）人堂”
	堂	稟人		8-1037	“☐史感、稟人堂”
	堂	稟人	☐月庚戌	8-1063	“倉是、史感、稟人堂”
	販	士伍		8-393	“士五販☐”
	販	典	卅三年七月甲申	8-1800	“☐、☐、喜、成、典販皆☐”
	問	少内嗇夫	卅五年六月戊寅	8-1532+8-1008+8-1461	“遷陵守丞銜告少内問”

續表

筆畫	姓名	身份/職務	年代	出處	備注
十一	婁	（徒）		8-1531	“二人織：歐、婁”
	曼	郵人	（卅四年）九月乙丑	8-1523	“郵人曼以來”
	異	士伍		8-1888	“南里士五異斬首一級”
	唯	（徒）	卅一年四月甲午	8-736	“其四人吏養：唯、冰、州、□”
	過	士伍		8-2233	“陽里士五過”
	過	書手		8-2046	“過手”
	過	書手		8-2487	“過手”
	過	書手		8-2548	“過手”
	過	尉史/書手	卅三年十月壬戌	8-761	“發弩繹、尉史過”、“過手”
	符容	大女子		8-2152	“大女子符容”
	笤得	鄉佐		8-1943	“鄉樛、佐笤得”。《校釋（一）》認爲“笤得”疑爲人名
	乾人	小城旦	卅年十月乙未	8-1515	“小城旦乾人”
	乾人	（徒）		8-780	“三人負土：軫、乾人、央芻”
	乾人	（徒）		8-822	“☐賀、何、成、軫、乾人☐”
	偃			8-1953	“☐□詰偃，偃何亭□☐”

續表

筆畫	姓名	身份/職務	年代	出處	備注
十一	偏	令史	卅一年十一月丙辰	8-766	“令史偏”
	偏	司空守	(卅)一年四月己丑[①]	8-2151+8-2169[②]	“司空守偏”
	得	司空嗇夫	廿六年三月甲午	8-133	“遷陵司空得”
	得	司空守		8-854	“☑倉守擇付司空守得、佐忌行☑”
	得	(司空)佐/書手	卅一年正月丁巳	8-426+8-1632+8-212	“佐得”、“得手”
	得	(司空)佐	卅一年正月己巳	8-474+8-2075	“佐得”、
	得	司空佐/書手	卅年九月己巳	8-525+8-351+8-216	“佐得”、“得手”
	得	司空佐		8-575	“司空守悍、佐得”
	得	(司空佐)[③]		8-337	“☑得出以食舂、小城旦☑”
	得	書手		8-125	“得手”
	得	書手		8-1894	“得手”

---

① 《校釋（一）》認爲“一”前所缺之字爲“卅”。

② 何有祖：《里耶秦簡牘綴合（六）》，簡帛網，2012年6月4日。

③ 其内容與簡8-525+8-351+8-216的部分相同，故可以推測其身份亦爲“司空佐”。

續表

筆畫	姓名	身份/職務	年代	出處	備注
十一	得	書手		8-2092	“得手”
	得	（書手）		8-422+8-50	“得☐”。根據文書格式，知其身份應爲書手
	得	士伍	卅五年八月癸亥	8-1572+8-811	“吏養城父士五得”
	得	更戍		8-489+8-149	“更戍得贖耐”
	得	戍卒		8-1871+8-1542	“戍卒得”
	得	郵人	卅三年二月朔日	8-154	“郵人得行”
	得	更戍/士五		8-850	“☐人忠出貸更戍士五城父陽鄭得☐”
	船	徒	卅二年五月庚子	8-1520+8-1434+8-1069	“其十二人爲輿：獎、慶忌、魁、魁、船、何、冣、交、頡、徐、娃、聚”
	釦	令史	二月壬寅 五月丙午	8-138+8-522+8-174+8-523	“令史釦”、“史釦”。本簡同時出現，後者“史釦”或爲前者“令史釦”省稱
	釦	半	廿七年三月己酉	8-1510	“釦半”
	釦	令史		8-269	“資中令史陽里釦”

續表

筆畫	姓名	身份/職務	年代	出處	備注
十一	象	史		8-1556	“史象已訊獄東十六，已具☑”
	疵	士伍	□月庚午	8-657	“士五宕渠道□邑疵”
	疵	（徒）		8-2008	“一人治船：疵”
	疵			8-2319	“☑□疵誠不☑”
	疵	大隸妾		8-1177	“大隸妾疵”
	疵			8-1472	“武陵疵”
	章	郡守		8-1234	“衡山守章”
	章	縣丞	廿五年九月丁亥	8-109+8-386	“蓬丞章”
	章	守丞		8-192	“守丞章”
	章	史	卅年九月甲戌	8-1783+8-1852	“史章”
	章	書手	卅一年七月甲子	8-648	“章手”
	章	（徒）		8-663	“一人求白翰羽：章”
	章	（徒）		8-1641	“二人付都鄉：它、章”
	産	書手		8-1020	“産手”
	産	小男子	卅二年六月壬申	8-1455+8-1443	“子小男子産”
	産尸	士伍	卅一年四月甲申	8-793+8-1547	“士五巫倉溲産尸貲錢萬二千五百五十二”
	旌	令史		8-1031	“令史旌”

續表

筆畫	姓名	身份/職務	年代	出處	備注
十一	旌	令史		8-1066	“令史☐、端、德、繞、旌、尚”
	敝臣[①]	屯戍/士伍	卅一年十月乙酉	8-1545	“屯戍士五孱陵咸陰敝臣”
	渠	鄉嗇夫	卅年☐月丙申	8-1007+8-754	“鄉渠”
	渠良	司空嗇夫	卅一年四月甲申	8-793+8-1547	“洞庭縣官受巫司空渠良”
	渠良			8-1123	“☒今視渠良追薄（簿）”
	（淺）			8-1825	“淺爲東成”。《校釋（一）》認爲“淺”疑似爲人名
	惜	佐		8-293+8-61+8-2012	“佐惜以來”
	寄[②]	司寇		8-1946+8-1873[③]	“陽里户人司寇寄”
	寄			8-1293	“☒卒寄以來 / ☒”
	寄			8-1734	“☒贖耐，今寄行書事已”

①《里耶（壹）》作“敝”，認爲該字下簡文原有一句讀鈎識符號，應與下一字“臣”斷讀爲兩個人；《校釋（一）》作“敝”，認爲“敝臣”爲一人，今從。

②《里耶（壹）》未釋，《校釋（一）》作“寄”，今從。

③ 何有祖：《里耶秦簡牘綴合（八則）》，簡帛網，2013年5月17日。

續表

筆畫	姓名	身份/職務	年代	出處	備注
十一	啓	獄史	廿七年八月壬辰	8-133	“酉陽具獄獄史啓”
	啓	走	卅一年後九月辛巳	8-1560	“襲令史朝走啓”
	啓封	士伍	卅三年正月朔日	8-651	“啓陵津船人高里士五啓封，當踐十二月更”
	晝	更戍		8-489+8-149	“更戍晝二甲”
	敢	鄉佐/書手	卅二年八月壬戌	8-2247	“貳春鄉守福、佐敢、稟人杕”、“敢手”
	敢	倉嗇夫	卅三年十月庚申	8-2441	“倉敢”
	敢	少内嗇夫	卅五年八月辛巳	8-2086	“少内敢”
	陽	倉守	元年七月丁未	5-1	“倉守陽”
	陽	令史	十二月戊辰	8-138+8-522+8-174+8-523	“令史陽”
	陽	（徒）		8-1641	“一人治□：陽”
	陽			8-975	“守府陽”
	陽			8-2122	“守府陽”
	陽（或陽□?）	乘城卒/士五	【廿六】年十二月己卯	8-1452	“粢粟二石以稟乘城卒夷陵士五陽□”

續表

筆畫	姓名	身份/職務	年代	出處	備注
十一	婢	（徒）		8-145	"六人捕羽：刻、婢"
	㦰	（徒）		8-145	"三人司寇：㦰、𤞞、款"
	萛	公士		8-1206	"涪陵新里公士萛"
	萫	稟人	卅一年七月癸酉	8-1787+8-1574	"田官守敬、佐壬、稟人萫"
十二	貳	厩佐/書手	廿六年八月壬戌	8-163	"司空佐貳今爲厩佐"、"貳手"
	貳	（畜官）佐	卅年十二月乙卯	8-688+8-199	"佐貳以來"
	埶	（徒）		8-2089	"六人□□：□、□、何、埶、庭、□"
	款	（徒）		8-145	"三人司寇：㦰、𤞞、款"
	款	（徒）		8-1531	"二人求菌：受、款"
	堪	獄史/書手	卅年□月丙申	8-1007+8-754	"獄史堪"、"堪手"
	堪	書手		8-76	"堪手"
	堪	書手		8-2030	"堪手"
	喜	倉佐		8-968	"倉佐喜死"
	喜		卅三年七月甲申	8-1800	"喜、成、典販皆☐"
	揄	隸妾嬰儿	卅一年五月癸酉	8-1540	"隸妾嬰兒揄"

續表

筆畫	姓名	身份/職務	年代	出處	備注
十二	援	冗佐/上造		8-1555	“冗佐上造臨漢都里曰援，庫佐冗佐”
	援	書手		8-1657	“援手”
	援	校長		8-2163+8-671+8-721	“校長援”
	援	稟人	卅一年十月乙酉	8-56	“倉守妃、佐富、稟人援”
	援	稟人	卅一年十月乙酉	8-1545	“倉守妃、佐富、稟人援”
	援	稟人	卅一年十一月丙辰	8-766	“倉守妃、史感、稟人援”
	援	稟人/大隸妾	卅一年十二月戊戌	8-762	“倉妃、史感、稟人援”、“大隸妾援”。簡文中兩“援”爲一人或兩人，無法確定
	援	稟人	卅一年三月癸丑	8-763	“倉守武、史感、稟人援”
	援	稟人	卅一年三月丙寅	8-760	“倉武、佐敬、稟人援”
	援	稟人	卅一年五月乙卯	8-1345+8-2245	“倉是、史感、稟人援”
	援	隸妾	卅一年二月己丑	8-2249	“隸妾援”
	援	稟人		8-915	“□守妃、佐富、稟人援”

續表

筆畫	姓名	身份/職務	年代	出處	備注
十二	援	稟人		8-1134	"倉是、佐蒲、稟人援"
	援	稟人		8-1177	"☐史感、稟人援"
	援	稟人	☐□年正月戊午	8-1580	"倉守武、史感、稟人援"
	援	稟人		8-1584	"【史】感、稟人援"
	援			8-2030	"援歸休，未來"
	惡	戍卒	卅五年八月癸亥	8-1572+8-811	"得告戍卒贖耐罪惡"
	惡夫			8-1871+8-1542	"□里惡夫三"
	惡租[①]	士伍	廿八年六月丙戌	8-985	"居貲士五高里惡租"
	葆	書手	六月乙未	8-657	"葆手"
	敬	守丞	廿七年十月庚子	8-63	"遷陵守丞敬"
	敬	守丞	七月辛巳	8-1219	"上軴守丞敬"
	敬	守丞/大夫		6-16	"守丞大夫敬"
	敬	尉		8-472+8-1011+8-167+8-194	"尉敬"

①《校釋（一）》認爲"惡"爲人名，魯家亮先生認爲"惡租"爲姓名。參見魯家亮《小議里耶秦簡8-985中的兩個人名》，《出土文獻研究》第11輯，中西書局，2012年。

續表

筆畫	姓名	身份/職務	年代	出處	備注
十二	敬	尉		8-2212	“☐尉敬”
	敬	令佐	卅四年八月丙申	8-1549	“令佐敬監”
	敬	冗佐/上造		8-1089	“冗佐上造武陵當利敬”
	敬	倉守	廿六年十二月己卯	8-1452	“倉守敬”
	敬	倉守		8-144+8-136	“倉守敬”
	敬	倉佐	卅一年三月丙寅	8-760	“倉武、佐敬、稟人援”
	敬	少内守	廿八年八月乙酉	8-409	“少内守敬”
	敬	田官守	卅年二月壬寅	8-672	“田官守敬”
	敬	田官守	卅年六月甲辰	8-1566	“田官守敬”
	敬	田官守	卅一年正月丙辰	8-764	“田官守敬”
	敬	田官守	卅一年六月丁亥	8-1102+8-781	“田官守敬”
	敬	田官守	卅一年七月朔日	8-2246	“田官守敬”

續表

筆畫	姓名	身份/職務	年代	出處	備注
十二	敬	田官守	卅一年七月癸酉	8-1787+8-1574	“田官守敬”
	敬	田官守		8-1328	“田官守敬”
	敬	（田）官守		8-1406	“☐官守敬、佐郤、稟人☐”。根據文意及人員組合知其爲田官守
	敬	鄉守	廿八年五月甲寅	8-170	“都鄉守敬”
	敬	【司】空佐		8-489+8-149	“【司】空佐敬二甲”
	敬	佐		8-221	“☐佐敬以來”
	敬	書手	卅五年五月庚子	8-770	“敬手”（縣廷屬吏）
	敬	書手		8-76	“敬手”
	敬	書手		8-880	“敬手”
	敬	半	廿八年七月己未	8-1562	“敬半”
	敬	半	廿八年七月丙寅	8-767	“敬半”
	敬			8-246	“訊敬，辤曰□☐”
	敬			8-441	“今敬□☐”
	敬			8-644	“敬問之：吏令徒守器而亡之，徒當獨負”

續表

筆畫	姓名	身份/職務	年代	出處	備注
十二	敬			8-1832+8-1418+8-1133+8-1132+8-314+8-1107	“卂（訊）敬”
	敬			8-2099	“☐養，敬、言、應☐”
	敬			8-2196	“敬進　書丞公　從史”
	敬			8-2501	“☐敬入徒所捕白翰羽千☐”
	朝	令史	卅一年十二月戊戌	8-762	“令史朝視平”
	朝	令史	卅一年後九月辛巳	8-1560	“令史朝”
	朝	令佐	卅年九月庚申	8-1583+8-890	“令佐朝”
	朝	（令）佐		8-210	“令史除、佐朝雜隄遷陵丞歐前”
	朝	半	廿八年六月乙未	8-1518+8-1490	“朝半”
	朝	半		8-144+8-136	“朝半”
	朝	半		8-647	“朝半”
	朝	半		8-657	“朝半”

續表

筆畫	姓名	身份/職務	年代	出處	備注
十二	朝	書手	廿八年九月甲辰	8-1463	“朝手”
	【朝】	（徒）		8-2008	“一人□:【朝】”
	喪	（徒）		8-145	“七人取□：……喪”
	葦	佐		6-6	“佐葦”
	復	（徒）		8-145	“二人病：復、卯”
	棓			8-623	“☐棓敢☐”
	軫	鬼薪	卅年十月乙未	8-1515	“鬼薪軫、小城旦乾人爲貳春鄉捕鳥及羽”
	軫	（徒）		8-780	“三人負土：軫、乾人、央芻”
	軫	（徒）		8-822	“☐賀、何、成、軫、乾人☐”
	敞	司空守	卅年五月辛巳	8-2006+8-666	“司空守敞”
	敞	少内守	卅一年後九月壬寅	8-2034	“少内守敞”
	敞	令史	廿八年六月甲午	8-1518+8-1490	“令史敞”
	敞	半	廿八年七月癸卯	8-1563	“敞半”

續表

筆畫	姓名	身份/職務	年代	出處	備注
十二	敞	（半）[①]/書手	廿八年十二月癸未/七月辛亥/七月壬子	8-166+8-75+8-485	“佐氣以來/敞□”、“敢告之/敞手”
	敞	郵人	廿八年七月丙寅	8-767	“郵人敞”
	閒		廿六年八月丙子	8-1743+8-2015	“成吏、閒、起賚、平私令般芻、嘉出庸”
	遏	（徒）		8-145	“一人守船：遏”
	買	敦長	廿五年九月己丑	8-537+8-439+8-519	“敦長買”
	黑	屯戍/簪裹	卅一年七月癸酉	8-1787+8-1574	“屯戍簪裹襄完里黑”
	黑			8-871	“☑城宗里黑”
	無蒙	小妾		8-126	“小妾無蒙”
	備			8-1946+8-1873	“妻曰備”
	順	乘城卒/士伍	廿六年十二月丙寅	8-1516	“啓陵乘城卒秭歸□里士五順行旁”
	順	隸臣	廿九年十二月己卯	8-1524	“隸臣順行書十六封”

① 根據文書格式，“敞”后一字應爲“半”或“發”。簡中出現“廿八年”，如上注釋所述，可確定爲“半”字。

續表

筆畫	姓名	身份/職務	年代	出處	備注
十二	順	牢人	卅四年九月甲子	8-2078+8-1170+8-1179	“牢人順”
	觚	☑守		8-1101	“☑守觚出以稟發弩繹”
	觚	鄉守		8-205	“啓陵鄉守觚”
	詘	書手		8-1122	“詘手”
	詘	書手		8-1148	“詘手”
	詘	書手		8-1466	“詘手”
	詘	書手		8-1483	“詘手”
	詘	書手		8-1492	“詘手”
	就	令史	卅五年正月朔日	8-901+8-926+8-839	“令史就視平”
	就	少内守		8-802	“少内守就”
	就	鄉佐		8-300	“鄉佐就”
	就	佐	卅一年七月己卯	8-1550	“出稟佐蒲、就七月各廿三日食”
	就	書手		8-137	“就手”
	就	書手		8-1453	“就手”
	就	書手		8-2466	“就手”
	就			8-1271	☑□就告曰：置錢☑
	就	小隸臣	【卅一】年三月癸丑	8-1360+8-448	“小隸臣就”

續表

筆畫	姓名	身份/職務	年代	出處	備注
十二	敦狐	（守）【丞】	廿六年六月壬子	8-138+8-522+8-174+8-523	“遷陵□丞敦狐”。根據文意及以下數簡可知其爲“遷陵守丞”
	敦狐	守丞	廿六年六月癸亥	8-406	“遷陵拔、守丞敦狐”
	敦狐	守丞	廿六年八月丙子	8-1743+8-2015	“遷陵拔、守丞敦狐”
	敦狐	守丞	廿六年【九】月庚辰	8-135	“遷陵守丞敦狐”
	敦狐	守丞	廿七年三月辛亥	8-1510	“遷陵守丞敦狐”
	敦狐	守丞	□□年四月己卯	6-4	“遷陵守丞敦狐”
	痤	【令】史		8-2275	“【令】史痤”
	痤	（少内）書手	卅二年正月丙戌	8-478	“痤手”
	痤	書手		8-145	“痤手”
	痤	更戍/士伍	卅五年三月辛亥	8-1517	“更戍士五城父西中痤”
	痤			8-902	“西中痤”
	痤			8-1032	“遷陵論言問之監府致毄（繫）痤臨沅”

續表

筆畫	姓名	身份/職務	年代	出處	備注
十二	痤			8-110+8-669	"□中痤"
	道	（徒）		8-145	"二人取芒：阮、道"
	（道下）			8-650+8-1462	"□卻、道下操養錢來視"。《校釋（一）》認爲"道下"疑似爲人名
	遂	庫守		8-849	"庫守遂"
	涓	小城旦	卅一年正月丁巳	8-426+8-1632+8-212	"小城旦涓"
	涓	（徒）		8-239	"一人徒養：涓"
	滑	（徒）		8-1259	"二人病：賀、滑"
	滑人	隸臣		8-48	"隸臣滑人"
	富	倉佐/書手	卅一年十月乙酉	8-1545	"倉守妃、佐富、稟人援"、"富手"
	富	倉佐	卅一年十月乙酉	8-1739	"倉守妃、佐富、稟☐"
	富	倉佐	卅一年十月乙酉	8-56	"倉守妃、佐富、稟人援"
	富	（倉）佐		8-915	"☐□守妃、佐富、稟人援"。根據文意及其以上數簡可推知其爲"倉佐"
	富	（倉）佐		8-81	"☐佐富、稟人出稟屯戍☐"。同上

續表

筆畫	姓名	身份/職務	年代	出處	備注
十二	富	書手		8-262	“富手”
	富	書手		8-1266	“富手”
	富	書手		8-1300	“富手”
	富	書手		8-1621	“富手”
	富	（徒）		8-2091	“☐□□有逮：富”
	富	（徒）	卅一年七月丙寅	8-2111+8-2136	“□【人有逮】：富”
	窗	隸妾		8-1584	“隸妾忍、要、欬娀、糂謕、小女、窗”
	禄	縣守	廿六年十二月庚申	8 1516	“遷陵守禄”
	禄	走	廿八年九月庚子	8-453	“走禄以來”
	禄	罰戍/士伍	卅三年十月壬戌	8-761	“罰戍士五醴陽同郭禄”
	孱			8-807	“鄢江里孱”
	强	書手		8-1824	“强手”
	强	（徒）		8-145	“一人捕羽：强”
	强	（徒）		8-1259	“一人求翰羽：强”
	【强】	隸妾		8-1671	“☐□□□水下一，隸妾【强】☐”
	賀	士吏	元年七月丁未	5-1	“獄佐辨、平、士吏賀具獄”

續表

筆畫	姓名	身份/職務	年代	出處	備注
十二	賀	田官佐		8-489+8-149	“田官佐賀二甲”
	賀	（徒）	廿九年九月戊午	8-1146	“其一學甀：賀”
	賀	（徒）		8-780	“二人取城㮰柱爲甀廡：賀、何”
	賀	（徒）		8-822	“☐賀、何、成、軫、乾人☐”
	賀	（徒）		8-1259	“二人病：賀、滑”
	賀	（徒）		8-1707	“二人枯傳甀廡□賀、何”
	賀	（徒）		8-82+8-129	“☐□賀輸羽”
	登	更戍		8-489+8-149	“更戍登二甲”
	登	城旦	廿九年八月乙酉	8-686+8-973	“城旦一人約車：登”
	温	令佐	（卅五年）三月辛亥①	8-669+8-110	“令佐温”
	温	令佐	卅五年三月辛亥	8-1517	“令佐温”
	温			8-1558	“☐□温與養隸臣獲偕之蓬傳”

① 簡文内容與8-1517相同，故該年應爲秦始皇三十五年。

續表

筆畫	姓名	身份/職務	年代	出處	備注
十三	婓	更戍		8-489+8-149	“更戍婓贖耐”
	蒲	倉佐		8-1134	“倉是、佐蒲、稟人援”
	蒲	佐	卅一年七月己卯	8-1550	“佐蒲”
	槐	半	廿九年四月壬午	8-1514	“槐半”
	槐			8-1925+8-1663	“/槐□☐”
	槐庫	隸臣嬰兒	卅一年八月壬寅	8-217	“隸臣嬰自〈兒〉槐庫”
	賈	獄史		8-683	“獄史賈”
	感	半	廿九年九月辛亥	8-645	“史邛以來。/感半”
	感	令史/書手	廿九年九月辛亥	8-1511	“令史感”、“感行”、“感手”
	感	倉史	廿九年三月丁酉	8-1690	“倉趙、史感、稟☐”
	感	倉史/書手	卅一年十一月丙辰	8-766	“倉守妃、史感、稟人援”、“感手”
	感	倉史/書手	卅一年十二月甲申	8-1239+8-1334	“倉妃、史感、稟人窯”、“感手”
	感	倉史	卅一年十二月戊戌	8-762	“倉妃、史感、稟人援”

續表

筆畫	姓名	身份/職務	年代	出處	備注
十三	感	倉史/書手	卅一年二月己丑	8-2249	"倉守武、史感"、"感手"
	感	倉史	卅一年二月辛卯	8-800	"倉守武、史感、稟人堂"
	感	倉史	卅一年三月癸丑	8-606	"倉守武、史感□☐"
	感	倉史/書手	卅一年三月癸丑	8-763	"倉守武、史感、稟人援"、"感手"
	感	倉史/書手	卅一年五月乙卯	8-1345+8-2245	"倉是、史感、稟人援"、"感手"
	感	倉史	卅一年五月壬戌	8-45	"倉是、史感、稟人□"
	感	倉史/書手	卅一年五月癸酉	8-1540	"倉是、史感、稟人堂"、"感手"
	感	倉史	卅一年七月乙丑	8-1794	"倉是、史感、稟☐"
	感	倉史/書手	卅一年八月辛丑	8-1153+8-1342	"倉是、史感、稟堂"、"感手"
	感	倉史/書手	卅一年八月壬寅	8-217	"倉是、史感、稟人堂"、"感手"
	感	倉史	卅一年九月庚申	8-211	"倉是、史感、【稟人】堂"
	感	倉史	☐年三月癸丑	8-1360+8-448	"倉守武、史感、稟人堂"
	感	倉史	☐八月丙戌	8-1031	"倉是、史感、㐭人堂"

續表

筆畫	姓名	身份/職務	年代	出處	備注
十三	感	倉史	☐月庚戌	8-1063	“倉是、史感、稟人堂”
	感	倉史/書手	☐□年正月戊午	8-1580	“倉守武、史感、稟人援”、“感手”
	感	倉史		8-1037	“☐史感、稟人堂”。根據文意以及以上數簡内容推知其爲“倉史”
	感	倉史/書手		8-1177	“☐史感、稟人援”、“感手”。同上
	感	倉【史】/書手		8-1584	“☐【史】感、稟人援”、“感手”。同上
	感	書手		8-4	“感手”
	感	書手		8-48	“感手”
	感	書手		8-184	“感手”
	感	書手		8-261	“感手”
	感	書手		8-270	“感手”
	感	書手		8-326	“感手”
	感	書手		8-521	“感手”
	感	書手		8-1066	“感手”
	感	書手		8-1084	“感手”
	感	書手		8-1128	“感手”
	感	書手		8-1192	“感手”
	感	書手		8-1247	“感手”

續表

筆畫	姓名	身份/職務	年代	出處	備注
十三	感	書手		8-1286	“感手”
	感	書手		8-1375	“感手”
	感	書手		8-1642	“感手”
	感	書手		8-1652	“感手”
	感	書手		8-1938	“感手”
	感			8-951	“□感受司空守茲”
	猥	（徒）		8-145	“三人司寇：萐、猥、款”
	粲	（徒）		8-145	“七人取□：□、林、嬈、粲、鮮、夜、喪”
	歇	書手	卅四年六月乙卯／七月癸酉	8-755+8-756+8-757+8-758+8-759	“歇手”
	歇	書手	（卅四年）七月庚寅	8-1523	“歇手”
	畸	史	廿六年六月癸亥	8-406	“遷陵拔、守丞敦狐、史畸”。“史畸”或爲“令史畸”省稱
	畸	令史	廿八年六月甲午	8-1490+8-1518	“令史畸”
	畸	鄉守	廿八年九月丙寅	8-1280	“貳春鄉守畸”
	畸	書手		8-118	“畸手”

續表

筆畫	姓名	身份/職務	年代	出處	備注
	畸	書手		8-864	“畸手”
	路	士伍	卅一年四月丙戌	8-1083	“士五巫南就曰路”
	路	士伍		8-1014	“居貲士五巫南就路”
	蜀	尉守	廿六年十二月辛巳	8-652+8-67	“尉守蜀”
	蜀	鄉守	卅五年九月丁亥	8-660	“鄉守蜀以來”
	傰	尉守	（卅一年）九月丁卯	8-140	“尉守傰”
	傰	（徒）		8-2101	“二人付田：傰、嬰”
	愛	（徒）		8-567	“☐人爲司寇：愛”
十三	廉	隸妾	卅一年四月戊子	8-1557	“隸妾廉”
	廉	稾人		8-1238	“☐稾人廉”
	廉	（徒）		8-1259	“一人稾人：廉”
	意	鄉守	卅四年七月癸酉	8-1525	“啓陵鄉守意”
	義	己卒史	廿六年八月丙子	8-135	“己卒史衰、義”
	義	令佐	卅年九月庚申	8-1583+8-890	“令佐朝、義”
	義	（令）史	卅年□月丙申	8-1007+8-754	“史義”

續表

筆畫	姓名	身份/職務	年代	出處	備注
十三	義	書手		8-2013+8-198+8-213	“義手”
	義	書手		8-1447	“義手”
	義	書手		8-2036	“義手”
	煩	冗佐	廿六年三月癸卯	8-63	“佐州里煩故爲公田吏”、“煩冗佐”
	滂	縣丞	廿六年三月辛亥	8-63	“旬陽丞滂”
	福	尉史	廿六年五月戊戌	8-717	“尉史福”
	福	鄉守	卅二年	8-2014	“貳春鄉守福”
	福	鄉守	卅二年八月壬戌	8-2247	“貳春鄉守福”
	辟	士伍		8-69	“☐里士五辟繕治”
	蓋		卅一年後九月	8-190+8-130+8-193	“蓋……可（何）故不騰書”
	敼	（徒）	卅二年五月庚子	8-1520+8-1434+8-1069	“其十二人爲輿：獎、慶忌、敼、敼、船、何、冣、交、頡、徐、娃、聚”
十四	瑣	城旦	（卅二年）三月乙酉	8-1343+8-904	“城旦瑣以三月乙酉有還”、“謁令倉司空薄瑣以三月乙酉不治邸”
	瑣	（徒）		8-2089	“一人付畜官：瑣”

續表

筆畫	姓名	身份/職務	年代	出處	備注
十四	趙	屯戍/士伍	（卅一年九月丁卯）	8-140	“屯戍士五桑唐趙”
	趙	倉嗇夫	廿九年三月丁酉	8-1690	“倉趙”
	趙	鄉嗇夫	廿八年七月乙巳／七月乙卯	8-1562	“啓陵鄉趙”
	趙	鄉嗇夫	廿八年七月辛酉	8-767	“啓陵鄉趙”
	（趙柏）			8-1478	“趙柏”。推測爲姓名
	嘉			6-38	“▨守嘉”
	嘉	什長	廿五年九月己丑	8-537+8-439+8-519	“什長嘉”
	嘉	書手/發	元年七月癸亥	5-1	“嘉手”、“嘉發”
	嘉		廿六年八月丙子	8-1743+8-2015	“私令般芻、嘉出庸”
	翥	發	（卅四年）九月乙丑	8-1523	“翥發”
	翥			8-2036	“翥、魋各一甲、一盾”
	壽	小隸臣		8-1580	“使小隸臣壽”

續表

筆畫	姓名	身份/職務	年代	出處	備注
十四	聚	徒	卅二年五月庚子	8-1520+8-1434+8-1069	“其十二人爲輿：獎、慶忌、勉、勉、船、何、冣、交、頡、徐、娃、聚”
	樺	鄉守	卅六年十一月丙戌	8-1043+8-1041	“都鄉守樺”
	遬	史		8-1642	“〼□史遬”
	遬	小臣	廿六年	8-1765	“東成户人大夫印小臣遬”
	厭	司空嗇夫	卅四年六月乙卯	8-755+8-756+8-757+8-758+8-759	“司空厭”
	臧	（徒）	廿九年九月戊午	8-1146	“四人負土：臧、成、騶、骨”
	臧	（徒）		8-822	“〼臧、骨〼”
	銜			8-28	“囚銜六石七斗未靡”
	銜	守丞	卅五年六月戊寅	8-1532+8-1008+8-1461	“遷陵守丞銜”
	銜	守丞		8-359+8-343[①]	“〼陵守丞銜”

① 何有祖:《里耶秦簡牘綴合（六）》，簡帛網，2012年6月4日。

續表

筆畫	姓名	身份/職務	年代	出處	備注
十四	銜	守丞		8-1060+8-1405①	“遷陵守丞銜”
	銜	守丞		8-2001	“遷陵守丞銜”
	銜	守丞		8-2130	“遷陵守丞銜”
	銜	倉嗇夫	卅五年三月辛亥	8-1517	“倉銜”
	銜	倉嗇夫	卅五年四月庚申	8-1167+8-1392	“倉銜、佐☐”
	銜	倉嗇夫		8-1298+8-1354	“倉銜”
	銜	倉嗇夫		8-1755	“倉銜”
	銜			8-2030	“窯、銜有它辠”
	銜			8-2106	“以銜不當補有秩”
	銜			8-2135	“☐【銜】當補有秩不當☐”
	銜			8-1522	“☐銜獄【佐】☐”
	（銜）	士伍		8-1109	“城父士五□”。《校釋（一）》認爲簡中人名可能爲“銜”
	誤	牢人		8-728+8-1474	“牢人誤以來”

① 何有祖：《里耶秦簡牘綴合（七則）》，簡帛網，2012年5月1日。

續表

筆畫	姓名	身份/職務	年代	出處	備注
十四	説	守【丞】	卅四年十月辛丑	8-290+8-183+9-530	“遷陵守【丞】説”
	説	小男子		8-1972	“陽里小男子説”
	説	小男子/求盜		8-2027	“小男子説。今尉徵説以爲求盜”
	（説）			8-1090	“説所爲除貲者名吏里、它坐、貲遣”。《校釋（一）》認爲“説”疑似爲人名
	廣	士伍	卅五年七月己酉	8-1554	（都鄉）“高里士五廣”
	廣	（縣）尉[①]	卅三年三月丙戌	8-1477	“尉廣”
	廣	尉		8-565	“尉廣□四甲”
	廣	尉		8-1736	“尉廣□二甲”
	廖	書手		8-1961	“廖手”
	竭	公士		8-1275	“史冗公士旬陽陒陵竭”
	端	發	卅一年七月壬子	8-173	“端發”
	端	令史		8-1066	“令史端”
	適	令佐		8-1223	“令佐適”

① 根據文書内容與文書格式，知其身份應爲“縣尉”。

續表

筆畫	姓名	身份/職務	年代	出處	備注
十四	適	畜官		8-422+8-50	“畜官適”
	適	小史	廿八年七月乙巳	8-1562	“小史適”
	適			8-885	“☐適敢謁☐”
	適	（徒）	卅一年七月丙寅	8-2111+8-2136	“二人行書成陽：慶、適”
	適			8-2210	“臣稱曰佁曰郤曰適曰申曰賢”
	適			8-1468	“八月戊午日入，適☐”
	齊	大奴		8-1604	“新買大奴曰齊”
	齊	（徒）		8-145	“一人爲笥：齊”
	（鄭）	隸臣	☐【年】九月辛丑	8-1005	“水下三刻隸臣□以來”。《校釋（一）》認爲“隸臣”後一字或爲人名“鄭”
	寬	校長		8-472+8-1011+8-167+8-194	“校長寬”
	寬	獄史/不更		8-987	“充獄史不更寬”
	嫭	稟人		8-1710	“☐鄉夫、佐、稟人嫭”
	嫭	（徒）	五月甲寅	8-663	“二人司寇守囚：嫭☐”

續表

筆畫	姓名	身份/職務	年代	出處	備注
十四	嫭	（徒）		8-2101	"☐人牢司寇守囚：嫭、負中"
	（沓）	（徒）		8-1641	"□人□□□沓"。據文意，"沓"應爲徒隸人名
	綽	鄉守	卅年十月乙未	8-1515	"貳春鄉守綽"
	綽	鄉守	卅年十月癸卯	8-1327+8-787	"貳春鄉守綽"
	綽	半	廿九年十二月己卯	8-1524	"綽半"
	綽	（半）①		8-2159+8740②	"☐慶以來/綽半"
	綽			8-2099	"☐□綽☐"
	綰	里典	卅三年七月甲戌	8-1537	"典綰□☐"
	綰	御史大夫	卅五年七月戊戌	8-532+8-674+8-528	"御史大夫綰"
	鄧	隸臣	己亥朔辛丑	8-144+8-136	"遷陵隸臣鄧"
	静	士伍		8-1356	"士五陽里静"

①《校釋（一）》"綽"後一字釋作"手"，根據文書格式其應爲"半"或"發"，根據字形可確定爲"半"。

② 何有祖：《里耶秦簡牘綴合（五）》，簡帛網，2012年5月26日。

續表

筆畫	姓名	身份/職務	年代	出處	備注
十四	僕足	畜官嗇夫		8-137	“遷陵丞遷告畜官僕足”
	緑	（徒）		8-145	“三人治枲：梜、兹、緑”
十五	駔	書手		8-76	“/駔手”
	駠	（徒）	廿九年九月戊午	8-1146	“四人負土：臧、成、駠、骨”
	駠	（徒）		8-780	“三人病：骨、駠、成”
	駋	冗佐/上造	廿五年二月辛巳	8-1450	“冗佐八歲上造陽陵西就曰駋”
	頡	徒	卅二年五月庚子	8-1520+8-1434+8-1069	“其十二人爲輿：奬、慶忌、敫、敫、船、何、冣、交、頡、徐、娃、聚”
	增	（屯戍）/士伍	卅一年七月癸酉	8-1787+8-1574	“十五朐忍松涂增”
	增	少内守	卅年九月庚申	8-1583+8-890	“少内守增”
	增	司空守	卅一年正月丁巳	8-426+8-1632+8-212	“司空守增”
	增	司空守	卅一年正月己巳	8-474+8-2075	“司空守增”
	增	啓陵鄉守	卅一年十二月庚寅	8-1590+8-1839	“啓陵鄉守增”

續表

筆畫	姓名	身份/職務	年代	出處	備注
十五	樛	司空守	廿六年八月丙子	8-135	“司空守樛”
	樛	鄉嗇夫		8-1943	“☐鄉樛”
	歐	上造	廿七年八月丙戌	8-209	“遷陵拔訊歐，辤曰：上造，居成固畜□□☐”
	歐	縣丞	（廿）八年三月丙寅	8-677	“啓陽丞歐”
	歐	縣丞		8-210	“遷陵丞歐”
	歐	（徒）		8-1531	“二人織：歐、婁”
	歐	隸妾		8-1584	“隸妾忍、要、欬娍、粈譊、小女、窗、歐”
	賢	走	廿七年八月癸巳	8-133	“走賢以來”
	賢		卅四年九月庚辰	8-806	“守府賢受少内守狐”
	賢			8-2210	“臣稺曰佁曰郜曰適曰申曰賢”
	遷	縣丞	卅五年八月甲申	8-514+8-378+8-131	“遷陵丞遷”
	遷	縣丞		8-137	“遷陵丞遷”
	遷	丞/大夫		8-232	“丞遷大夫居雒陽城中能入貲在廷”

續表

筆畫	姓名	身份/職務	年代	出處	備注
十五	（遷）	丞		8-50+8-422	“☐□□□丞遷移酉陽、臨沅。/得☐”。根據文意以及以上數簡，推測“遷”或爲人名
	齒	更戍		8-489+8-149	“更戍齒贖耐”
	劇	（徒）		8-145	“一人爲烏：劇”
	劇	（徒）		8-2089	“一人爲烏：劇”
	暴	更戍		8-489+8-149	“更戍暴贖耐”
	賜	士伍		8-2203	“上里士五賜”
	賜	小男子		8-1222	“高里小男子賜”
	稗	司空佐	卅五年八月乙酉	8-2180+8-2093	“司空守俱、佐稗”
	稗			8-2210	“☐臣稗曰佁曰郜曰適曰申曰賢”
	儋	（徒）		8-145	“五人墼：婢、般、橐、南、儋”
	樂窅	大隸妾	卅一年正月壬午	8-925+8-2195	“出稟大隸妾□、京、窯、茝、并、□人□☐樂窅、韓歐毋正月食”
	德	令史		8-1066	“令史□、端、德、繞、旌、尚”
	德			8-1569	“訊德，辤（辭）曰”

續表

筆畫	姓名	身份/職務	年代	出處	備注
十五	滕	司寇		8-533	"滕司寇"
	談			8-2215	"□□曰談"
	（談）	（徒）		8-145	"一人病：□"。《校釋（一）》認爲該人名疑似爲"談"
	慶	令史	十一月己未	8-138+8-522+8-174+8-523	"令史慶"
	慶	倉守	卅四年七月癸酉	8-1525	"廷下倉守慶書"
	慶	厩守	廿六年八月壬戌	8-163	"厩守慶"
	慶	半	廿七年十月辛卯	8-63	"慶半"
	慶	士伍	廿九年十一月辛酉	8-78	"遷陵陽里士五慶"
	慶			8-2159+8-740	"☑慶以來/綽半☑"
	慶	（徒）	卅一年七月丙寅	8-2111+8-2136	"二人行書成陽：慶、適"
	慶			8-733	"☑人慶以□☑"
	慶忌	適（謫）戍/士伍		8-899	"適戍士五高里慶忌"

續表

筆畫	姓名	身份/職務	年代	出處	備注
十五	慶忌	徒	卅二年五月庚子	8-1520+8-1434+8-1069	“其十二人爲輿：獎、慶忌、䞃、䞃、船、何、冣、交、頡、徐、娃、聚”。《校釋（一）》認爲“䞃”二見，或一爲衍文，而“慶忌”或斷讀，爲二人名
	窯	大隸妾	卅一年正月壬午	8-925+8-2195	“出稟大隸妾□、京、窯、茝、并、□人□☑樂窅、韓歐毋正月食”
	窯	稟人	川一年丨二月甲申	8-1239+8-1334	“倉妃、史感、稟人窯”
	窯			8-2030	“窯、銜有它辠，窯爲”
	履	少內守	卅三年二月庚戌	8-561	“少內守履付倉是”
	履	少內守		8-1856	“□付少內守履”
	履	鄉守		8-300	“鄉守履貲十四甲”
	履	倉守		8-843	“☑□平付倉守履”
	履	發	卅三年正月庚辰	8-651	“隸妾咎以來。/履發”
	履	發	卅三年三月丙戌	8-1477+8-1141	“守府交以來。/履發”
	履	發		8-1797	“☑□履發”

續表

筆畫	姓名	身份/職務	年代	出處	備注
十五	履	書手	卅三年六月乙巳	8-768	“履手”
	履	書手	卅五年十一月朔日	8-143	“如律令。/履手”
	履	書手	（卅四年）後九月甲午	8-1561	“履手”。《校釋（一）》認爲“後九月壬辰朔”可能爲秦始皇三十四年
	履	書手		8-2001	“履手”
	獎	徒	卅二年五月庚子	8-1520+8-1434+8-1069	“其十二人爲輿：獎、慶忌、戭、戭、船、何、冣、交、頡、徐、娃、聚”
	嬈	（徒）		8-145	“七人取□：□、林、嬈、粲、鮮、夜、喪”
	駕	庫佐		8-489+8-149	“庫佐駕二甲”
	豫	（徒）		8-444	“一人牧鴈：豫”
	緩	（啓陵）鄉佐	廿九年	8-39	“鄉歜、佐緩”
	緩	（啓陵）鄉佐	廿九年	8-938+8-1144	“鄉守歜、佐緩”
	緩	書手		8-611	“/緩手☑”
	緩	（徒）		8-1641	“二人付庫：□、緩”
	糂蹺	隸妾		8-1584	“隸妾忍、要、欬娀、糂蹺、小女、窗、歐”

續表

<table>
<tr><th>筆畫</th><th>姓名</th><th>身份/職務</th><th>年代</th><th>出處</th><th>備注</th></tr>
<tr><td rowspan="5">十五</td><td>横</td><td>庫佐</td><td>卅二年五月庚子</td><td>8-1520+8-1434+8-1069</td><td>“横手”、“佐横以來”</td></tr>
<tr><td>横</td><td>庫佐</td><td>卅二年□月壬辰</td><td>8-26+8-752</td><td>“庫武、佐横”</td></tr>
<tr><td>横</td><td>書手</td><td></td><td>8-1226</td><td>“横手”</td></tr>
<tr><td>横</td><td></td><td></td><td>8-2481</td><td>“横手”</td></tr>
<tr><td>嬗</td><td></td><td></td><td>8-550</td><td>“嬗晳色，長二尺五寸，年五月，典私占”</td></tr>
<tr><td rowspan="6">十六</td><td>應[①]</td><td>令史</td><td>□□年四月己卯</td><td>6-4</td><td>“令史應”</td></tr>
<tr><td>應</td><td>書手</td><td>廿七年十月庚子</td><td>8-63</td><td>“應手”</td></tr>
<tr><td>應</td><td>半/書手</td><td>廿六年八月戊寅
廿六年九月庚辰</td><td>8-135</td><td>“應半”、“應手”</td></tr>
<tr><td>應</td><td>令史</td><td>十一月己巳、端月丁未</td><td>8-138+8-522+8-174+8-523</td><td>“令史應”</td></tr>
<tr><td>據</td><td>尉史</td><td></td><td>8-356</td><td>“尉史據二甲”</td></tr>
<tr><td>據</td><td></td><td></td><td>8-86</td><td>“☐里據□”、“☐□三月戊午日中，據”</td></tr>
</table>

①《里耶（壹）》作“𢤱”，《校釋（一）》作“應”，可從。下同。

續表

筆畫	姓名	身份/職務	年代	出處	備注
十六	操	冗佐/上造		8-1306	“冗佐上造旬陽平陽操”
	操	書手【倉佐或史】	廿六年十二月己卯	8-1452	“操手”
	憙	（書手）	廿六年十二月辛巳	8-652+8-67	“辛巳，走利以來。/□半。 憙☐”。據文書格式，疑其身份爲“書手”
	擇	倉守	☐年二月庚寅朔朔日	8-1820+8-562	“倉守擇”
	擇	倉守	卅五年正月朔日	8-901+8-926+8-839	“倉守擇”
	擇	倉（守）	卅五年二月戊寅	8-407+8-233+8-416+8-1185+8-169	“倉□擇”。《校釋（一）》認爲“倉”後一字是“守”
	擇	倉守	卅五年八月辛酉	8-1544	“倉守擇”
	擇	倉守		8-405	“倉守擇”
	擇	倉守		8-854	“☐倉守擇付司空守得、佐忌行☐”
	擇	倉守		8-1078	“倉守擇受啓陵鄉”
	擇			8-777	“擇免歸，致書具此中”

續表

筆畫	姓名	身份/職務	年代	出處	備注
十六	擇			8-1833	"☐擇付少內華"
	燕	（徒）		8-1017	"一人病：燕"
	橐	（徒）		8-145	"五人墼：婢、般、橐、南、儋"
	戰	半		5-29	"☐□戰半☐"
	頹	鬼薪		8-683	"□鬼薪奢、頹皆有☐"
	興	走	廿八年六月甲午	8-1518+8-1490	"令史敞、彼死共走興"
	興			8-2212	"☐尉敬養，興爲唐☐"
	獲	鄉史	卅年□月丙申	8-1007+8-754	"當詣貳春鄉，鄉渠、史獲誤詣它鄉"
	獲			8-2161	"☐□獲敢言之"
	獲			8-2275	"☐守獲"
	獲	隸臣		8-1558	"隸臣獲"
	諯	令史		8-1046	"令史諯"
	諯	司空守	卅一年七月甲子	8-648	"司空守諯"
	瘳	少內佐		8-1398	"少內沈、佐瘳"
	瘳	（少內）書手	卅五年六月丙子	8-2202+8-888+8-936	"瘳手"
	瘳	（少內）書手	卅五年八月癸亥	8-1572+8-811	"瘳手"

續表

筆畫	姓名	身份/職務	年代	出處	備注
十六	瘳	書手		8-783	"瘳手"
	瘳	書手		8-785	"瘳手"
	瘳	書手		8-984	"瘳手"
	瘳	書手		8-1361	"瘳手"
	瘳	書手		8-1933	"瘳手"
	瘳	書手		8-2186	"瘳手"
	瘳	書手		8-2200	"瘳手"
	瘳	（發）①	卅五年九月丁亥	8-660	"鄉守蜀以來。瘳☐"
	瘳	縣守	廿六年十二月庚申	8-1516	"沮守瘳"
	瘳	徒	卅一年後九月壬寅	8-2034	"其五人求羽：吉、□、哀、瘳、嬗"
	瘳	城旦		8-533	"瘳城旦"
	瘳	隸臣		8-1247	"隸臣瘳"
	瘳			8-539	"遺瘳有書，非直叚之殹"
	瘳			8-1876	"☐瘳行書遷陵"
	瘳			8-10	"☐徒令與瘳恒將☐"
	瘳	書手		8-790	"瘳手"

① 根據文書格式，"瘳"後應爲"半"或"發"，而簡的時間爲秦始皇三十五年，如前文注釋所述，"發"用於秦始皇三十一年以後，故知其身份應爲"發"。

續表

筆畫	姓名	身份/職務	年代	出處	備注
十六	瘳			8-1678	“【瘳手】”
	辨	鄉守	卅五年九月乙卯	8-1539	“貳春鄉守辨”
	辨	獄佐	元年七月丁未	5-1	“獄佐辨、平”
	憎	司寇		8-533	“憎司寇”
	嬗	徒	卅一年後九月壬寅	8-2034	“其五人求羽：吉、□、哀、瘳、嬗”
	錡		廿八年七月癸卯	8-1563	“朐忍宜利錡以來”
	彊	大夫	卅四年	8-585+8-238	“大夫彊”
十七	環	（徒）		8-2101	“六人付司空：環☑”
	謷	【司】空守		8-489+8-149	“【司】空守謷三甲”
	謷	假御史	卅五年七月戊戌	8-532+8-674+8-528	“叚御史謷”
	藍	稟人	卅一年四月戊子	8-1557	“貳春鄉守氐夫、佐吾、稟人藍”
	藍	稟人	卅三年九月乙酉	8-1660+8-1827	“倉是、佐襄、稟人藍”
	韓歐毋	大隸妾	卅一年正月壬午	8-925+8-2195	“大隸妾□、京、窯、茝、并、□人□☑樂窅、韓歐毋”

續表

筆畫	姓名	身份/職務	年代	出處	備注
十七	瞫	獄佐		8-877	“獄佐瞫訊戍：戍私留苑中”
	嬰	大女子	卅五年	8-1546	“陽里户人大女子嬰”
	嬰	大女	卅五年	8-1504+8-863	“陽里户人大女嬰”
	嬰	更戍		8-489+8-149	“更戍嬰二甲”
	嬰	（徒）		8-2101	“二人付田：傰、嬰”
	嬰			8-1256	“☑子嬰傷小男子竘令”
	嚋	小奴	卅五年七月己酉	8-1554	“小奴嚋、饒”
	闌	大婢	卅五年七月己酉	8-1554	“大婢闌、願、多、□”
	歜	倉嗇夫		8-369+8-726	“倉歜”
	歜	倉嗇夫		8-1156	“倉歜”
	歜	鄉守	廿八年、廿九年	8-938+8-1144	“啓陵鄉守歜”、“鄉守歜”
	歜	鄉嗇夫	廿八年、廿九年	8-39	“啓陵鄉歜”、“鄉歜”
	歜	鄉嗇夫		8-2003	“……陵鄉歜”
	歜	鄉嗇夫	卅年九月甲戌	8-1783+8-1852	“鄉歜”
	魋			8-2036	“藭、魋各一甲、一盾”

續表

筆畫	姓名	身份/職務	年代	出處	備注
十七	鍇	公士		8-1191	"陽里公士鍇"
	鐵	大女	卅一年十二月甲申	8-1239+8-1334	"冗作大女鐵"
	膻	縣丞		8-60+8-656+8-748+8-665	"遷陵丞膻"。本簡中的"膻"疑爲"膻之"的誤寫
	膻之	守丞	廿八年十二月癸未/七月壬子	8-166+8-75+8-485	"遷陵守丞膻之"
	膻之	守丞	廿八年七月癸卯	8-1563	"遷陵守丞膻之"
	膻之	守丞	八月甲戌	8-657	"遷陵守丞膻之"
	鮮	（徒）		8-145	"七人取□：□、林、嬈、粲、鮮、夜、喪"
	謝	獄佐/士伍		8-988	"遷陵獄佐士五朐忍成都謝"
	謝	少内守/士伍		8-1469	"少内守謝，士五，朐忍成都歸休▨"
	謝	發	（卅三年）十月丁卯①	8-66+8-208	"謝發"
	【謝】	書手		8-1073	"【謝】手"

① 簡首右側"八月乙巳朔"，可推知爲秦始皇三十二年，因此簡文中"十月"應爲秦始皇三十三年十月。

續表

筆畫	姓名	身份/職務	年代	出處	備注
十七	謝			8-2304	"☐謝敢☐"
	襄	倉佐	卅三年九月乙酉	8-1660+8-1827	"倉是、佐襄、稟人藍"
	襄	倉佐		8-184	"倉佐襄"
	襄	鄉佐		8-809	"都鄉佐襄"
	襄	牢監		8-270	"牢監襄"
	襄		廿八年五月己未	8-742	"襄皆坐□□□城邑"
	禮	郡守	卅四年六月乙卯	8-755+8-756+8-757+8-758+8-759	"洞庭守禮"
	禮	郡守		8-293+8-61+8-2012	"洞庭守禮"。《里耶(壹)》作"謂",《校釋(一)》作"禮"
	禮	郡守	六月乙未	8-657	"洞庭守禮"
	禮	郡守		8-2159+8-740	"☐庭守禮"
	禮	郡守(?)		8-2164	"守禮言如是如□☐"
	臂	士伍	元年七月癸亥	5-1	"士五臂以來"
	繆			8-786	"☐繆死"

續表

筆畫	姓名	身份/職務	年代	出處	備注
十七	應			8-650+8-1462	“應多問華得毋”。《里耶（壹）》簡文作“癒”，與“應”同
	應	（徒）		8-2099	“☐養，敬、言、應”
	雜	令史/書手	卅四年八月癸卯	8-2004+8-487	“户曹令史雜”、“雜手”
	餽	隸（妾）	卅五年二月戊寅	8-407+8-233+8-416+8-1185+8-169	“隸妾餽”。《校釋（一）》認爲“隸”後一字爲“妾”字
	餽		卅五年	8-1467	“人餽以來☐”
	餽	（徒）	（卅一年）五月甲寅	8-663	“二人市工用：餽、亥”
	餽	（徒）		8-2101	“☐人市工用：餽、亥”
十八	擾	（徒）		8-663	“二人付庫：快、擾”
	擾	（徒）		8-2101	“☐二人付庫：快、擾”。《里耶（壹）》作“摻”，《校釋（一）》作“擾”
	鼂	田嗇夫	（卅一年）【甲】子[1]	8-725+8-1528[2]	“田鼂”
	鼂	田嗇夫		8-179	“田鼂”

① 根據簡文中“三月癸丑朔”可推知該年可能爲秦始皇三十一年。

② 何有祖：《里耶秦簡牘綴合（八）》，簡帛網，2014年2月12日。

續表

筆畫	姓名	身份/職務	年代	出處	備注
十八	鼂	佐	卅年九月甲戌	8-1783+8-1852	“佐鼂”
	鼂	田嗇夫	卅一年七月丙寅	8-2111+8-2136	“田鼂”
	穫	史	卅五年十一月辛卯	8-143	“史穫以來”
	簪			8-1866+8-1863	“簪子大男□，爲人圜面”
	簡	更戍/士伍		8-1000	“更戍士五城父中里簡”
	竄	徒	卅二年五月庚子	8-1520+8-1434+8-1069	“一人紩：竄”。《里耶（壹）》作“竈”，《校釋（一）》作“竄”
	繞	少内守	卅五年九月朔日	8-1751+8-2207	“少内守繞”
	繞	（少）内守	卅五年九月（朔日）	8-2204+8-891+8-933	“少内守繞”。本簡與上簡内容相同
	繞	鄉守	卅三年正月朔日	8-651	“啓陵鄉守繞”
	繞	（令史）		8-1066	“令史端、德、繞、旌、尚”
	繚可	士伍	廿五年九月己丑	8-537+8-439+8-519	“徒士五右里繚可”

續表

筆畫	姓名	身份/職務	年代	出處	備注
十九	難	士伍		8-1585	“士五難緐戍□一歲”
	蘇	令史		8-1194+8-1608	“令史蘇”
	攀探[①]	發弩守	廿八年六月丙戌	8-985	“發弩守攀探”
	願	大婢	卅五年七月己酉	8-1554	“大婢闌、願、多、□”。《里耶（壹）》作“愿”，《校釋（一）》作“願”
	羅	隸臣	卅年九月丙子	8-1886	“隸臣羅以來”
	羅	徒	卅二年五月庚子	8-1520+8-1434+8-1069	“二人捕羽：亥、羅”
	羅	（徒）		8-569	“二人繕官府：羅、槫”
	羅	（徒）		8-2137	“☑守囚：文、同、羅☑”
	【羅】	（徒）		8-567	“☑人繕官府：【羅】☑”

①《里耶（壹）》作“欒探”，《校釋（一）》作“攀探”，認爲是人名，魯家亮認爲“攀”爲人名。參見魯家亮《小議里耶秦簡8-985中的兩個人名》，《出土文獻研究》第11輯，中西書局，2012年。

續表

筆畫	姓名	身份/職務	年代	出處	備注
十九	繹	假郡守	卅四年七月癸酉	8-755+8-756+8-757+8-758+8-759	"洞庭叚守繹"
	繹	郡守	七月甲子朔庚寅 八月癸巳朔癸卯	8-1523	"洞庭守繹""洞庭叚守繹"
	繹	發弩嗇夫	卅三年十月壬戌	8-761	"發弩繹、尉史過"
	繹	發弩嗇夫		8-1101	"發弩繹"
	繹	□丞		8-69	"□丞繹告尉主"
	臀	倉佐	卅五年正月朔日	8-901+8-926+8-839	"倉守擇、佐臀、傈（稟）人中"。《里耶（壹）》作"臀"，《校釋（一）》作"臀"
	臀	佐		8-690	"佐臀以來"
	臀	（倉）書手	卅五年三月辛亥	8-1517	"倉銜"、"臀手"
	臀	（倉）書手	卅五年八月辛酉	8-1544	"倉守擇付司空守俱。臀手"
	臀	書手		8-348	"臀手"
	臀	書手		8-405	"臀手"
	臀	書手		8-865	"臀手"

續表

筆畫	姓名	身份/職務	年代	出處	備注
十九	臀	書手		8-898+8-972	"臀手"
	臀	書手		8-902	"臀手"
	臀	書手		8-1771	"臀手"
	臀	書手		8-1809	"臀手"
	臀	書手		8-1973	"臀手"
	臀	書手		8-2269	"臀手"
二十	騶奇		廿七年八月丙戌	8-209	"失搻（拜）騶奇爵"
	甗	十伍	卅一年七月朔日	8-2246	"長利士五甗"
	巍并	大女子		8-1070	"丹子大女子巍（魏）并"
	巍嬰㛤	大女子		8-2098	"丹子大女子巍（魏）嬰㛤"
	饒	書手		8-739	"饒手"
	饒	書手		8-1436	"饒手"
	饒	小奴	卅五年七月己酉	8-1554	"小奴嚋、饒"
	饒			8-42+8-55	"謁令饒定"
	【饒】			8-602+8-1717+8-1892+8-1922	"謁令饒定"
	贏	城旦		8-533	"贏城旦"

續表

筆畫	姓名	身份/職務	年代	出處	備注
二一	歜	令史	卅五年六月己巳	8-923+8-907+8-1422	"令史歜監"
	歜	令史	卅五年六月己巳	8-1579+8-1055	"令史歜監"
	歜	令史		8-814	"令史歜監"
	歜	令史		8-847	"令史歜☐"
	歜	令史		8-902	"令史歜視平"
	歜	某守		8-2127	"☐守歜"
	歜	令佐		8-917	"令佐歜監"
	歜	佐		8-1298+8-1354	"☐佐歜、華雜訊旁"
	歜	【佐】		8-1764+8-1688	"☐【佐】歜、華訊于，于告旁☐"
	歜	書手	卅五年七月壬辰	8-673+8-2002	"/歜手"
	歜	（書手）		8-1060+8-1405	"/歜☐"
	歜	令史	卅五年六月己巳	8-993	"令史歜監"
	歜	令史	卅五年六月己巳	8-1091+8-1002	"令史歜監"

續表

筆畫	姓名	身份/職務	年代	出處	備注
二二	驕	書手		8-657	“驕手”
	臞季			8-477	“式謁臞季，臞季籍式診式”
	竊	尉守	廿八年七月癸卯	8-1563	“尉守竊”
	襲	縣令	元年七月戊申	5-1	“零陽襲移過所縣鄉”。《里耶（壹）》作“襲”；《校釋（一）》作“龔”
	纑	士伍	（卅三年）十月丁卯	8-66+8-208	“都鄉士五纑以來”。《里耶（壹）》作“續”；《校釋（一）》作“纑”
二三	齰	城旦		8-533	“齰城旦”
	齰	隸臣		8-827	“隸臣齰”
	齰			8-1938	“☐齰”
	齰	（徒）		8-2137	“☐齰”
	齮	守丞/令史		8-706+8-704	“遷陵守丞齮”、“☐守丞齮”、“令史齮”
	齮	書手	廿八年七月癸卯	8-1563	“齮手”
	齮	書手	元年七月戊申	5-1	“齮手
	齮			5-6	“☐齮”

續表

筆畫	姓名	身份/職務	年代	出處	備注
二三	齮		▨月戊寅朔朔日	8-705	"▨齮行　▨"
	顯	稟人	卅一年正月丙辰	8-764	"稟人顯"
	變	（徒）		8-145	"六人捕羽：刻、婢、□、□、娃、變"
二四	贛	令佐	卅四年七月癸酉	8-1525	"令佐贛載粟啓陵鄉"
	贛	佐/書手		8-1050	"佐贛"、"贛手"
	贛	書手	元年九月己酉	8-653	"/贛手"、"贛▨"
	贛	求菌叚倉		8-2371	"求菌叚倉贛敢言之"
	贛	求菌叚倉		8-459	"▨求菌叚倉贛敢▨"
	贛			8-2088+8-659	"贛敢大心捧（拜）多問芒季"

附録二：

秦始皇二十五年至秦二世三年朔閏表

説明：

1.本表據張培瑜《根據新出曆日簡牘試論秦和漢初的曆法》表九《秦王政元年（公元前246年）到秦亡（公元前207年）朔閏表》(《中原文物》2007年第5期)、李忠林《秦至漢初（前246至前104）曆法研究——以出土曆簡爲中心》附《秦至漢初（前246—前104）朔閏表》(《中國史研究》2012年第2期）製作，係秦曆法復原研究新成果，并得到出土簡牘實際使用曆日驗證。本表文中省稱“秦朔閏表”。

2.里耶秦簡曆日數量龐大，爲便於日期查驗和檢索，本表後另附分别以“十天干”與“十二地支”爲序排列的“干支次序表”。

月份 年代	十月	十一月	十二月	正月①	二月	三月	四月	五月	六月	七月	八月	九月	後九月
廿五年 前222	庚申	庚寅	己未	己丑	戊午	戊子	丁巳	丁亥	丙辰	丙戌	乙卯	乙酉	
廿六年 前221	甲寅	甲申	癸丑	癸未	癸丑	壬午	壬子	辛巳	辛亥	庚辰	庚戌	己卯	己酉
廿七年 前220	戊寅	戊申	丁丑	丁未	丙子	丙午	乙亥	乙巳	乙亥	甲辰	甲戌	癸卯	
廿八年 前219	癸酉	壬寅	壬申	辛丑	辛未	庚子	庚午	己亥	己巳	戊戌	戊辰	戊戌	
廿九年 前218	丁卯	丁酉	丙寅	丙申	乙丑	乙未	甲子	甲午	癸亥	癸巳	壬戌	壬辰	辛酉
卅年 前217	辛卯	庚申	庚寅	庚申	己丑	己未	戊子	戊午	丁亥	丁巳	丙戌	丙辰	
卅一年 前216	乙酉	乙卯	甲申	甲寅	癸未	癸丑	癸未	壬子	壬午	辛亥	辛巳	庚戌	庚辰
卅二年 前215	己酉	己卯	戊申	戊寅	丁未	丁丑	丙午	丙子	乙巳	乙亥	乙巳	甲戌	
卅三年 前214	甲辰	癸酉	癸卯	壬申	壬寅	辛未	辛丑	庚午	庚子	己巳	己亥	戊辰	
卅四年 前213	戊戌	丁卯	丁酉	丁卯	丙申	丙寅	乙未	乙丑	甲午	甲子	癸巳	癸亥	壬辰
卅五年 前212	壬戌	辛卯	辛酉	庚寅	庚申	庚寅	己未	己丑	戊午	戊子	丁巳	丁亥	

① 周家臺三〇號秦墓秦二世元年木牘曆譜"正月"作"端月"，木牘正面分兩欄列有全年十二個月朔日干支和月大小，十、十二、二、四、六、八月小，十一、端、三、五、七、九月大。參見湖北省荊州市周梁玉橋遺址博物館編《關沮秦漢墓簡牘》，中華書局，2001年，彩版一，第5頁；圖版一五，第25頁；釋文，第103頁。

續表

年代＼月份	十月	十一月	十二月	正月	二月	三月	四月	五月	六月	七月	八月	九月	後九月
卅六年 前211	丙辰	丙戌	乙卯	乙酉	甲寅	甲申	癸丑	癸未	壬子	壬午	壬子	辛巳	
卅七年 前210	辛亥	庚辰	庚戌	己卯	己酉	戊寅	戊申	丁丑	丁未	丙子	丙午	乙亥	乙巳
元年 前209	乙亥	甲辰	甲戌	癸卯	癸酉	壬寅	壬申	辛丑	辛未	庚子	庚午	己亥	
二年 前208	己巳	戊戌	戊辰	丁酉	丁卯	丁酉	丙寅	丙申	乙丑	乙未	甲子	甲午	癸亥
三年 前207	癸巳	壬戌	壬辰	辛酉	辛卯	庚申	庚寅	己未	己丑	己未	戊子	戊午	

附：干支次序表

1甲子	11甲戌	21甲申	31甲午	41甲辰	51甲寅
2乙丑	12乙亥	22乙酉	32乙未	42乙巳	52乙卯
3丙寅	13丙子	23丙戌	33丙申	43丙午	53丙辰
4丁卯	14丁丑	24丁亥	34丁酉	44丁未	54丁巳
5戊辰	15戊寅	25戊子	35戊戌	45戊申	55戊午
6己巳	16己卯	26己丑	36己亥	46己酉	56己未
7庚午	17庚辰	27庚寅	37庚子	47庚戌	57庚申
8辛未	18辛巳	28辛卯	38辛丑	48辛亥	58辛酉
9壬申	19壬午	29壬辰	39壬寅	49壬子	59壬戌
10癸酉	20癸未	30癸巳	40癸卯	50癸丑	60癸亥

説明：本干支次序表以十天干爲序排列。

1甲子	13丙子	25戊子	37庚子	49壬子
2乙丑	14丁丑	26己丑	38辛丑	50癸丑
3丙寅	15戊寅	27庚寅	39壬寅	51甲寅
4丁卯	16己卯	28辛卯	40癸卯	52乙卯
5戊辰	17庚辰	29壬辰	41甲辰	53丙辰
6己巳	18辛巳	30癸巳	42乙巳	54丁巳
7庚午	19壬午	31甲午	43丙午	55戊午
8辛未	20癸未	32乙未	44丁未	56己未
9壬申	21甲申	33丙申	45戊申	57庚申
10癸酉	22乙酉	34丁酉	46己酉	58辛酉
11甲戌	23丙戌	35戊戌	47庚戌	59壬戌
12乙亥	24丁亥	36己亥	48辛亥	60癸亥

説明：本干支次序表以十二地支爲序排列。

附録三：

主要參考文獻

一、傳世古籍

（清）阮元校刻：《十三經注疏》，上海古籍出版社，1997年。

（漢）史游撰：《急就篇》，嶽麓書社，1989年。

（漢）許慎等著：《漢小學四種》，巴蜀書社，2001年。

（清）王念孫：《廣雅疏證》，江蘇古籍出版社，2000年。

（清）朱駿聲：《説文通訓定聲》，中華書局，1998年。

（漢）司馬遷：《史記》，中華書局，1992年。

（漢）班固：《漢書》，中華書局，2002年。

（清）王先謙：《漢書補注》，書目文獻出版社，1995年。

（漢）劉珍等撰，吴樹平校注：《東觀漢記校注》，中華書局，2008年。

張烈點校：《兩漢記》，中華書局，2002年。

（南朝·宋）范曄：《後漢書》，中華書局，1991年。

（晉）陳壽：《三國志》，中華書局，1990年。

（唐）房玄齡等：《晉書》，中華書局，1974年。

（唐）杜佑：《通典》，中華書局，1984年。

（宋）司馬光編著，（元）胡三省音注：《資治通鑒》，中華書局，1995年。

（清）孫楷撰，徐復訂補：《秦會要訂補》，中華書局，1998年。

（清）孫楷著，楊善群校補：《秦會要》，上海古籍出版社，2004年。

（清）孫星衍等輯，周天游點校：《漢官六種》，中華書局，1990年。

徐元誥撰，王樹民、沈長雲點校：《國語集解》，中華書局，2002年。

周生春：《吴越春秋輯校彙考》，上海古籍出版社，1997年。

諸祖耿編撰：《戰國策集注彙考》（增補本），鳳凰出版社，2008年。

袁珂校譯：《山海經校譯》，上海古籍出版社，1985年。

（梁）宗懔撰，宋金龍校注：《荆楚歲時記》，山西人民出版社，1987年。

（北魏）酈道元注，（民國）楊守敬、熊會貞疏：《水經注疏》，江蘇古籍出版社，1989年。

郭沫若等：《管子集校》，科學出版社，1956年。

吴毓江撰，孫啓治點校：《墨子校注》，中華書局，2006年。

蔣禮鴻：《商君書錐指》，中華書局，1996年。

許維遹：《吕氏春秋集釋》，中華書局，2009年。

（清）蘇輿撰，鍾哲點校：《春秋繁露義證》，中華書局，1992年。

何寧撰：《淮南子集釋》，中華書局，1992年。

（漢）桑弘羊撰，王利器校注：《鹽鐵論校注》，中華書局，1992年。

（清）陳立撰，吴則虞點校：《白虎通疏證》，中華書局，1994年。

黄暉撰：《論衡校釋》，中華書局，1990年。

（漢）應劭撰，王利器校注：《風俗通義校注》，中華書局，2010年。

（漢）劉向撰，向宗魯校證：《説苑校證》，中華書局，1987年。

（梁）蕭統編，（唐）李善注：《文選》，中華書局，1977年。

（清）嚴可均輯：《全上古三代秦漢三國六朝文》，中華書局，1958年。

二、出土文獻

湖南省文物考古研究所：《里耶秦簡（壹）》，文物出版社，2012年。

湖南省文物考古研究所：《里耶秦簡（貳）》，文物出版社，2017年。

陳偉主編：《里耶秦簡牘校釋（第一卷）》，武漢大學出版社，2012年。

陳偉主編：《里耶秦簡牘校釋（第二卷）》，武漢大學出版社，2018年。

甘肅省文物考古研究所：《天水放馬灘秦簡》，中華書局，2009年。

睡虎地秦墓竹簡整理小組：《睡虎地秦墓竹簡》，文物出版社，1990年。

湖北省荆州市周梁玉橋遺址博物館：《關沮秦漢墓簡牘》，中華書局，2001年。

朱漢民、陳松長主編：《嶽麓書院藏秦簡》（壹），上海辭書出版社，2010年。

朱漢民、陳松長主編：《嶽麓書院藏秦簡》（叁），上海辭書出版社，2013年。

陳松長主編：《嶽麓書院藏秦簡》（肆），上海辭書出版社，2015年。

陳松長主編：《嶽麓書院藏秦簡》（伍），上海辭書出版社，2017年。

陳松長主編：《嶽麓書院藏秦簡》（陸），上海辭書出版社，2020年。

陳偉主編：《秦簡牘合集》（壹、貳、叁、肆），武漢大學出版社，2014年。

陳偉主編：《秦簡牘合集·釋文注釋修訂本》（壹、貳、叁、肆），武漢大學出版社，2016年。

張家山二四七號漢墓竹簡整理小組：《張家山漢墓竹簡（二四七號墓）》，文物出版社，2001年。

裘錫圭主編:《長沙馬王堆漢墓簡帛集成》，中華書局，2014年。

連雲港市博物館等:《尹灣漢墓簡牘》，中華書局，1997年。

謝桂華、李均明、朱國炤:《居延漢簡釋文合校》，文物出版社，1987年。

甘肅省文物考古研究所等:《居延新簡——甲渠候官與第四燧》，文物出版社，1990年。

王輝:《秦銅器銘文編年集釋》，三秦出版社，1990年。

王輝、程學華:《秦文字集證》，（臺北）藝文印書館，1999年。

王輝:《秦出土文獻編年》，（臺北）新文豐出版公司，2000年。

袁仲一、劉鈺:《秦陶文新編》，文物出版社，2009年。

王輝、王偉:《秦出土文獻編年訂補》，三秦出版社，2014年。

徐正考:《漢代銅器銘文選釋》，作家出版社，2007年。

徐正考:《漢代銅器銘文綜合研究》，作家出版社，2007年。

國家計量總局等:《中國古代度量衡圖集》，文物出版社，1984年。

丘光明:《中國歷代度量衡考》，科學出版社，1992年。

周曉陸、路東之:《秦封泥集》，三秦出版社，2000年。

劉瑞:《秦封泥集存》，中國社會科學出版社，2020年。

劉瑞:《秦封泥集釋》，上海古籍出版社，2021年。

羅福頤:《秦漢南北朝官印徵存》，文物出版社，1987年。

湖南省文物考古研究所:《里耶發掘報告》，嶽麓書社，2007年。

荊州博物館:《荊州重要考古發現》，文物出版社，2009年。

三、工具書

陳振裕、劉信芳編著：《睡虎地秦簡文字編》，湖北人民出版社，1993年。

王輝主編，楊宗兵、彭文、蔣文孝編著：《秦文字編》，中華書局，2015年。

蔣偉男：《里耶秦簡文字編》，學苑出版社，2018年。

劉鈺、袁仲一：《秦文字通假集釋》，陝西人民教育出版社，1999年。

高亨纂著，董治安整理：《古字通假會典》，齊魯書社，1989年。

王輝編著：《古文字通假字典》，中華書局，2008年。

羅竹風主編：《漢語大詞典》，漢語大詞典出版社，2001年。

宗福邦、陳世鐃、蕭海波主編：《故訓匯纂》，商務印書館，2007年。

宗福邦、陳世鐃、于亭主編：《古音匯纂》，商務印書館，2019年。

四、學術著作

王雲度：《秦史編年》，陝西人民出版社，1986年。

王雲度：《秦漢史編年》，鳳凰出版社，2011年。

馬非百：《秦集史》，中華書局，1982年。

王焕林：《里耶秦簡校詁》：中國文聯出版社，2007年。

高恒：《秦漢簡牘中法制文書輯考》，社會科學文獻出版社，2008年。

孫銘：《簡牘秦律分類輯析》，西北大學出版社，2017年。

陳偉等：《秦簡牘整理與研究》，經濟科學出版社，2017年。

陳偉：《秦簡牘校讀及所見制度考察》，武漢大學出版社，2017年。

徐世虹等：《秦律研究》，武漢大學出版社，2017年。

晏昌貴：《秦簡牘地理研究》，武漢大學出版社，2017年。

陳松長等:《秦代官制考論》，中西書局，2018年。

沈剛:《秦簡所見地方行政制度研究》，中國社會科學出版社，2021年。

吴方基:《新出秦簡與秦代縣級政務運行機制研究》，中華書局，2021年。

謝坤:《秦簡牘所見倉儲制度研究》，上海古籍出版社，2021年。

王偉:《秦璽印封泥職官地理研究》，中國社會科學出版社，2014年。

于洪濤:《里耶秦簡經濟文書分類整理與研究》，知識産權出版社，2019年。

（日）青木俊介等:《里耶秦簡（壹）索引稿》，東京外國語大學言語文化研究所，2021年。

李忠林:《秦至漢初曆法研究》，中華書局，2016年。

俞忠鑫:《漢簡考曆》，（臺北）文津出版社，1994年。

孟凡人:《樓蘭鄯善簡牘年代學研究》，新疆人民出版社，1995年。

饒宗頤、李均明:《敦煌漢簡編年考證》，（臺北）新文豐出版公司，1995年。

李振宏、孫英民:《居延漢簡人名編年》，中國社會科學出版社，1997年。

李均明:《居延漢簡編年——居延編》，（台北）新文豐出版公司，2004年。

胡永鵬:《西北邊塞漢簡編年》，福建人民出版社，2017年。

簡牘學會編輯部:《張曉峰先生八秩榮慶論文集》（《簡牘學報》第八期），（台北）簡牘學會，1979年。

陳夢家:《漢簡綴述》，中華書局，1980年。

陳直:《居延漢簡研究》，天津古籍出版社，1986年。

李均明、劉軍:《簡牘文書學》，廣西教育出版社，1999年。

汪桂海:《漢代官文書制度》，廣西教育出版社，1999年。

后曉荣：《戰國政區地理》，文物出版社，2013年。

后曉荣：《秦代政區地理》，社會科學文獻出版社，2009年。

周振鶴：《漢書地理志彙釋》，安徽教育出版社，2006年。

周振鶴、張莉：《漢書地理志彙釋（增訂本）》，鳳凰出版社，2021年。

周振鶴、李曉傑、張莉：《中國行政區劃通史·秦漢卷》，復旦大學出版社，2017年。

五、學術論文

何有祖：《里耶秦簡牘綴合（七則）》，簡帛網，2012年5月1日。

何有祖：《里耶秦簡牘綴合（二）》，簡帛網，2012年5月14日。

何有祖：《里耶秦簡牘綴合（四）》，簡帛網，2012年5月21日。

何有祖：《里耶秦簡牘綴合（五）》，簡帛網，2012年5月26日。

何有祖：《里耶秦簡牘綴合（六）》，簡帛網，2012年6月4日。

何有祖：《里耶秦簡牘綴合（七）》，簡帛網，2012年6月25日。

何有祖：《里耶秦簡牘綴合（六則）》，簡帛網，2012年12月24日。

何有祖：《里耶秦簡牘綴合（八則）》，簡帛網，2013年5月17日。

何有祖：《里耶秦簡牘綴合（八）》，簡帛網，2014年2月12日。

楊先雲：《讀〈里耶秦簡（壹）〉札記二則》，簡帛網，2013年10月26日。

楊先雲：《里耶秦簡識字二則》，簡帛網，2014年2月27日。

（德）陶安：《里耶秦簡綴合商榷》，《出土文獻研究》第16輯，中西書局，2017年。

張春龍：《里耶一號井的封檢和束》，《湖南考古集刊》第8輯，嶽麓書社，

2009年。

姚磊:《〈里耶秦簡（壹）〉所見“檢”初探》，簡帛網，2015年12月28日。

張春龍等:《里耶秦簡刻齒簡研究——兼論嶽麓秦簡〈數〉中的未解讀簡》,《文物》2015年第3期。

張今:《里耶秦簡中的楬》，簡帛網，2016年8月21日。

單印飛:《秦代封檢題署新探——以里耶秦簡爲中心》,《出土文獻研究》第16輯，中西書局，2017年。

許名瑲:《〈里耶秦簡（壹）〉曆日校注補正》，簡帛網，2013年9月7日。

趙岩:《里耶秦紀日簡牘劄記》,《簡帛》第8輯，上海古籍出版社，2013年。

姜慧:《〈里耶秦簡（壹）〉紀年簡小考》,《淄博師專學報》2014年第2期。

羅見今:《〈里耶秦簡（壹）〉紀年簡月朔簡研究》,《中原文化研究》2017年第6期。

張培瑜:《根據新出曆日簡牘試論秦和漢初的曆法》,《中原文物》2007年第5期。

李忠林:《秦至漢初（前246至前104）曆法研究——以出土曆簡爲中心》,《中國史研究》2012年第2期。

魯家亮:《小議里耶秦簡8-985中的兩個人名》,《出土文獻研究》第11輯，中西書局，2012年。

單印飛:《〈里耶秦簡牘校釋（第一卷）〉人名統計表》,《簡帛研究二〇一四》，廣西師範大學出版社，2014年1。

趙岩:《〈里耶秦簡牘校釋（第一卷）人名統計表〉訂補》,《出土文獻研究》第19輯，中西書局，2020年。

李學勤：《初讀里耶秦簡》，《文物》2003年第1期。

胡平生：《讀里耶秦簡札記》，《簡牘學研究》第4輯，甘肅人民出版社，2004年。

周曉陸等：《於京新見秦封泥中的地理内容》，《西北大學學報》2005年第4期。

陳偉：《秦至漢初銷縣地望補説》，簡帛網，2011年4月5日。

陳劍：《讀秦漢簡札記三篇》，復旦大學出土文獻與古文字研究中心網，2011年6月4日；又刊於《出土文獻與古文字研究》第4輯，上海古籍出版社，2011年。

邢義田：《漢代簡牘公文書的正本、副本、草稿和簽署問題》，《"中央研究院"歷史語言研究所集刊》第82本第4分，2011年。

邢義田《"手、半"、"曰啎曰荆"與"遷陵公"——里耶秦簡初讀之一》，簡帛網，2012年5月7日。

李均明：《秦漢文書制度考察——簡牘文書的起草、審批與收發》，《耕耘録——簡牘研究叢稿》，人民美術出版社，2013年。

楊振紅：《秦漢時期的"尉"、"尉律"與"置吏"、"除吏"——兼論"吏"的屬性》，《簡帛》第8輯，上海古籍出版社，2013年。

（日）水間大輔：《里耶秦簡所見的"牢監"與"牢人"》，《出土文獻與法制史研究》第2輯，上海人民出版社，2013年。

陳偉：《里耶秦簡中的"夬"》，簡帛網，2013年9月26日。

王偉、孫兆華：《"積户"與"見户"：里耶秦簡所見遷陵編户數量》，《四川文物》2014年第2期。

趙岩:《里耶秦簡札記(十二則)》,《簡帛》第9輯,上海古籍出版社,2014年。

鄭威:《里耶簡牘所見秦即墨考》,《江漢考古》2015年第5期。

歐揚:《秦漢刑事訴訟中的訊新探》,《長沙簡帛研究國際學術研討會論文集》,中西書局,2017年。

伊强:《里耶秦簡“展……日”的釋讀》,《簡帛研究二〇一六(秋冬卷)》,廣西師範大學出版社,2017年。

六、學位論文

李若飛:《〈里耶秦簡(壹)〉人名編年研究》,首都師範大學碩士學位論文,2016年4月。

張弛:《〈里耶秦簡(壹)〉文書學研究》,武漢大學碩士學位論文,2016年5月。

于洪濤:《里耶秦簡文書簡分類整理與研究》,吉林大學博士學位論文,2017年5月。

李世持:《秦簡人名整理與命名研究》,西南大學博士學位論文,2017年5月。

後 記

2012年1月，學界同仁翹首企盼十年之久的里耶秦簡專題整理報告——《里耶秦簡（壹）》終於正式出版問世，而且首部有分量的里耶秦簡校釋整理成果——《里耶秦簡牘校釋（第一卷）》亦同步推出。《里耶秦簡（壹）》和《里耶秦簡牘校釋（第一卷）》的出版，在中外學術界掀起了里耶秦簡研究的熱潮。2014年暑假期間，本人帶領研究生平曉婧、李若飛和本科生趙粲然，在首都師範大學北一區文科樓524辦公室進行了系統研讀，鑒於里耶秦簡作爲秦王朝洞庭郡遷陵縣遺留的公文檔案，很多公文都記有日期，遂另闢蹊徑，著手開展對里耶秦簡的編年整理，工作一直持續至年底，最終形成了一個現在看來還極不成熟和不具體系的里耶秦簡編年簡牘資料彙集，儘管如此，但畢竟是邁出了第一步，還是非常值得肯定和高興的。

里耶秦簡編年整理具有它本身的複雜性、特殊性，不同於既往成熟的漢簡編年整理，亦與其他秦出土文獻編年顯著有別，發凡起例，就是首道難以繞過的門坎，况且這需要從實踐中來，到實踐中去，不能空想，衹能在不斷的整理考證實際工作中去摸索、探討和總結。再者，作爲編年考證工作的重點，對每一簡例釋文校正、年代確定緣由的闡明，以及簡文内容的解析、文書性質的闡述等的考證工作也尚未展開。爲此，本人申請了2016年度北京市教委社科計劃重點項目暨北京市社會科學基金項目支持并立項，進行重點攻關，至2019年5月順利結項完成，其工作量之大，費心勞神之巨，個中辛苦，難以言表。

《里耶秦簡編年考證（第一卷）》，僅是針對《里耶秦簡（壹）》所公佈2627枚簡牘的編年整理成果，此後我們會根據五卷本《里耶秦簡》的出版情況，適時陸續推出相應的里耶秦簡編年考證成果，以及《里耶秦簡編年合集》。正是基於上述考慮，自2021年5月至今，本人集中精力再次對書稿進行了全面修訂、補充和完善，以期向學界提供一部較爲完美且成體系的里耶秦簡整理新成果，同時爲後續《里耶秦簡（貳、叁、肆、伍）》和最終全部里耶秦簡的編年整理，探索方法，提供範式。這裏需要特別指出的是，西北大學歷史學院青年教師單印飛博士的加入，爲本書稿的完善定稿和第二卷的撰著完成，增添了信心和力量。

本書的出版，得到首都師範大學一流學科建設經費資助。中國社會科學院簡帛研究中心鄔文玲女士爲本書在廣西師範大學出版社的出版提供了幫助，於此敬致謝意！

蔡萬進

2022年3月